初心者にもわかりやすい会話形式！

見直し！認知症ケア

パーソン・センタード・ケアの実践

刊行にあたって

「認知症ケアの勉強はしたけれど，実際のところ，現場の実践に生かせていない」
「日々の忙しさに追われて，利用者の思いをなおざりにしたケアをしてしまう」
「認知症の人の行動の意味が理解できないし，どう対応したらよいか分からない」
「認知症の人の思いを尊重したケアを目指したくても，同僚や上司の理解が得られない」

　認知症ケアの現場では，度々このような声が聞こえてきます。
　一方，認知症ケアについては，さまざまなアプローチ法が紹介されてきている昨今です。また，認知症介護実践者研修や認知症介護実践リーダー研修，そして新たに2016年度から認知症介護基礎研修が実施され，認知症ケア研修の受講機会も増えつつあります。
　ただし，研修の種類が増えたと言っても，受講する機会に恵まれない専門職はまだ多く存在しますし，特に新人は日々の業務に四苦八苦の状況で，簡単には受講できず，認知症の理解や認知症の人とのかかわり方も未熟なまま，毎日をその場しのぎの対応でやり過ごしているという現状が見受けられます。
　また，研修を受講した場合，学んだことを現場のケアに生かしていかなければならないわけですが，具体的なケアにつなげる方法があいまいなまま，結局，現場のケアは変わらず，時に熱意のあるケアスタッフのバーンアウトを招いてしまう…という事態も起きているようです。「利用者本人の視点に立って考えよう」ということは理解できても，実際にどのような方法で具体的なケアにつなげていけばよいのかが分からなければ，研修で学んだことは生かされずに忘れ去られてしまうことになります。
　そもそも，認知症の人をどう理解すればよいのか分からないという悩みをはじめ，援助者間や上司との関係，そしてリーダーとしての立場など，より良い認知症ケアを実践していこうとすると多くの課題にぶつかることになります。単に認知症の人との直接的なかかわりの課題だけでなく，援助者間で生じる数多くの課題についても解決していかなければならないのです。
　本書では，グループホームや特別養護老人ホーム，介護老人保健施設，デイサービス，訪問介護など，さまざまな職場環境の中で繰り広げられる認知症ケアにまつわる事例を挙げ，単に認知症の人のBPSDへのかかわり方だけでなく，援助者間の不協和音といった厳しい状況への対応も紹介しています。
　実際の認知症ケアの現場で，まだ基本的な認知症の人へのかかわり方が分からない人の事例から，援助者間にさまざまな軋轢があってリーダー自身が悩みを抱え立ち止まってしまう事例などを取り上げ，全事例を通じて，認知症ケアのスーパーバイザーとケアスタッフとの対話の中で認知症ケアの在り方を見直し，職場改善を進める手法が話し合われています。
　認知症ケアのスーパーバイザーとケアスタッフが言葉をやり取りする過程で，ケアスタッフからは本音の意見も出てきます。かなりネガティブな発想や会議が続けられている現実も浮き彫りになっています。人員が少ない中でいら立つケアスタッフ，援助者間あるいは職種間のいさかい，理解のない上司，そして繰り返される不適切なケア（いわゆる，利用者本人

の意思を無視し，人間としての尊厳を大切にしないケア。認知症の人へのケアであるにもかかわらず，ケアスタッフ側が上から見下ろすような言動，ひどい場合は虐待につながるような言動もある）。このような状況の中で悩むケアスタッフの姿も事例の中では描かれています。

各事例では，スーパーバイザーとケアスタッフとの対話を進める中で，論理的かつ豊かな感性を生かした思考展開を行い，介護の現場を少しでも良い方向に改善していくために，さまざまな考え方の整理方法やツールを紹介しています。

例えば，昨今かなり使われるようになった「ひもときシート」は，認知症の人のBPSD（行動・心理症状）の背景に迫りながら，その人の思いに接近していくための手法として活用しています。その他にも，論理的にケアの方法を導き出していく「樹木図」「マンダラート」や，ケアプランへとつなげるための具体的な実践内容をまとめる「6W2Hシート」，ケアの現状を評価したり，優先順位を決定したりするための「マトリックス図」など，できるだけ「見える化」して，ケアスタッフが確認しやすくなる手法を提示しています。

また，P.258「むすびに代えて」を先に読み，ポイントになる言葉をあらかじめ確認して進めてもよいでしょう。

認知症ケアの現場では，閉塞的状態から脱出できず，またより良い方向への羅針盤となるべき人がいないという現状があります。しかし，「スーパーバイザー」という道しるべがあれば，ケアスタッフは本来持っている熱意から，自ら道を切り開いていくことができるのです。人とかかわるという感情と身体を酷使する仕事であるがゆえに，ケアスタッフたちを支える体制も今後は重要と言えるでしょう。

指導的立場にある人には，本書の中で語るスーパーバイザーの言葉も，今後のケアスタッフ育成を進めていく上で参考にしていただけると幸いです。

なお，本書では，スーパーバイザーとケアスタッフとのやり取りを通じて話が進行しており，分かりやすく説明するために会話形式としていますが，実際のスーパービジョンとは異なるのでご了解ください。

そして，本書の中で認知症ケアの基本的理念としてとらえているのが「パーソン・センタード・ケア（person centered care）」です。一つひとつの事例でその都度「パーソン・センタード・ケア」を説明しているわけではありませんが，各事例とも「パーソン・センタード・ケア」を根幹として「不適切なケア」から「適切なケア」への見直しが行われています。

混乱した職場を見直したケアスタッフたちの熱意ある姿も事例の中に描かれているので，物語を読むように肩の力を抜いて読み進めていただければと思います。

2016年4月

社会福祉法人由寿会
認知症相談支援・研修センター結
センター長　石川　進

Contents

Chapter 1
「パーソン・センタード・ケア」を実践する上で大切なこと

- ・「パーソン・センタード・ケア」で大切な視点 12
- ・認知症の人の症状をとらえる時の視点 13
- ・職業倫理を基本とすること 15
- ・ケアとは本来「良質性」を追求するもの 17
- ・「ひもときシート」は認知症ケアの道しるべ 18
- ・「ひもときシート」活用の流れ 20
- ・どちらの道を進むべきか？ 23
- ・職場改善と具体的ケアを考えるためのツール 24
- ・「寄り添うケア」とは？ 26

Chapter 2
「本人の視点」でケアの展開を考える

不穏行為のある利用者
- ・その人を理解する「キーワード」を意識する 32
- ・援助者として感じている課題を整理する 34
- ・根本的な課題解決に向けて情報を整理する 35
- ・「本人の視点」で課題の解決方法を考える 42
- ・「本人の視点」のケア展開を考える 45
- ・「本人の視点」のケアを具体化する 47
- ・「ケアの現状評価のマトリックス図」を使ったモニタリング 51
- ・波野さんのその後 54

Chapter 3

代弁者となって
「本人の思い」を理解する

介助に激しく抵抗する利用者

- 本人の人生に思いをはせてみよう ……………………………… 60
- 現状のケアの内容を振り返ることの意味 ………………………… 62
- 本人の生活歴や生活スタイルを大切に …………………………… 63
- 本人の代弁者となったつもりで「思い」を整理する …………… 68
- 本人と援助者の課題解決策を考える ……………………………… 70
- 決まり事を守らせるより，やるべきことをやってもらう ……… 73
- 赤貝さんのその後 …………………………………………………… 78

Chapter 4

優先順位を考慮した
利用者本位の認知症ケア

帰宅願望が激しい利用者

- 思い付いたことを丹念に拾い上げていけば方向性が見えてくる …… 86
- 尊敬され信頼される存在にならなければならない ……………… 89
- 生活する上での楽しみになるよう目標を変えていく …………… 91
- 「ひもときシート」を基にした簡易版の活用 …………………… 93
- マトリックス図を使ってケアの優先順位を決める ……………… 96
- 蟹江さんへのアプローチとその後 ………………………………… 98

Chapter 5
本人の行動の理由を本人の立場で分析する

暴力行為のある利用者

- 「本人の思い」からのケアを考えることができていない状態............110
- 「目標」と共にあるべき「本人の思い」を明確化していく................112
- 「本人の視点」のケアに向けた気づきと方向性の確認.....................114
- 「本人の本当の思い」に近づくことができた出来事.........................116
- 「本人の思い」に近づくケアの見直しに向けた分析.........................119
- フネさんへのアプローチとその後...121

Chapter 6
中核症状から認知症の人の心境に迫る

興奮状態が続く利用者

- 本人の怒りの原因が不明…どうしたらよいの？...................................128
- 本人の心理状況に焦点を当てて考える...129
- 「本人の思い」に近づくアプローチを探る..132
- BPSDを「本人の訴え」としてとらえる..134
- テーマを持って情報収集し「見える化」する.......................................138
- 援助者の課題と目標をまとめ道しるべを示す...................................141
- 道を見失わない道しるべのあるサービス担当者会議に向けて........144
- サカエさんへのアプローチとその後...146

Chapter 7

背景要因から探る認知症の人の行動の意味

急に食事を食べてくれなくなった利用者

- 利用者の異変はいつから？ 152
- 利用者のその「行動」には意味がある 153
- 「困った！」「どうしよう!?」は私たちの困り事 154
- 事実を積み上げて想像力を働かせよう 155
- 事実を振り返ると見えてくるものがある 157
- 私たちに「気づき」がないと前へ進めない 163
- ケアスタッフが本人にとって困った存在になっていないか 165
- 振り返りは前へ進むためのスタートライン 167
- 「やらない」より「チャレンジする」 172
- ケアプラン・介護計画をしっかりと立てないと道に迷ってしまう 173
- 利用者，ケアスタッフ両者とも輝けるように 174
- 伊吹さんのその後 176

Chapter 8

「6W2H」で考えるパーソン・センタード・ケア

激しい物盗られ妄想を表出する利用者

- 在宅での支援の過程とグループホーム入居後の状況 178
- 前へ進むために検証する 186
- ケアスタッフ一人ひとりの思い 188
- 「ひもときシート」を使って本人の理解に迫る 190
- 「樹木図」を使って考え方を広げていく 195
- ケアを見直すためのスタートラインを設定する 197
- 次に進むことができる肯定的な意見を積み重ねていく 199
- モニタリング論議にて〜内海さんのその後 205

Chapter 9
在宅サービスでの「ひもときシート」の活用

不安を訴え続ける利用者

- ホームヘルパーの困り事から見た「ひもときシート」の流れ..........212
- ホームヘルパーの気持ちや現在の対応を課題につなげていく..........212
- ホームヘルパーとして気づいた点を挙げてもらう.....................214
- ホームヘルパーの視点から利用者本人の視点に置き換えて考える........220
- 一人の生活者としての視点でケアの実践方法を考える.................223
- 具体的な実践＝目標達成に向けて樹木図を活用する...................227

Chapter 10
「Total Win」のケアを目指して

昼夜逆転状態にある利用者

- 看護師と介護職の対立の構図..232
- 「イシュー（issue）」をしっかりと押さえる..........................234
- 援助者間で約束事を守る約束をする..................................236
- 解決に向けた建設的意見でケアの基盤を固める........................239
- 「イシュー」を具体的な実行に移す..................................244
- 家族の力を「探究心」で生かす......................................248
- 「Total Win」のケアを目指す.......................................252

カンファレンスルーム

① 認知症の人による私たちの困り事から
  認知症の人の「思い」を想像してみる 27

② 認知症の人のさまざまな行動の意味の深淵に迫る〈その1〉
  ～「徘徊」（自律的外出） 55

③ 認知症の人のさまざまな行動の意味の深淵に迫る〈その2〉
  ～「介護への抵抗」 79

④ 認知症の人のさまざまな行動の意味の深淵に迫る〈その3〉
  ～「帰宅願望」 104

⑤ 車という個室を活用する効果 125

⑥ ケアの時間を有効に使おう 147

⑦「セキュアベース（安全基地）」というアイテムを持とう 208

⑧「ルーティン」をより良いケアの実現のために活用しよう！ 255

スーパーバイザー（SV）の紹介

あまのかわ
天川　進

認知症相談支援センターに所属するスーパーバイザー。
認知症介護指導者でもあり，地域での研修の講師も務める
など，施設や事業所から頼りにされる存在。

1 「パーソン・センタード・ケア」を実践する上で大切なこと

「パーソン・センタード・ケア」とは，認知症を持つ人を一人の「人」として尊重し，その人の立場に立って考え，ケアを行おうとする認知症ケアの一つの考え方です。当たり前のことのようにも感じますが，この「当たり前のこと」がなかなか現場では実践されていないのが現状です。

初めに，「パーソン・センタード・ケア」を実践していく上で求められる視点と，そのための手段について考えます。

天川SV

登場人物

大島　緑 さん
M特別養護老人ホーム
ケアワーカー（フロアリーダー）

長野　昴 くん
F居宅介護支援事業所
ケアマネジャー

「パーソン・センタード・ケア」で大切な視点

緑さん：認知症の人へのケアについては，最近「パーソン・センタード・ケア」という言葉をよく耳にするようになりました。

天川SV：そうですね。「**パーソン・センタード・ケア（person centered care）**」はイギリスの研究者トム・キットウッド教授が提唱した認知症ケアの理念です。「パーソン・センタード・ケア」については，トム・キットウッド教授はもちろんのこと，多くの著書が出版されているので参考にしてください。「いまいせ心療センター」認知症疾患医療センター長の医師，水野裕先生は，著書『実践パーソン・センタード・ケア―認知症をもつ人たちの支援のために』（ワールドプランニング，2008年）の中で「一人の人として，周囲に受け入れられ尊重されることが大切」と話されています。

昴くん：天川SVは「パーソン・センタード・ケア」を実践していく上で，どういったことが大切だとお考えですか？

天川SV：私は，次の3つの視点を大切にしています。

1点目は，水野裕先生が話されたことと同じく，「**認知症の人に私たちと同じ一人の人としてかかわり，個人の尊厳を守る**」ということです。間違っても認知症の人に「困った大変な人」というレッテルを貼らないようにしてもらいたいです。認知症があろうがなかろうが，お互いが同じ「人＝パーソン」として成長していくことが大切だと思っています。

緑さん：一人の人としてかかわるということは当然のことでありながら，私たち援助者は時として現実の混乱の中で「不適切なケア」に染まってしまっていることがあるので，常に意識しておくべき姿勢ですよね。

天川SV：2点目は「**認知症の人本人の視点に立ってケア内容を考える**」ということ。どうしても私たちは，施設の都合や私たち援助者側の視点で考えてしまいがちです。つまり，認知症の人本人の困り事として考える以前に，私たちの困り事として考えてしまうことが多いのです。ただし，1点目の「一人の人として個人の尊厳を守る」ということが徹底されていたら，「認知症の人本人の視点で考える」ということも容易になります。

昴くん：いかに基本的な考えや姿勢が大切かということですね。ここが崩れてしまっていると，より良いケアの推進や職場改善にはつながりませんよね。

天川SV：そのとおりです。そして，3点目は「**ケアスタッフ自身のストレスに対するケア**」もしっかりとなされていなければならないということ。

緑さん：私たちケアスタッフへのケア…ですか。

天川SV：そうです。ケアスタッフが日常業務でストレスを抱え込み過ぎると，良いケ

アを目指そうとする熱意がパワーレスの状態となり，先に挙げた1点目も2点目も実施が不可能になり，「不適切なケア」の蔓延化をもたらすことになります。そのため，「パーソン・センタード・ケア」を実践する上では，ケアスタッフの状況もしっかりと見るということが欠かせないのです。

昴くん：リーダーや指導的立場にある人の役割も重要ということですね。
天川SV：後でまたこの話はしますが，職場に認知症ケアのスーパーバイザーがいると，ケアスタッフにとって強みになるかもしれません。

ポイント

パーソン・センタード・ケアで大切にしたい視点
①認知症の人に私たちと同じ一人の人としてかかわり，個人の尊厳を守る
②認知症の人本人の視点に立ってケア内容を考える
③ケアスタッフ自身のストレスに対するケア

認知症の人の症状をとらえる時の視点

緑さん：認知症の症状をとらえる時，どのようなことに留意すべきでしょうか？
天川SV：認知症の症状には「**中核症状**」と「**周辺症状**」とがあるのはご存じですよね（**図1**）。「周辺症状」については，昨今は「**BPSD（行動・心理症状）**」と呼ばれていますが，まず押さえておいてほしいのは認知症の「中核症状」についてです。

図1 中核症状と周辺症状

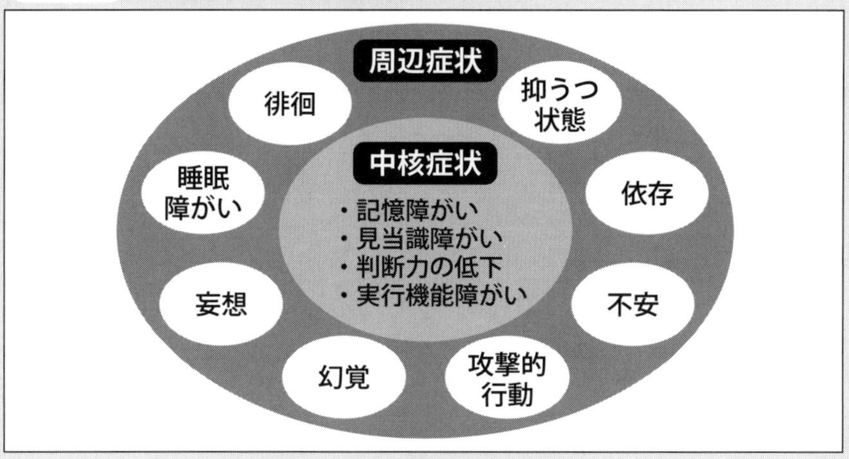

周辺症状：徘徊，抑うつ状態，依存，不安，攻撃的行動，幻覚，妄想，睡眠障がい

中核症状：
・記憶障がい
・見当識障がい
・判断力の低下
・実行機能障がい

中核症状は認知症になった場合に現れる症状ですが，この症状を専門職としてどう見て，どうとらえるかで，皆さんのケアの方向性が変わってしまう大事なポイントになります。

緑さん：中核症状をどうとらえるか…。

天川SV：中核症状として説明される症状は，一般的に認知症であるととらえる上での指標となっています。つまり，物忘れ（記憶障がい）をはじめとして，日時や季節に対する認識の不明瞭（見当識障がい），今までできていたことができなくなる（実行機能障がい），コミュニケーションがうまく取れなくなる（言語障がい）といった症状によって，私たちは「○○さんは認知症が出てきたね」ととらえます。

　さらに，中核症状の影響によりBPSDが出ると，「○○さんは認知症が進んできてケアが大変な人」へととらえ方が変わっていきます。ここで私たちはBPSDへの対応に追われることになります。

緑さん：認知症の中核症状についてはケアスタッフもそれなりに理解はしていると思うのですが，何といってもBPSDへの対応が一番の問題になってしまいますね。

天川SV：BPSDへの対応の話をする前に，ここでちょっと立ち止まってほしいのです。**中核症状を単に認知症の症状としてとらえて終わるのではなく，そのような症状が現れた時の本人の心理的側面に焦点を当て直して**ほしいのです。

昴くん：それは，認知症の中核症状を単に症状としてだけでとらえないということですか？

天川SV：私たちは風邪をひくと，熱が出たり，咳が出たり，のどが痛くなったりしますよね。これが風邪の症状ですね。では，この風邪をひいた時の私たちの気持ちに焦点を当てて考えてみてください。

緑さん：風邪をひくと熱で身体がだるくて動かず，とても不快になりますし，一人で暮らしていると不安感も増します。のどが痛いと水分を摂るにも苦痛が伴いますし，言葉を発するのもつらいといら立ちますし，気力も低下すると思います。

天川SV：私たちは風邪をひくことで，身体的なつらさだけでなく，精神的にもつらく，不快感と同居することになりますよね。風邪はあくまでも例えですが，認知症の中核症状においても，思い出そうとしても思い出せない苦しさ，自分がどこにいるのか，何をどうしたらよいか分からなくなってしまった時の不安感，言葉がうまく出てこない，あるいは相手の話が理解できないことへのいら立ちなど，さまざまな心理的苦痛に直面しているという状況をしっかりと見なければならないということです（**図2**）。

昴くん：中核症状を見極めて，それらの症状が現れた時の認知症の人の心理状況をしっかりと考えるということですね。

天川SV：そうですね。さらに，この心理的に不安定な状況に影響を与えていると思われる周辺環境について確認し，要因や背景を探ることも必要となります。

図2　認知症の人への理解

中核症状
「記憶障がい」「実行機能障がい」「言語障がい」などの症状

↓　症状を認知症を確認する指標で終わらせない

どんな心理状況になるか？
「不安」「孤独」「恐怖」「いら立ち」など

→ ここに接近することが大切
認知症の人の視点に立って心理状況に影響を与えている要因や背景を確認していく

↓

その心理状況によってどのような行動につながっていくのか？

↓

BPSD
心理症状：不安，抑うつ，強迫，睡眠障がい，
行動症状：徘徊，拒否，暴力，帰宅欲求，不潔行為，収集癖，異食

→ これまでのケアはここでの対応が焦点になっていた

このように，中核症状は単なる認知症を確認する指標とするだけでなく，その人の心理状況を考えるとても大切な視点としてとらえなければなりません。この視点をしっかりと押さえることで，認知症の人の視点に立ったケア，つまり「パーソン・センタード・ケア」の起点に立つことができるのです。

ポイント

- 中核症状は単なる認知症を確認するだけのものではなく，その人の心理状況を考えるとても大切な視点としてとらえましょう。
- さらに，この心理状況に影響を与えるさまざまな要因や背景を探ることも必要です。

職業倫理を基本とすること

天川SV：「パーソン・センタード・ケア」を理解する前に，どうしても押さえておかなければならないことがあります。それは，介護に携わる私たちの職業人としての「倫理」がしっかりと確立していなければ意味を持たないということです。つまり，私たちの仕事は，認知症の有無にかかわらず，「人間の尊厳を守る」という原理原則があるということを忘れてはならないということです。このことは各職能集団の倫理綱領においても明確にうたわれているものです。

資料1　自分の問題として認知症の中核症状を確認してみよう

もしあなたが記憶があやふやになり，思い出せないことが多くなったら，どのような心理状態になるでしょうか。
もしあなたが日時や場所の認識があやふやになり，今までできていたことができなくなったら，どのような心理状態になるでしょうか。
このような心理状態になった時，あなたはどのような行動を取ると思いますか。
この心理状態を周囲の人にどのように受け止めてもらいたいですか。

昴くん：私たちは気づかないうちに，「援助者」という立場を間違って解釈して，利用者を高みから見下ろすような支援やケアを行っているかもしれません。

天川SV：私たちは専門職なのですから，その専門性を生かして，「一人の人として尊重するケア」を実践していかなければなりません。**私たちの職業倫理に反することは絶対に行わない。そのことを肝に銘ずること。そうでなければ「パーソン・センタード・ケア」というベースはもろくも崩れ去ってしまいます。**

緑さん：対象者が認知症の人の場合，私たちは「認知症の困った人」というレッテルを貼ってしまい，時に対立関係をつくってしまいがちですね。確かに，認知症の人の行動は，私たちの側から見ると，本当に困ったものに映ります。

天川SV：その感じ方は，どこか上から目線で見下ろすような関係になってはいないでしょうか。「パーソン・センタード・ケア」の視点に立つならば，まずは「一人の人」として尊重する，つまり「私たちの職業倫理をしっかりと守る」というところから始めなければなりません。私たちと同じように，さまざまな感情を持ち，培われた過去があり，今この時間を生き，明日に向かって生活していく，同じ人としての視点を忘れないようにしなければなりませんね。

緑さん：肝に銘じます。

天川SV：そのことをより理解するために，**資料1**「自分の問題として認知症の人の中核症状を確認してみよう」にケアスタッフの皆さんにも書き込んでもらいましょう。

中核症状が出現した認知症の人の思いがどのようなものであるかということを，一人の人として尊重する立場から考えてみてください。**資料1**で抽出されたような心境になった時，認知症の人は私たち援助者にどのようにかかわってほしいと思うだろうかということを次の段階として考えていかなければならないと思います。

> **ポイント**
> ● 私たちの仕事は「人間の尊厳を守る」という原理原則があるということを忘れないようにしましょう。
> ● 認知症の人を上から見下ろすような視点で行動していないか自己チェックすることが必要。

ケアとは本来「良質性」を追求するもの

昴くん：認知症の人とかかわる場合，「支持」が「指示」になったり，「できない」「やれない」「仕方がない」「どうしようもない」などのやらない理由が主体になったり，さらに「人がいない」「時間がない」など，あらゆる面でネガティブシンキングになると，不適切なケアになる可能性が高くなりますよね。

天川SV：そうですね。昨今，ケアの質が厳しく問われています。そのような古い体質のケアを改めて，本来のケアの「良質性」，つまり，**人を尊び，その人の思いをくみ，そして可能性を引き出すことを目指すのが「パーソン・センタード・ケア」の真髄**と言えます。

　しかし，残念ながら，いつまでたっても古い体質のケアから脱却できず，ケアの悪質性を甘受している現実があります。このようなケアの悪循環を何らかの機会をとらえて解決していかなければなりません。援助者が壁にぶつかった時こそ逆にチャンスととらえて，良質なケアを目指していきましょう。

緑さん：具体的に何から突破口を開いていけばよいでしょうか？

天川SV：不適切なケアの背景にあるものを解決するためには，介護保険制度上のことを含め，さまざまな課題へのアプローチが必要でしょう。しかし，まずは私たちケアスタッフが，自己を振り返るということをしなければなりません。自己を振り返る過程の中で，上から見下ろす視点やネガティブシンキングなどのケアの悪質性をなくし，本来のケアの良質性を追求する，そのための道具（ツール）の一つとして，「**ひもときシート**」の活用があります。

「ひもときシート」は認知症ケアの道しるべ

緑さん：ところで，天川SV，「ひもときシート」ってどんなものですか？

天川SV：「ひもときシート」は，2008年度より3年間にわたり厚生労働省からの委託を受けて認知症介護研究・研修センター（東京・仙台・大府）が実施した「認知症ケア高度化推進事業」の中で考案されたものです。

昴くん：どのようなねらいがあって考案されたのですか？

天川SV：認知症の人へのケアについては，どこから手をつけたらよいのかと，多くの援助者が混とんとした状況の中にあることが少なくありませんよね。特に経験の浅いケアスタッフにとって，認知症ケアは絡み合って容易にほぐすことができないひものようにストレスを感じる存在となっています。

緑さん：確かに，認知症の人に対して何を手がかりにしてかかわればよいのか迷ってしまい，結局，何もできずにいることが多々あります。

天川SV：そこで，経験の浅い，あるいは解決策を見いだせないケアスタッフが，容易にほぐすことができない認知症ケアというひもを解いていくことができるよう，その道しるべとして考案されたのがこの「ひもときシート」（**資料2**）です。

緑さん：1枚にコンパクトにまとまっているので，整理しやすそうですね。「ひもときシート」を活用することで，どのような効果がありますか？

天川SV：「ひもときシート」は「パーソン・センタード・ケア」の概念を基本に作られており，認知症の人の課題や問題と思われていることを**「援助者中心」の思考から「認知症の本人中心」の思考に転換していく**ことができるようになっています。また，思考を整理し，考え方をチームで共有するための教材としても活用できます。

昴くん：私たちの視点の転換を図り，「本人の視点」で課題解決を行っていくことができるわけですね。

天川SV：さらに，「ひもときシート」にはそれを媒体としたスーパーバイズ機能を持たせているので，新人や認知症の人へのケアで壁にぶつかったケアスタッフなどに対し，スーパーバイザー的役割を持つリーダーやベテランのケアスタッフが「パーソン・センタード・ケア」を教える上での教育ツールとしても活用することができます。

　汎用性があるので，「センター方式」やそのほかの方式のアセスメント票との共用も可能ですし，シートの一部だけを活用することも可能です。認知症ケアの大切な視点を学んでいく上で非常に効果的なツールと言えます。

資料2　ひもときシート

ひもときシート

A　課題の整理Ⅰ　あなた（援助者）が感じている課題
事例にあげた課題に対して、あなた自身が困っていること、負担に感じていることを具体的に書いてください。

B　課題の整理Ⅱ　あなた（援助者）が考える対応方法
①あなたは本人にどんなふうに取り組んでいってほしいと考えていますか？あるいはなってほしいと思っていますか？

②そのために、当面どのようなことに取り組んでいこうと考えていますか？あるいは、取り組みましたか？

(1) 病気の影響や、飲んでいる薬の副作用について考えてみましょう。

(2) 身体的痛み、便秘・空腹・不眠・空腹などの不調による影響を考えてみましょう。

(3) 悲しみ・怒り・寂しさなどの精神的苦痛や性格等の背景による影響を考えてみましょう。

(4) 音・光・床・におい・寒暖等の五感への刺激や、苦痛を与えていそうな環境について、考えてみましょう。

C　課題に関連しそうな本人の言葉や行動を書き出してみましょう
あなたが困っている場面（Aに記載した場面）で、本人が口にしている言葉やしぐさ、行動等をありのままに書いてください。

(5) 家族や援助者など、周囲の人の関わり方や態度による影響を考えてみましょう。

(6) 住まい・器具・物品等の物理的環境により生じている居心地の悪さや影響について考えてみましょう。

(7) 要望・障害程度・能力の低下や、アクティビティ（活動）とのズレについて考えてみましょう。

(8) 生活歴・習慣・なじみのある暮らし方など、現状とのズレについて考えてみましょう。

D　課題の背景や原因を整理してみましょう
思考展開エリアに記入した内容を使って、この課題の背景や原因を本人の立場から考えてみましょう。

E　「A課題の整理Ⅰ」に書いた課題を本人の立場から考えてみましょう
「D課題の背景や原因の整理」を踏まえて、あなたが困っている場面で、本人自身の「困り事」「悩み」「求めていること」は、どのようなことだと思いますか。

F　本人にとっての課題解決に向けてできそうなことをいくつでも書いてみましょう
このワークシートを通じて気づいたことや本人の気持ちに沿って今できそうなことやっとよさそうなことなど、今一度の角度で事実確認が必要なことなどをいくつでも書いてみましょう。

STEP 1　評価的理解
援助者として感じている課題を、まずはあなたの視点で評価します。

STEP 2　分析的理解（思考展開エリア）
根本的な課題解決に向けて、多面的な事実の確認や情報を整理します。

STEP 3　共感的理解
本人の視点から課題の解決を考えられるように、援助者の思考展開を行います。

©2010 認知症介護研究・研修東京センター

「ひもときシート」活用の流れ

緑さん：「ひもときシート」，現場でぜひ使ってみたいです。どのような手順で活用していくのでしょうか？

天川SV：「ひもときシート」には，それらを展開していくにあたって利用者の情報を整理する**「事例概要シート」**（**資料3**）というものがあります。

緑さん：それは，普段私たちが使っている利用者の基本情報を整理する帳票とは異なるものですか？

資料3　事例概要シート

事例概要シート							年　月　日現在	
事業所名（種別）					担当者名			
本人氏名				年齢	歳	性別	男・女	要介護度
日常生活自立度	障がい高齢者自立度				認知症高齢者自立度			
ADLの状況	食事	自立・一部介助・全介助			排泄	自立・一部介助・全介助		
	移動	自立・一部介助・全介助			着脱	自立・一部介助・全介助		
	入浴	自立・一部介助・全介助			整容	自立・一部介助・全介助		
パーソン・センタード・ケアから見る認知症にかかわる要因								
認知症の診断名（脳の器質性疾患）								
生活歴（学歴・職歴）								
生活スタイル（趣味・習慣）（経済状況）								
パーソナリティ（性格・個性）								
社会的立場（地位・役職）								
現病・既往歴（認知症以外）								
認知症にかかわるその他の重要な要因								
現在の生活環境（居室・リビング）								
本人にかかわる人たち（家族・職員）								
生活上の規則（施設の決まり）								
その他気がかりなこと								
事例のBPSDにかかわる概要（簡潔に）								

天川SV:「事例概要シート」は認知症の人の背景を理解する視点で簡単にまとめられています。その項目は「ひもときシート」を展開する上で必要なものが多いので,多職種で連携してアプローチする場合,「事例概要シート」の項目を共通言語として理解することができます。

昴くん:ケアマネジャーや医療関係者とでケアカンファレンスを行う場合,「事例概要シート」の項目にある状況や生活歴から本人の思いを探っていくことができますね。

天川SV:そうですね。ただし,薬や医療面を掘り下げることはあまりできないので,その辺りはケアカンファレンスなどで確認する必要があります。

昴くん:分かりました。

天川SV:さて,もう一度「ひもときシート」を見てほしいのですが,その構成は大きく3つのステップに分かれています(図3)。

図3 「ひもときシート」の流れ

STEP 1　評価的理解

A．課題の整理Ⅰ:自分自身(援助者)の悩み,負担感を吐き出す。
自分自身のストレスの原因を整理する。

B．課題の整理Ⅱ:自分自身(援助者)が考える現状への対応方法を書く。
多くの場合,この現状への対応方法,つまり援助者中心の思考でケアを実施している。

STEP 2　分析的理解(思考展開エリア)

C．課題に関連しそうな本人の言葉や行動を書き出す。
8つの視点から本人を取り巻く環境や心身の状態を整理していく。

D．課題の背景や原因を整理する。
8つの視点から書き出した行動の背景や原因を確認しながら,本人の視点に接近していく。

STEP 3　共感的理解

E．思考展開エリアから見えてきた状況を踏まえ,本人自身の困り事や悩み,求めていることを,本人の視点に置き換えて考える。
援助者の視点から本人の視点への転換の場所となる。

F．本人の思いや立場を理解した上で,新たなるケアを展開していくためのアイデアを出していく。
新しい情報や気づきを基にケアの見直しを図る。

昴くん：「STEP1」⇒「STEP2」⇒「STEP3」と左から右へ進む形になっていますね。

天川SV：そうですね。「STEP1」は，援助者側の課題の確認を行う「**評価的理解**」のステップになります。平たく言うと，私たち援助者が認知症の人に対して感じていること，思っていること，いわゆる「ケアスタッフ・センタード」の状況を，まずはしっかりと認識してまとめてみようという領域です。「ひもときシート」では，左欄のA～Bが「STEP1」の領域になります。

緑さん：つまり，漠然と私たちが感じている課題を整理することなく，ただ「分からない」「困った」「どうしたらよいの？」とさまようのではなく，まずは落ち着いて，認知症の人へのケアについて，自分が今抱えている課題や状況を整理していきましょうということですね。

天川SV：そのとおりです。

次に「STEP2」は，8つの思考展開エリアで構成されており，「**分析的理解**」を行うステップになります。さまざまな視点や方向から認知症の人が表出するBPSDの原因・理由・背景を探り，認知症の人が置かれている心身の状況に接近していく最重要領域になります。

昴くん：いろいろな角度から本人の行動の背景にあるものを探るということですね。認知症の人の場合，確認が難しいこともあるので，想像力も働かさなければなりませんね。

天川SV：そうなんです。ですから，この「STEP2」の思考展開エリアを考える時は，リラックスして自由な発想ができるような雰囲気づくりも必要です。

緑さん：確かに，私たちはいつも固く考えすぎて，発想を自ら縛っているところがあるような気がします。

天川SV：その自由な発想をもっと引き出していかなければならないのが「STEP3」の「**共感的理解**」のエリアになります。「STEP2」の思考展開エリアで見えてきた課題の背景と原因の整理を行います。「援助者の視点」ではなく，「認知症の人本人の視点」へと転換していく最終ステップということになります。

緑さん：うまく「本人の視点」に転換できたら，すごい前進になりますね。でも，とても時間がかかりそうです。

天川SV：確かに，「ひもときシート」はこのように一つひとつのことを整理しながら進んでいくので時間はかかるかもしれませんが，認知症ケアの壁にぶつかっているケアスタッフに「なるほど，そうだったのか」と理解していく過程を学んでもらうのに必要なステップだと私は思っています。「**パーソン・センタード・ケア**」の実践は**急がば回れ**です。

ポイント

- 「ひもときシート」を活用することで，「援助者中心」の思考から「認知症の本人中心」の思考に転換していくことができます。
- 「ひもときシート」は，「STEP1：評価的理解」⇒「STEP2：分析的理解」⇒「STEP3：共感的理解」の3つのステップで進めます。
- 「パーソン・センタード・ケア」の実践は"急がば回れ"です。

どちらの道を進むべきか？

天川SV：これまでの認知症ケアの多くは，「ひもときシート」でいうところの「STEP1」の段階でそれなりのケアを行っていたと言えます。「STEP2」の分析に進まなくても，何らかのケアを行えていたのです。つまり，私たち援助者から見た「問題対処型」としてのケアです。それは援助者主導のケアであり，そこには認知症の人の思いはほとんど反映されていません。

緑さん：例えば，落ち着かない人にパズルをさせておけば，それをしている間は落ち着いているからと，パズルを渡してさせておいてほったらかし。あるいは，ともかく集団活動に参加させ，個の思いではなく，集団の中でケアを続けるというようなものでしょうか？

天川SV：それはまだましな方でしょうね。だますようなうそ声かけをし続けたり，身体拘束や過度の薬の使用を行ったりするなど，ケアの悪質性の部分を活用しても，それなりに一日をやり繰りしていくことはできるのです。そういった道を進もうとする援助者や施設も少なからずあるように思いますが，なぜだと思いますか？

緑さん：人員不足という体制面の問題もあると思いますが，そうすることの方が，援助者が楽だからだと思います。何をどうしたら良いケアができるのか，そのこと自体が分からないし，もっと言えば，知識もないし，不適切なケアをしていても，それが不適切なケアだと気づいていないのかもしれません。

天川SV：気づいていないというのは悲しいことですね。分からない中でケアを行ってしまうのは，自分自身の問題ではないからでしょう。そのため，「ひもときシート」では「STEP1」の現状整理から始めています。

「ひもときシート」を活用して「STEP 1」から「STEP 2」「STEP 3」へとひも解いていく作業は，確かに遠い道のりかもしれません。しかし，このまま気づきもないケアを続けていくのか，それとも本来のケアの「良質性」を追求し，さらに援助者自身の人間としての成長を目指すのか，どちらの道を選択すべきかは明らかではないでしょうか。

> **ポイント**
>
> 認知症の人の思いもくまない，他人事のケア実践による援助者でありたいのか。
> 認知症を自分自身の問題としてとらえ，少しでも良質なケアを行うことを目指す援助者でありたいのか。
> どちらの援助者になるかは，他の人や社会的環境のせいではなく，自分自身の問題です。

職場改善と具体的ケアを考えるためのツール

天川SV：認知症の人を理解し，具体的に「パーソン・センタード・ケア」を実践していくために，私がよく使うほかのいくつかのツールを簡単に紹介したいと思います。

緑さん：「ひもときシート」以外にもツールがあるのですか？

天川SV：とりわけ，「ひもときシート」の最終段階である「STEP 3：共感的理解」のF欄を考える時に使うツールとして，**「樹木図」「マンダラート」「6W2Hシート」「マトリックス図」**といったものがあります（**資料4**）。

　公の特殊なツールというわけではありませんが，「樹木図」や「マンダラート」はケアの方法を論理的に導き出していく時に使うと便利です。ちなみに，「マンダラート」は，今泉浩晃氏が1987年に考案した9つのマスを使うアイデア発想法です。「6W2Hシート」は，具体的な実践内容を整理する時に使います。「マトリックス図」は，ケアの優先順位の決定や現状評価に活用します。いずれのツールも，できるだけ**情報を「見える化」**して，ケアスタッフが確認しやすくするというのがねらいです。

緑さん：「見える化」することで，意識統一がしやすくなりますね。

天川SV：これらのツールは，あくまでも認知症の人を理解し，その上でケア内容を改善していくためのものと考えてください。「パーソン・センタード・ケア」を進めていく上での考えを整理したり，思考を展開したりしていくための道具として，その時の状況に応じた活用をしていただければと思います。

資料4 「パーソン・センタード・ケア」を実践していく上で有効なツールの例

樹木図

基本理念
目標: ○○さんが安心する暮らし

どのようなケアが考えられるか？

具体的な実践内容

マンダラート

①	②	③
④	○○さんの思い	⑤
⑥	⑦	⑧

6W2Hシート

本人の思い			
実践するケアの内容			
その方法，手段			
誰と協力するのか			
時間			
場所			
期間，予算			
担当者			

マトリックス図（ケアの優先順位を決定する場合）

早く実践すべきケア（優先度が高い，すぐにできること）

既に行っていること	今すぐできる（行う）こと
余裕ができてから行うこと	計画をしっかり立てて行うこと

重要度低 ／ 重要度高

時間をかけて組み立てるケア

> **ポイント**
> 認知症の人を理解し，その上で職場を改善していくためにも，情報を「見える化」して，ケアスタッフが確認しやすくすると，いろいろなアイデアが出てきます。

「寄り添うケア」とは？

天川SV：「パーソン・センタード・ケア」では、「自分らしくありたい」「結び付きたい」「携わりたい」「くつろぎたい」「共にありたい」といった認知症の人が望む「5つの心理的ニーズ」（**図4**）へのアプローチを目指します。

昴くん：私たちが実践する具体的なケア内容が、認知症の人のニーズにつながっているか確認する必要がありますね。

天川SV：「パーソン・センタード・ケア」を目指して認知症の人を理解し、さらにその理解したことを具体的な実践につなげていく。この作業をしっかりと行わないと、「寄り添うケアを大切にしましょう」「見守っていきましょう」などのかけ声だけのケアになってしまいます。

緑さん：確かに「寄り添うケア」と言われても、具体的にはどういうことをやっていけばよいのか判然としませんね。現場のケアスタッフはそれぞれに好き勝手な解釈の下で対応していく可能性があります。

天川SV：「パーソン・センタード・ケア」は、各地の研修会でも多く取り上げられるようになりました。そのため、かなり普及してきたと言えます。しかし、改めて研修会場に来られた受講者などに「パーソン・センタード・ケアって何ですか？」と聞いてみると、何人かの人が「寄り添うケア」とか「その人らしさを大切にするケア」と答えました。

昴くん：そうではないのですか？

天川SV：では、「寄り添うケア」の「寄り添う」とは、一体どういうことなのでしょうか？　そして、なぜそのケアが必要なのでしょうか？

緑さん：えっと、「寄り添うケア」ですから、認知症の人にいつも寄り添っているケアということですかね…。

図4　認知症の人が望む5つの心理的ニーズ

（花びら：くつろぎ／自分らしさ／結び付き／携わること／共にあること　中心：愛）

ブラッドフォード大学編：DCM（認知症ケアマッピング）第8版マニュアル

天川SV：それで自分自身，理解できたと思いますか？

緑さん：う～ん，ベッタリとくっついているっていうのも変ですし…，何か心地良い言葉なので納得していましたけど…。でも，説明にはなりませんね。

天川SV：そうですね。それでは具体的ケアの実践の説明にはなりませんね。では，「その人らしさを大切に」というのも明確に説明できますか？

緑さん：明確にと言われても，「その人らしさ」というのはその人らしさという意味で理解していたつもりですが…。

天川SV：では，「寄り添うケア」や「その人らしさを大切にしたケア」とはどういうものなのか，例えば新人のケアスタッフに具体的かつ明確に伝えることができますか？

緑さん：え～と…。

天川SV：「パーソン・センタード・ケア」を，「寄り添うこと」とか「その人らしさを大切にすること」という甘い香りのする言葉で心地良くなって理解したつもりでいる人が多いのではないでしょうか。実際の介護の場面では，この言葉をもっと掘り下げて考えないと，単なる美辞麗句で終わってしまいます。「寄り添うケア」とは一体どういうことなのか，「その人らしさを大切にしたケア」とはどのようなことなのか，そして，それがなぜ大切なのか，それを具体化していくために「ひもときシート」を活用してみましょう。一人ひとりの事例を見ていくと，「寄り添うってこういうことだったんだ」とか「その人らしさってこのことを言うんだ」ということが分かってくると思いますよ。

ポイント

「寄り添うケア」や「その人らしさを大切にしたケア」は，パーソン・センタード・ケアの大切な要素ですが，その意味をしっかりと具体的に説明できることが大切です。

カンファレンスルーム❶

認知症の人による私たちの困り事から認知症の人の「思い」を想像してみる

 大野　茜 さん
Aグループホーム
ケアワーカー

 高田　瞳 さん
M特別養護老人ホーム
看護主任

 星野　光 くん
M特別養護老人ホーム
ケアマネジャー

 大島　緑 さん
M特別養護老人ホーム
ケアワーカー（フロアリーダー）

資料5　パーソン・センタード・ケアに接近するイマジネーションシート

皆さんが困っている 認知症の人のBPSDの状況	この時の認知症の人本人は， どのような思いでいるのだろうか？

◆まずは自分たちの困り事を書き出してみる

天川SV：日頃の認知症の人のBPSDで悩んでいることを基にして，認知症の人の「思い」を想像してみましょうか？
　　資料5のように区分して，最初に左側に皆さんが困っている認知症の人のBPSDの状況を個条書きで書き込んでみてください。

茜さん：私たちが困っている認知症の人の行動を書けばよいのですね？

天川SV：はい，自由に書いてください。

瞳さん：私たち看護師にも困り事はいっぱいあります。看護師の立場からの意見も書かせてください。

天川SV：もちろん，看護師の立場からの意見も大歓迎です。
　　左側が埋まったら，次に右側を書き込みますが，その前に左側に書かれたBPSDを見て何か感じることはありますか？

茜さん：う〜ん，認知症の人の行動をこうして集めてみると，とても問題のある困った人に思えてしまいます。

光くん：そう言われると，確かにそうですね。私たちはこうやって「認知症の人はとても大変な人」というレッテルを貼っているのかもしれませんね。

緑さん：でも，私たちの側から見ると，これだけいろいろな問題に直面しながら仕事をしているとも言えます。

瞳さん：病気がそうさせているのだから，いろいろと問題も出てくるでしょう。

茜さん：私たちのかかわりがこのような行動につながっていることもあるのでしょうね。

天川SV：茜さんが思ったように，このように並べると，本当に認知症の人が困った存在に見えてしまいますね。そして，そのような「困った人」というレッテルを貼りかねない。しかし同時に，緑さんが言うように，これだけのさまざまなBPSDに日々ケアスタッフたちがかかわっているのも事実です。そのため，何とかその溝を埋める方

資料6　パーソン・センタード・ケアに接近するイマジネーションシートの記入例

皆さんが困っている 認知症の人のBPSDの状況	この時の認知症の人本人は， どのような思いでいるのだろうか？
①夕方になると家へ帰ると言って出て行こうとする。	①ホームは自分の家でないという思い。寂しい。家族に会いたい。
②お風呂で服を脱いでくれない。	②何をされるのか分からない。何で服を脱ぐのか？
③誘導に従ってくれず，すぐに怒り出す。	③何を言われているのか分からないから腹が立つ。
④落ち着きなく動き回る。	④気持ちが落ち着かない。イライラする。面白くない。
⑤便をカーテンに塗りたくる。	⑤手が気色悪かったから拭きやすいもので拭いただけ。
⑥食事を食べてくれない時がある。	⑥食事の時間や食事そのものが分からない？
⑦お金を盗られたと訴えてくる。	⑦手元にお金がないととても不安。
⑧何でもズボンの中に取り込んでしまう。	⑧取り込むと心が落ち着く？
⑨他の人の食事に手が出る。	⑨目の前にあるものは食べてもいいんじゃないのか？
⑩転倒しやすいのに車いすから立ち上がろうとする。	⑩車いすにじっと座っているのはしんどい。歩けるのに。
⑪薬を飲んでくれない。口から吐き出す。	⑪何だか分からない。まずい。嫌。
⑫バイタルサインをチェックさせてくれない。	⑫何をするんだと思っている。してくることが理解できない。
⑬診察しようとすると暴力を振るう。	⑬何かされると思って，自分を守るために手が出る。
⑭熱があるのに動き回る。	⑭感覚が分からない。しんどいけどじっとしていられない。

法を考え出す必要があります。

茜さん：それが右側の項目ですね。

天川SV：はい。この右側に，今度は認知症の人の視点で，左側に書いたような行動が出る時の本人の「思い」はどのようなものなのかということを想像して書いてみましょう（**資料6**）。

◆本人の立場で考えることを実践していく

茜さん：ポイントは，認知症の人の気持ちになれるかというところですよね？　そこがとても難しいように思います。

天川SV：そうですね。では，右側の皆さんの記述を見て話し合ってみましょう。

光くん：結構認知症の人の気持ちになって考えているものもあれば，よく分からないようなものや，感想的なものまでありますね。

天川SV：そうですね。さまざまな記述があります。でも，ここは答えを求めているところではないのです。

茜さん：分かりました！　BPSDの行動ばかりに目を奪われず，少しでも認知症の人の思いに近づくことが大切ということですね。

緑さん：私もそう思います。

天川SV：そのとおりです。このように相手の立場になって考えてみるという習慣をつけることに意味があるのです。

瞳さん：でも，分かったからといって，薬を飲んでくれるようになるとは思わないけど。

茜さん：確かにそうかもしれないけれど，私たちのかかわり方を変えるきっかけになるのではないかと思います。

緑さん：私も瞳さんの言うことはよく分かります。分かったところで，誘導に従ってくれるのだろうか？　物盗られ妄想がなくなるのだろうか？　暴力を振るうのをやめてくれるのだろうか？などと正直思います。でも，茜さんが言うように，何かを突破口にしないと何も変わらないのも事実だと思います。それが本人の気持ちに近づくことではないかと。ちょっと分かったような気がします。

天川SV：緑さん，それでよいのです。ここでは，ケアの実践において何が大切なのか，たとえぼんやりでも分かり始めることが重要なのです。

光くん：実際「本人の思い」に近づくことができても，どのようにケアを見直して実践するかというところができないと何も変わらないというのは事実ですね。でも，少なくとも変わるためのポイントになるところじゃないでしょうか。

茜さん：例えば，帰宅願望のところに書かれている「寂しい」という思いにどうかかわるか考えるとか，あるいは，お風呂に誘導する時の声かけの仕方を本人が理解できるよう工夫するとか，次のステップに進むためのヒントがあるように思います。

天川SV：そうですね。ケアの内容を変えていくヒントになる材料と言えますね。本人の立場になって考えることを習慣づけるくらいの方がよいと思います。良い意味でルーティン化させましょう。答えは出ないけれど，少しでも「本人の視点」に立ち，そして変わるきっかけになる材料として使ってほしいのです。この辺りをぼんやりとでも分かってもらえば，ケアの見直しに向けたフレームワークが理解しやすくなります。

ポイント

- BPSDを書き出すことで，自分たちが抱えている課題の多さを再認識することができますが，認知症の人は困った人というレッテルを貼らないように注意しましょう。

- 少しでも認知症の人の立場になってその行動の意味するところを考えてみれば，問題しか見えない状況から前進することができ，ケアの見直しに向けたヒントを見つけることができます。

2

「本人の視点」でケアの展開を考える

認知症の人のBPSDの要因は，「本人の視点」でその人の背景に思考を巡らせることで見えてきます。それを助けるツールが「ひもときシート」です。また，「本人の思い」を理解できた時，どのようにケアを見直していけばよいか迷うこともあるでしょう。それらの思考展開を助けるツールも紹介していきます。

天川SV

登場人物

銀河　真 くん
M特別養護老人ホーム
ケアワーカー

不穏行為のある利用者

現在，M特別養護老人ホームに入居中の波野浜子さん（仮名）は，車いすに乗り，自走しながらリビングに出てきては，車いすごとケアスタッフにぶつかってくる。そして，ケアスタッフに罵声を浴びせて部屋に戻っていく。そんなことが繰り返されている。幸いなことに，他の入居者にぶつかっていくことはない。

その人を理解する「キーワード」を意識する

真くん：僕たちはどうしても現時点でのやっかいな波野さんの行動に翻弄されてしまいます。どうすればよいか分かりません。

天川SV：そうですか…。皆さんにとっては「困った人」なのですね。しかし，波野さんにも子ども時代や青春時代があり，独立して生活している時代があって，それらが今の波野さんにつながっています。そのため，私たちは今の波野さんの姿にとらわれるのではなく，波野さんの人生の時間の流れを遡行していかなければなりません。その遡行の中に，現在の波野さんに関する大事な要素が含まれています。**生活歴を詳しく調べると，今の波野さんを理解するための情報が本当に多く出てくるか**もしれません。

真くん：そういえば，波野さんの場合，少しばかしの情報提供が入居時にありました。

天川SV：波野さんの「事例概要シート」にある「生活歴」を見てみましょう（**資料7**）。何となく書かれていますが，短い文章の中にも，波野さんの思いに迫る大切な要素があります。

真くん：「元々豊かな家庭で育った」こと，「女学院まで出て大手企業で働いていた」こと，「夫が早く亡くなり，働きながら子どもを育てた」こと，「再婚がきっかけで子もとの間に亀裂が生じた」こと，さらに「その再婚もうまくいかず離婚した」こと，そしてその後「不摂生な一人暮らし」をしていたことなどが記されています。

天川SV：そうですね。それらが今の波野さんの現状を把握するポイントになるわけです。そして，それらは私たちが波野さんへのケアを見直す上でヒントになります。波野さんの「生活スタイル」についても，入居前の在宅での情報をケアマネジャーやホームヘルパーから得ているようですが，このように**入居前の状況についてもかかわっていた関係者から情報を得ておくことが大切**ですね。

真くん：生活リズムの崩壊や苦しい生活などが見て取れますね。

資料7　波野さんの事例概要シート

事例概要シート						○年　○月　○日現在	
事業所名（種別）	M特別養護老人ホーム（従来型）			担当者名	銀河　真		
本人氏名	波野浜子		年齢	72歳	性別　男・(女)	要介護度	介2
日常生活自立度	障がい高齢者自立度		B2	認知症高齢者自立度		Ⅲa	
ADLの状況	食事	(自立)・一部介助・全介助		排泄	自立・(一部介助)・全介助		
	移動	自立・(一部介助)・全介助		着脱	自立・(一部介助)・全介助		
	入浴	自立・一部介助・(全介助)		整容	自立・(一部介助)・全介助		
パーソン・センタード・ケアから見る認知症にかかわる要因							
認知症の診断名 （脳の器質性疾患）	脳血管性認知症　HDS-R12						
生活歴 （学歴・職歴）	元々豊かな家庭で育ったらしく，女学院まで出て大手企業でOLとして働いていた。 同じ会社の同僚と結婚後，すぐに子どもができたため退職し，子育てに専念。しかし，夫が35歳で亡くなり，以降働きながら子どもを育てる。 子どもが成人後再婚するも，子どもとの間に亀裂が生じ，それがきっかけで離婚。この20年間は一人暮らしで不摂生な生活だったようだ。						
生活スタイル （趣味・習慣） （経済状況）	居宅のケアマネやヘルパーからの情報によると，夜は遅くまで起きており，翌日は昼ごろまで寝ている。どこかに出かけることもなく，閉じこもりがちだったとのこと。 年金で生活していたが，金銭管理ができなくなっていた。						
パーソナリティ （性格・個性）	元々は上品な人だったようだが，今はすぐに激怒することが多く，気分に波がある。						
社会的立場 （地位・役職）	まだ女性の社会的地位が低かったころ，一流企業で頑張っていた。夫の死後は，長年スーパーのレジで働いていたようだ。						
現病・既往歴 （認知症以外）	両膝膝関節症。手術はしていない。そのため歩行がつらく，普段は車いすにて自力移動。						
認知症にかかわるその他の重要な要因							
現在の生活環境 （居室・リビング）	4人部屋の窓側。本人の持ち物はあまりないが，CDラジカセをなぜか大切にしている。しかし，使っているところは見たことがない。リビングでは他者と交わろうとしない。						
本人にかかわる人たち （家族・職員）	家族は息子が1人いるが，入居の時に来ただけで，ほとんど絶縁状態である。それ以外にかかわるのはホームのケアスタッフだけである。						
生活上の規則 （施設の決まり）	基本的にホームの日課（スケジュール）の下で生活しているが，できるだけ本人のスタイルに合わせるための努力はしている。						
その他気がかりなこと	息子との不和が気がかり。このままでよいのかと思う。						
事例のBPSDにかかわる概要（簡潔に）							
車いすに乗り，自走にてリビングに出てきては，車いすごとケアスタッフにぶつかってくる。そして，ケアスタッフに罵声を浴びせて部屋に戻っていく。そんなことが繰り返されている。幸いなことに，他の入居者にぶつかっていくことはない。							

天川SV：パーソナリティについても，「なぜ気分に波が出るようになったのか？」，また「激怒することは本当に波野さんの個性なのか？」と疑問を持ちながら考えてみましょう。

真くん：どのような職に就いていたのかという社会的関係性も，今の波野さんにつながっているところが多いかもしれませんね。

天川SV：そうですね。そこも大切なところです。女学院を出て一流企業で働いていた

青春期と，一転したその後の生活など，波野さんの心境に迫るヒントがあると思われます。

真くん：認知症以外の疾病の影響も考えられますよね。

天川SV：特に痛みや不快感をもたらすものはBPSDにつながってしまうので，波野さんの場合は両膝の状況についても確認しておく必要があるでしょうね。
　ここまでは個別的な状況が主体ですが，さらに重要になるのが波野さんを取り巻く現在の状況です。**生活環境や人間関係などを再確認**していきましょう。

真くん：「CDラジカセを大切にしているが，使っているところは見たことがない」という記述があります。

天川SV：なるほど。私たちは普段，仕事をしていると気づかない点も，少し足を止めて見てみると気づくことがあります。また，ちょっと気がかりだなと思って考えてみると，普段は気にも留めない状況が何か浮かんできませんか？

真くん：そういえば，波野さんは息子さんとの不和を抱えているようです。

天川SV：このように，事例の概況をまとめる際は，BPSDの背景にあるものや，一人の人として理解していくためのキーワードがたくさん含まれているということをしっかりと踏まえておく必要があります。

> **ポイント**
> ● 「生活歴」「生活スタイル」の中に利用者の思いに迫る大切な要素があります。
> ● 入居前の在宅での情報をケアマネジャーやホームヘルパーから得るようにしましょう。

援助者として感じている課題を整理する

天川SV：では，「ひもときシート」を使って，波野さんへのケアを見直していきましょう。私は，援助者が我慢して行うケアは決して良いものにならないと思っています。まずは，真くんのいら立ちや困惑など，援助者側の正直な気持ちを整理してみましょう。真くんは実際に波野さんにかかわり，正直なところ，どのような思いを抱いていますか？

真くん：部屋から出てきては，リビングなどで仕事をしているケアスタッフに車いすごとぶつかってきて，おまけに罵声を浴びせてくるので，正直かなりいら立ちます。他

の入居者にも同じようなことをしないかと心配です。どうしたらよいのか困惑しています（**資料8－Ⓐ**）。

天川SV：なるほど。では，真くんは波野さんにどのような「姿」や「状態」になってほしいと思っていますか？

真くん：とにかく，攻撃的な行動がなくなって穏やかになってほしいです。波野さんに笑顔が見られる時がないので，笑顔が浮かぶような心が落ち着ける状態になれば何よりです（**資料8－Ⓑ－①**）。

天川SV：援助者としての真くんの思いと，波野さんのことが心配という思いの両方がくみ取れますね。「攻撃的な行動がなくなって穏やかになってほしい」というのは援助者側の思いですが，「心が落ち着ける状態になれば何より」というのは波野さんのことを案じる言葉ですね。
　　　真くん自身は，そのためにどのように取り組んでいるのですか？

真くん：波野さんと話をする時間を何とか持とうとしているのですが，ゆっくり話をしようと思うと，すぐにどこかへ行こうとされます。車いすごとぶつかってくるのが分かった時は，強引に車いすを止めますが，車いすを押さえたケアスタッフの手をたたいたり，時にはつばを吐きかけてきたりすることもあります。他の入居者にぶつかっていかないように常に見守りが必要ですが，限度があります（**資料8－Ⓑ－②**）。

天川SV：真くんも他のケアスタッフたちも，戸惑いと混乱やストレスでいっぱいなのでしょうね。どのように取り組むかというより，その場その場で苦し紛れの対応をしているのではないでしょうか？

真くん：確かに…，そのとおりです。

天川SV：つらいですよね。まずは「自分たちが今，苦し紛れの対応をしている」という認識を持つことが大切です。**援助者として感じている課題をまずは自分たちの視点で評価する**ことから始めてみましょう！

根本的な課題解決に向けて情報を整理する

天川SV：では，波野さんのBPSDの背景にあるものを探っていきましょう。まずは，波野さんのBPSDの状況をまとめてみましょう。波野さんの行動だけでなく，表出された言葉や表情なども含めて，ひもときシートのC欄にまとめてみてください。

真くん：「日中，リビングなどで仕事をしているケアスタッフ目がけて車いすでぶつかってきて，汚い言葉でののしってくる。表情は険しいが，激怒しているという感じではない。突進してくる車いすを押さえ付けると手が出たり，つばを吐いたりし，この時の表情はさらに険しい」…このようにまとめてみましたが，どうですか（**資料8－Ⓒ**）？

資料8　波野さんのひもときシート

Ⓐ 課題の整理Ⅰ
あなた（援助者）が感じている課題

事例にあげた課題に対して，あなた自身が困っていること，負担に感じていることを具体的に書いてください。

部屋から出てきては，リビングなどで仕事をしているケアスタッフに車いすごとぶつかってきて罵声を浴びせてくるので，痛いし，罵声を浴びせられるのも嫌だし，ぶつかってきた時には正直かなりいら立つ。ケアスタッフみんなが被害を受けている。他の入居者にも行かないかと心配。どうしたらよいのか困惑している。

Ⓑ 課題の整理Ⅱ
あなた（援助者）が考える対応方法

①あなたは本人にどんな「姿」や「状態」になってほしいですか。

とにかく穏やかになってほしい。笑顔が見られる時がないので，笑顔が浮かぶような心が落ち着ける状態になれば何より。

②そのために，当面どのようなことに取り組んでいこうと考えていますか？あるいは，取り組んでいますか。

何とか話をする時間を持とうとしているが，ゆっくり話をしようと思うと，すぐにどこかへ行こうとする。車いすごとぶつかってくるのが分かった時は，強引に車いすを止めるが，車いすを押さえたケアスタッフの手をたたいたり，時にはつばを吐きかけてきたりすることもある。他の入居者にぶつかっていかないように常に見守りが必要だが，限度がある。

（1）病気の影響や，飲んでいる薬の副作用について考えてみましょう。

脳血管性認知症と診断されているが，精神疾患も含まれているのではないかという医師の診断。そのため安定剤が投与されている。しかしながら，かえっていらついているような気がする。だからと言って，これ以上投与量を増やすのは過鎮静になってしまうのではないかと気がかり。

（4）音・光・味・におい・寒暖等の五感への刺激や，苦痛を与えていそうな環境について，考えてみましょう。

まぶしいところはあまり好きでないようで，日の差し込む窓際には行こうとしない。
穏やかな音楽（クラシックなど）をリビングで流すと，リビングの隅で聴きながらうたた寝をしていることが時々ある。

（6）住まい・器具・物品等の物的環境により生じる居心地の悪さや影響について考えてみましょう。

元々質素な暮らしをしていたようで，入居時もあまり持ち物は多くなかった。今の部屋の生活状況で特に悪影響を与えるものはないと思う。ただ，4人部屋というのが気になるが，波野さんからそのことで愚痴を聞いたことはない。
CDラジカセを時々触っているが，使い方を思い出せないようだ。

STEP 1　評価的理解　援助者として感じている課題を，まずはあなたの視点で評価します。

STEP 2　分析的理解（思考展開エリア）

（2）身体的痛み，便秘・不眠・空腹などの不調による影響を考えてみましょう。

両膝の痛みを常に訴えている。特にベッドから車いすに移る時やトイレで立ち上がる時にはかなり痛むようだ。
睡眠はよく取れているようだが，朝はいつもなかなか起きてこず，朝食の関係で無理やり起こす時もある。まだ寝たいところを起こされるのは不機嫌のもとかも。夜寝るのが遅いので，半日ほど時間がずれているような感じ。

（3）悲しみ・怒り・寂しさなどの精神的苦痛や性格等の心理的背景による影響を考えてみましょう。

車いすごと体当たりして怒りをぶつけてくるのは，私たちからするとかなり腹が立つが，それは何らかの訴えのための行動かもしれないし，波野さん自身何かに苦しんでいることの表れかもしれない。身体の痛みや自分の思いと反することや，今のことだけでなく，過去の記憶がよみがえっていら立ったり，不安になったりしていることもあるかもしれない。まだまだ波野さんの心の内が分かっていない。

Ⓓ 課題の背景や原因を整理してみましょう

思考展開エリアに記入した内容を使って，この課題の背景や原因を本人の立場から考えてみましょう。

- 薬の調整ができていない。
- 生活時間のずれがある。
- 身体のことやケアスタッフへのいら立ちを抱えている。
- 家族に会いたい。
- 音楽が好き。しかし，自由に聴けていない。CDラジカセの使い方が分からない。
- ケアスタッフへの攻撃はケアスタッフの対応への不満の表れ？
- よみがえる過去の記憶に苦しめられている？

Ⓒ 課題に関連しそうな本人の言葉や行動を書き出してみましょう

あなたが困っている場面（Aに記載した内容）で，本人が口にしていた言葉，表情やしぐさ，行動等をありのままに書いてください。

日中，リビングなどで仕事をしているケアスタッフ目がけて車いすでぶつかってきて，汚い言葉でののしってくる。表情は険しいが，激怒しているという感じではない。突進してくる車いすを押さえ付けると手が出たり，つばを吐いたりし，この時の表情はさらに険しい。

（5）家族や援助者など，周囲の人の関わり方や態度による影響を考えてみましょう。

息子とは絶縁しており交流がない。本当は息子や孫に会いたいのではないか。
波野さんにかかわるのは私たちケアスタッフだけなのだが，怒りをぶつけてくるということは，ケアスタッフにかなりの不満を持っているのではないか。私たちの波野さんへの態度が防御的であり，時には攻撃的な態度も取ってしまっているかもしれない。

Ⓔ「A課題の整理Ⅰ」に書いた課題を本人の立場から考えてみましょう

「D課題の背景や原因の整理」を踏まえて，あなたが困っている場面で，本人自身の「困り事」「悩み」「求めていること」は，どのようなことだと思いますか。

生活リズムが乱れていることの気分の悪さに加え，膝の痛みなどの体調の不良，何よりも自分のことを分かろうとしないケアスタッフへのいら立ち，人生を振り返ると，特に息子との関係のつらさなど，不安でいっぱいという気持ちだろうか。好きな音楽も満足に聴かせてもらえていないし。ケアスタッフはそんな気持ちをちっとも分かってくれない。

（7）要望・障害程度・能力の発揮と，アクティビティ（活動）とのズレについて考えてみましょう。

家で一人で過ごすことが多かったようで，レクに誘ってもすぐに戻ってしまう。そのため，いつしかケアスタッフも声をかけなくなった。音楽会の時はなぜか最後まで会場にいたことがあった。音楽は好きなのかもしれない。

（8）生活歴・習慣・なじみのある暮らし方と，現状とのズレについて考えてみましょう。

かつてはエリートOLだったようだが，夫の死後はスーパーで働きながら子どもを育ててきた。音楽が好きなのか，本人の手元にはクラシックのCDが何枚か置いてあるが，聴いているところは見たことがない。
入居前は，夜は遅くまで起き，翌日は昼近くまで寝る生活が続いていたとのこと。今の生活との時間的ずれが解消されてないところがあるかもしれない。

Ⓕ 本人にとっての課題解決に向けてできそうなことをいくつでも書いてみましょう

このワークシートを通じて気づいた本人の気持ちにそって㋐今できそうなことや㋑試せそうなこと㋒再度の事実確認が必要なこと等をいくつでも書いてみましょう。

樹木図（**資料10**：P.48）を使って，波野さんの思いに沿ったケアを検討する。

根本的な課題解決に向けて，多面的な事実の確認や情報を整理します。

STEP 3 共感的理解

本人の視点から課題の解決を考えられるように，援助者の思考展開を行います。

天川SV：簡潔明瞭にまとめましたね。注目すべきところは「激怒している感じではない」という部分です。ここに波野さんの思いに迫る足がかりがあるような気がします。では，ここで書かれた波野さんのBPSDの背景や原因が何なのかを8つの視点（領域）で探っていきます。

　まずは，**病気の影響や飲んでいる薬の副作用**について考えてみましょう。

真くん：波野さんは，脳血管性認知症と診断されていますが，精神面の疾患も含まれているのではないかという医師の診断がありました。そのため安定剤が投与されているのですが，かえっていらついているような気がします。だからと言って，これ以上安定剤の投与量を増やすのは過鎮静になってしまうのではないかと気がかりです（**資料8-ⓒ-(1)**）。

天川SV：薬が波野さんの精神状態を不安定にさせている可能性もあるわけですね。この点は当然，医師や看護師と情報共有しなければならないことです。薬のことにあまりとらわれすぎると，それが波野さんのBPSDの最大要因と思いかねないので，医師や看護師とはしっかりと話し合いましょう。

　次に，**身体的痛み，便秘・不眠・空腹などの不調による影響**を考えてみましょう。

真くん：波野さんは両膝の痛みを常に訴えています。特にベッドから車いすに移る時やトイレで立ち上がる時にはかなり痛むようです。睡眠はよく取れているようですが，朝はいつもなかなか起きてこないので，朝食の関係で無理やり起こす時もあります。まだ寝たいところを起こされるのは不機嫌のもとかもしれません。夜寝るのが遅いので，半日ほど時間がずれているような感じです（**資料8-ⓒ-(1)**）。

天川SV：身体的側面については，膝の痛みが苦痛を与えていることと，生活時間のずれが大きすぎるのではないかという2つのポイントを挙げていますね。まだ寝ていたいのに起こされるのは不快になって当然だろうというところに気づいたのはよいですね。このような気づきを積み重ねていきましょう。

　では，悲しみや怒り，寂しさなど，波野さんの**精神的苦痛や性格などの心理的背景による影響**はどうでしょうか？

真くん：波野さんが車いすごと体当たりして怒りをぶつけてくるのは，私たちからするとかなり腹が立ちますが，それは波野さんの何らかの訴えのための行動かもしれませんし，波野さん自身，何かに苦しんでいることの表れかもしれません。身体の痛みや自分の思いに反することや，今のことだけでなく，過去の記憶がよみがえっていら立ったり，不安になったりしていることもあるかもしれないですね。私たちはまだまだ波野さんの心境を分かっていないです（**資料8-ⓒ-(3)**）。

天川SV：ここは波野さんの思いに迫る重要な分析的思考展開の項目になります。真く

んに「腹が立つ」という思いがある半面，波野さんの行動を「何らかの訴えのための行動かもしれない」「何かに苦しんでいることの表れかもしれない」と波野さんの側に立って考察していることはよいと思います。

　このように本人の精神的苦痛を考え，思考を深めてみることは，波野さんを理解する上での大きな突破口になります。1つだけでも本人の立場で考えられると，その視点での思考がこの後も引き出されていくでしょう。

　「精神的苦痛？　悲しみや怒りや寂しさ？　そんなことは分かりません。本人は怒っているだけですから！」という閉塞的な考えしか出てこなければ，そこから先には進めません。「本人はどのような思いでいるのだろう？」と思考を巡らせ，対人援助の専門職としての機能をしっかりと働かせることが大切です。

　では次に，**音・光・味・におい・寒暖などの五感への刺激や，苦痛を与えていそうな環境**について考えてみましょう。

真くん：波野さんはまぶしいところがあまり好きでないようで，日の差し込む窓際には行こうとしません。また，リビングでクラシックなどの穏やかな音楽を流すと，リビングの隅で聴きながらうたた寝をしていることが時々あります（**資料8－ⓒ－（4）**）。

天川SV：ここは五感に影響を及ぼす環境的要因を探っていく項目ですが，環境的要因は人によってさまざまです。波野さんには明るく開放的なところよりも，少し暗めのちょっとした狭い空間の方が落ち着くのかもしれませんね。音楽を聴きながら眠ってしまうのは，生活リズムの崩れからそうなるのか，あるいは音楽が心地良い安心感を与えて眠くなるのか，双方の理由がオーバーラップしているのか，もう少し様子を探ってみるとよいかもしれません。この項目は，波野さんへのケアを見直す際にとても重要なヒントが隠れていると言えます。

　では，波野さんの家族や援助者など，**周囲の人のかかわり方や態度による影響**を考察してみましょう。

真くん：息子さんとは絶縁していて交流がありません。波野さんは，本当は息子さんやお孫さんに会いたいのではないでしょうか。また，波野さんにかかわるのは私たちケアスタッフだけなのですが，怒りを私たちにぶつけてくるのは，ケアスタッフにかなりの不満を持っているのではないかとも思います。波野さんに対する私たちの態度が防御的であり，時には攻撃的な態度も取ってしまっているかもしれません（**資料8－ⓒ－（5）**）。

天川SV：周囲の人のかかわり方や態度による影響は，精神的苦痛や性格などの心理的背景による影響と同様に，「本人の視点」に立って考えるための重要な部分になります。これまでは物理的な環境的要因での精神的影響を考えるものでしたが，ここでは人的要因がどれだけ本人の精神面に影響を与えているかを考えていきます。つまり，

援助者側の在り方も非常に問われるということです。

　真くんは2つの課題を提起していますね。一つは「本当は息子さんやお孫さんに会いたいのではないか」という家族とのかかわりにおいての課題。もう一つは「ケアスタッフにかなりの不満を持っているのではないか」という援助者側の課題です。そして，その根拠は「ケアスタッフの態度が防御的で，攻撃的な態度も取ってしまっているからではないか」ということですね。

真くん：そうですね。

天川SV：このように「○○ではないか？」と思ったことの根拠や理由も考えてみることが大切です。重要な項目ですし，波野さんの思いに接近するためには必要不可欠なところですから，ここでは「○○ではないか？」との思いから，さらに「そう思った理由」まで踏み込んで考えてみてください。

　次に，**住まい・器具・物品などの物的環境により生じる居心地の悪さや影響**について考えてみましょう。

真くん：波野さんは，元々質素な暮らしをしていたようで，入居時もあまり持ち物は多くありませんでした。今の部屋の生活状況で特に悪影響を与えるものはないと思います。ただ，4人部屋というのが気になります。波野さんからそのことで愚痴を聞いたことはありませんが…。あと，CDラジカセを時々触っているようですが，使い方を思い出せないようです（**資料8－ⓒ－(6)**）。

天川SV：波野さんを取り巻く物的環境の側面から見た場合，真くんはこの点に関してはあまり影響がないと思っているのですね。すべてのことが波野さんのBPSDに影響しているとは言えないところもあると思います。ただ，注目したいのは「CDラジカセは時々触っているが，使い方が思い出せないようだ」というところです。これは逆に言えば，CDラジカセを以前はよく使っていたと理解できます。そうでなければ触ることもしなかったでしょう。

　このような観察が，後の「ケアの見直し」において波野さんへのアプローチを考える際に生きてきますし，知らないのうちに専門職としての感性を豊かにしていきます。小さな仕草も見逃さないようにしましょう。

　さらに進みます。**本人の要望や障がい程度，能力の発揮と，アクティビティ（活動）とのズレ**についてはどうですか？

真くん：家では一人で過ごすことが多かったようで，レクに誘ってもすぐに部屋に戻ってしまいます。そのため，いつしかケアスタッフも波野さんに声をかけなくなったように思います。あ，でも，そういえば，音楽会の時はなぜか最後まで会場にいたことがありました。音楽は好きなのかもしれません（**資料8－ⓒ－(7)**）。

天川SV：なるほど。注意しなければならないのは，往々にして私たち援助者主体の動

きの中に本人をはめ込んでしまうということです。援助者の「物差し」によるレクへの働きかけは，波野さんにはマッチしなかったということになります。それどころか，その事実に気づかないうちに，「波野さんはレクを好まないから，誘っても仕方がない」と勝手に判断していたのかもしれません。しかし，真くんの観察によると，「音楽会の時はなぜか最後まで会場にいたことがあった。音楽は好きなのかもしれない」ということで，先ほどのCDラジカセとの接点が出てきていますね。

このように，それぞれの思考展開の項目は別々に存在するのではなく，どこかで何かがつながっている場合も考えられるので，それらの「気づき」をこの後でしっかりとまとめてみましょう。

最後に，**本人の生活歴，習慣，なじみのある暮らし方と，現状とのズレ**について考えてみましょう。

真くん：波野さんは，かつてはエリートOLだったようですが，夫の死後はスーパーで働きながら子どもを育ててきたとのことです。音楽が好きなのか，本人の手元にはクラシックのCDが何枚か置いてありますが，聴いているところは見たことがありません。入居前は，夜は遅くまで起きていて，翌日は昼近くまで寝る生活が続いていたとのことです。今の生活との時間的ズレが解消されていないところがあるかもしれません（**資料８－ⓒ－（８）**）。

天川SV：この項目を考える時，「事例概要シート」にかなりのヒントがあると言えます。本人の生活歴や生活スタイルを振り返り，整理する場面にもなります。今の生活とのずれについて，生活歴や生活スタイルが現状にどのように影響しているのか，専門職として感性を働かせ，具体的根拠を示さなければならない場面です。

ここで，「クラシックのCDが波野さんの手元に置いてあるが，聴いているところは見たことがない」というところに注目してみましょう。真くんは，波野さんのなじみのあるものではないだろうかと感じていましたが，これは先ほどの物的環境や能力とのずれが伏線になって浮かび上がってきたものと言えるかもしれません。「聴いているところは見たことがない」ということと，「CDラジカセの使い方が思い出せないようだ」ということが背景・原因としてしっかりと結び付いていると言えます。

真くん：いろいろな観点から波野さんのことを考察してきて，気づきがいっぱい出てきました。

> **ポイント**
>
> 本人のBPSDの要因を次の8つの視点で探ってみましょう。
> ①病気や飲んでいる薬の副作用の影響はないか？
> ②身体的痛み，便秘・不眠・空腹などの不調による影響はないか？
> ③精神的苦痛や性格などの心理的背景による影響はないか？
> ④五感への刺激や苦痛を与えていそうな環境の影響はないか？
> ⑤周囲の人のかかわり方や態度による影響はないか？
> ⑥物的環境により生じる居心地の悪さや影響はないか？
> ⑦本人の要望や障がい程度，能力の発揮と，アクティビティ（活動）とのズレはないか？
> ⑧本人の生活歴，習慣，なじみのある暮らし方と，現状とのズレはないか？

「本人の視点」で課題の解決方法を考える

天川SV：では次に，課題の背景や原因に関する気づきについて，本人の立場から個条書きでまとめてみましょう。分析的理解の項目で分かったことを整理します。

真くん：「薬の調整ができていない」「生活時間のズレがある」「身体のことやケアスタッフへのいら立ちを抱えている」「家族に会いたい」「音楽が好きだが，自由に聴けていない（CDラジカセの使い方が分からない）」「ケアスタッフへの攻撃はケアスタッフの対応への不満の表れ？」「よみがえる過去の記憶に苦しめられている？」などでしょうか（**資料8−Ⓓ**）？

天川SV：大きく2つに分類できそうですね。一つは「生活時間のズレがある」「身体のことやケアスタッフへのいら立ち」「家族に会いたい」「よみがえる過去の記憶に苦しめられている」などの波野さんの苦しみの本質に接近したもの。もう一つは「音楽が好きだが，CDラジカセの使い方が分からなくて自由に聴けていない」という，波野さんの心と生活が潤うためのヒントになるものです。

いろいろな課題がはっきりと見えてきましたね。

波野さんの課題の背景や原因を踏まえて，真くんが困っている場面で，本人の「困り事」「悩み」「求めていること」はどのようなことだと思いますか？　先に挙げた気づきを思い出しながら，波野さんの**代弁者として考えてみてください。**

真くん：波野さん「本人の視点」で考えてみると，生活リズムが崩れていることへの気分の悪さに加え，膝の痛みなどの体調の不良，何よりも自分のことを分かろうとしないケアスタッフへのいら立ち，人生を振り返ると，特に息子さんとの関係のつらさなど，不安でいっぱいという気持ちなのではないでしょうか。好きな音楽も満足に聴かせてもらえないし，ケアスタッフはそんな気持ちをちっとも分かってくれない…といった感じかもしれません（**資料8-Ⓔ**）。

天川SV：なるほど。それらは「ケアの見直し」につながる重要な部分ですから，しっかりと本人の立場になって考えていきましょう。真くんは，ここまでの経緯を振り返りながら挙げたことを基に，波野さんの思いに近づく形で表現してくれましたね。ここまできて，ようやく私たちの視点からではなく，「本人の視点」からケアを見直すスタートラインに立ったと言えます。

　　では，これからは「ケアの見直し」を検討していきましょう。既に「本人の視点」に立った「思い」が書き出されているので，それを基にして「ケアの見直し」というステップへ進むことも可能です。しかし，この後しっかりと「本人の視点」に立ったケアを構築していくにあたっては，「本人の思い」をより明確にまとめることで，突破口となる項目が見つけやすくなります。

真くん：分かりました。

天川SV：「マンダラート」（**資料4**：P.25参照）を使って，波野さんの「思い」をより具体的にまとめてみましょう。書き込む時は，似たカテゴリーのものを近くの枠に集めておくと分かりやすいですよ。

真くん：波野さん本人の立場になって，波野さんの「思い」を分類しながら記入してみました（**資料9**）。

天川SV：このマンダラートから，波野さんの「思い」を整理してみましょう。そうすると，次のように区分できます。

　①「朝はもっとゆっくりと眠りたい」
　②③⑤「私の苦しさや不安をもっと受け止めてほしい」
　④「膝の痛みを何とかしてほしい」
　⑥「息子に会いたい。良い思い出をつくりたい」
　⑦⑧「心が和む音楽を静かに聴きたい」

　　これらの波野さんの「思い」を突破口として，いよいよ次の段階「ケアの見直し」に向けた思考展開を「樹木図」を使って進めていきます。

資料9　波野さんの思いをマンダラートにまとめよう

① 朝まだ眠いのに無理やりに起される。 だから不機嫌だ。	② 私の周囲にいるケアスタッフは、ちっとも私の思いを分かってくれない。腹が立つし、憎たらしい。	③ 少しでよいから、私の苦しさを誰か聴いてほしい。 みんな敵対心を持った目で私を見る。 だからなおさら腹が立ってしまう。
④ 両膝ともうずくように痛くてつらい。特に車いすに乗せられる時に、ケアスタッフがゆっくりと移乗させてくれないと余計に痛い。トイレの時もお風呂の時も痛い。この痛みを何とかしてほしいし、ケアスタッフもゆっくりとケアしてほしい。	波野さんの思い	⑤ 頭のモヤモヤは何なの？ 私は認知症なの？ 考えただけで不安になる。
⑥ 人生を振り返ると、若いころの幸せな時間が思い出されて苦しくなる。 一生懸命に育ててきた息子との絶縁は何よりもつらい。	⑦ 好きだった音楽（クラシック？）もどうやって聴いたらよいか分からない。 音楽が聴けたら少しは心が和むのに。	⑧ 誰にも邪魔されないで、一人で静かに音楽を聴いていられる空間がほしい。

ポイント

認知症の人本人の「思い」が見えてきたら、「マンダラート」を使ってそれらをもっと分かりやすくまとめてみましょう。

「本人の視点」のケア展開を考える

◆フラッグシップを明確にする

天川SV：「本人の視点」でケアの見直しをしていくにあたって最も大切なのが，**私たち援助者側の基本理念ならびに利用者本人の一番の望みであり，そこを「フラッグシップ（旗印）」として掲げなければなりません**。波野さんへのケアの見直しを考える場合も，その施設や事業所の基本理念と，波野さんが求めているであろう一番の望みを旗印として考えていく必要があります。

真くん：単に飾り文句とせずに，常にこれらを確認しながら次に進んでいくということですね。私たちの基本理念および波野さんの一番の望みは次のようになると考えます。

> 【私たちの基本理念】
> 利用者の尊厳を守り，安心・安全な生活を保障する。
> 【波野さんの一番の望み】
> 安心して穏やかに暮らしたい。

ポイント

援助者側の基本理念および利用者本人の一番の望み（思い）を「フラッグシップ（旗印）」として掲げます。

◆本人の「思い」を抽出する

天川SV：次に，先ほど記入した「マンダラート」（**資料9**）を基に，波野さんの「思い」に応えていくために必要性の高いケアを考えていきます。「**樹木図**」を使って展開してみましょう。

真くん：波野さんの「思い」として次の5つを抽出しました。でも，ここから新たなるケアの方法を導くには，どうしたらよいのでしょうか？

> ①朝はもっとゆっくり寝たい。
> ②息子に会いたい。良い思い出をつくりたい。
> ③苦しみや不安を受け止めてほしい。
> ④心が和む音楽を静かに聴きたい。
> ⑤膝の痛みを何とかしてほしい。

◆ 大まかな考えを出してみる

天川SV：まずは，ざっくりと「波野さんの『思い』を実現するためにできることはあるか？」を考えてみましょう。そして，徐々に「そのために具体的にどうするか？」ということに思考を巡らせていきましょう。

真くん：「息子に会いたい。良い思い出をつくりたい」という波野さんの「思い」に対しては「息子さんに何とか面会に来てもらう」，「苦しみや不安を受け止めてほしい」という「思い」に対しては「話を聴く時間を何とかつくる」。こんな感じでしょうか？

天川SV：そうですね。そこから，さらに「じゃあ，どうやってそれを実現していくか？」という具体的実践に向けた方策を考えていきます。当然，「ひもときシート」の中で明らかになった「本人の視点」を確認しながら進めていきます。

真くん：とにかく思い浮かぶアプローチの方向性を書き出していけばよいわけですね。

◆ 各項目のつながりを見ていく

天川SV：ここで大切なのは，最初に掲げたフラッグシップ（「私たちの理念」と「利用者の一番の望み」）と「本人の視点」を見失わず，ポジティブに考えていくことです。そして，それぞれについて掘り下げていくうちに，リストアップした「本人の思い」がつながるところが出てくることに気がつきましたか？

真くん：波野さんの場合…，あっ，「苦しみや不安を受け止めてほしい」と「心が和む音楽を静かに聴きたい」の接点がいくつか見えてきました。例えば，大好きなクラシック音楽をゆっくりと聴ける場所づくりを考えていくうちに，その場所を苦しみや不安をゆっくりと聴く場所として活用するということにとつながっていきます。

天川SV：そうですね。それぞれの項目は単独で具体化させていくだけでなく，掘り下げていくうちにいろいろとつながるところが出てきます。この「心が和む音楽を静かに聴ける場所」は，ケアスタッフと波野さんとのコミュニケーションの場にも使えますし，息子さんとの面会の場所としても使用できます。また，波野さんの生活リズムを整える場所としても使えますね。このように，**接点のあるものはつなげていき，波野さんにとって大切なことを焦点化**させていきます。

> **ポイント**
> - 樹木図を使って，「本人の思い」を実現するためにできることを考え，そのために具体的にどうしていくかを掘り下げ，思考を巡らせていきましょう。
> - 樹木図の各項目のつながりを見つけ，認知症の人本人にとって大切なことを焦点化していきましょう。

◆ケアの方向を明確化させていく

真くん：「本人の思い」からスタートした樹木図を1枚にまとめてみました（**資料10**）。色や形を変えると，より分かりやすくなったのではないかと思います。ただ，ここに表したものは明確になってきたケアの方向性であって，より具体的なものにしていくにはもう少し整理してみる必要があると思いました。

天川SV：例えばどのようなことですか？

真くん：この波野さんの樹木図で，「まずは自由な時間の起床を保障する」とありますが，どう保障するのか，「日中の本人の居場所をつくってみる」ではどのようにつくるのか，「研修を行いケアスタッフのスキルを上げる」では具体的にどのように高めるのか，「他の入居者も使える方向で考える」では具体的にどう使えるようにするのかなど，さらにケアの内容を具体化させていく必要があると思いました。

天川SV：そうですね。良い気づきがありました。では，樹木図を作成することによって波野さんに対するケアの方向性が見直せたら，その方向性をより具体的実践にするために「6W2Hシート」を使って整理してみましょう。

「本人の視点」のケアを具体化する

◆ケア内容を具体化させケアプランに落とし込む

真くん：「6W2H」，つまり「いつ」「どこで」「誰が」「何を」「誰に」「なぜ」「どのように」「どのくらい（期間）・いくらで（費用）」ということですね（**表1**）。

天川SV：そうですね。**樹木図で導き出された考えを，ここではより具体化していきます。**直接ケアプランにかかわるところでもあるので，ケアマネジャーと共に検討していくとよいでしょう。

真くん：「朝はもっとゆっくり寝たい」という本人の思いに対して実践するケアの内容として「自由な起床時間」を提示し，その方法は「本人のペースに合わせる」としました。ただ，漫然と寝ていると生活リズムが崩れてしまうと思うので，遅くても9時には起床してもらうように取り決めたいと思います。

また，「苦しみや不安を受け止めてほしい」という思いに対しては「話を聴く時間を積極的に設ける」とし，その時間帯を昼食後や夕食前と決め，新設のリスニングルームで行うこととしました（**資料11**）。

天川SV：いいですね。このように，できるだけケア内容を具体化しながら決めていくとよいでしょう。そして，これらの**具体的実践項目が，パーソン・センタード・ケアの「5つの心理的ニーズ」（P.26参照）に合致しているか**，線を引いて確かめてみましょう。

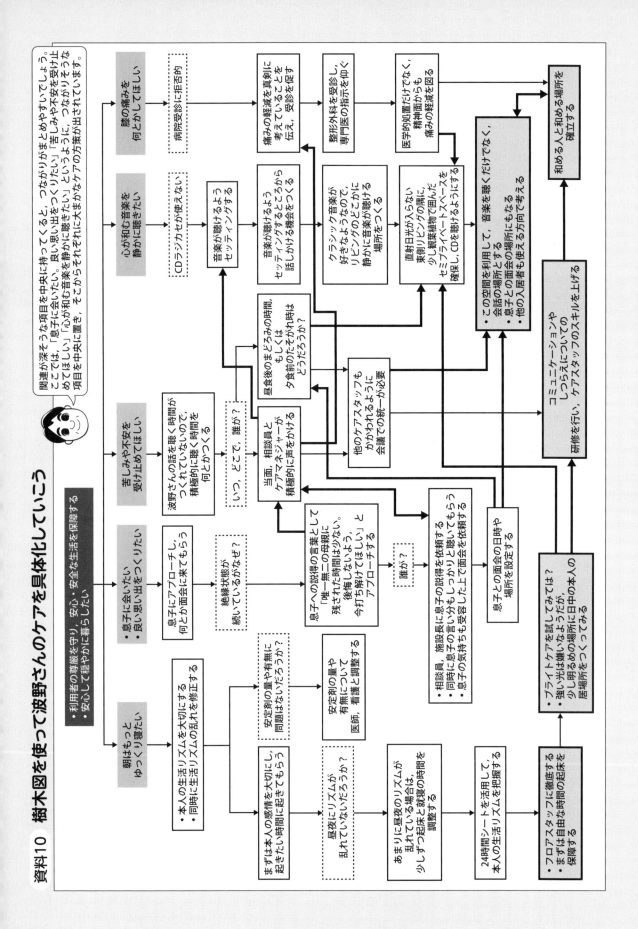

表1　6W2H

		6W2Hシートの項目
When	いつ（時期）	時間
Where	どこで（場所）	場所
Who	誰が（対象，担当）	担当者
What	何を（課題，種類，仕事の内容）	実践するケアの内容
Whom	誰に（相手，連携の必要な人）	誰と協力するのか
Why	なぜ（目的，動機，理由，背景）	本人の思い
How	どのように（方法，手段，段取り）	その方法，手段
How long / How much	どれだけ（期間，数量，範囲，予算）	期間，予算

資料11　6W2Hシートに波野さんの具体的ケアを書き込もう

本人の思い	朝はもっとゆっくり寝たい	・息子に会いたい ・良い思い出をつくりたい	苦しみや不安を受け止めてほしい	心が和む音楽を静かに聴きたい	膝の痛みを何とかしてほしい
実践するケアの内容	寝すぎない程度に自由な起床時間を確保する	息子を説得し，面会を設定する	話を聴く時間を積極的に設ける	リスニングルームを設け，クラシックCDをゆっくりと聴けるようにする	受診するよう説得し，専門医の指示下で対応する
その方法，手段	本人のペースに合わせる	生活相談員や施設長から息子にアプローチしてもらう	毎日，時間を確保して声かけを行う	リビングの一角にリスニングルームを設ける	まずは痛みの軽減には受診が必要と説得を試みる
誰と協力するのか	ケアスタッフ全員	生活相談員 施設長 ケアスタッフ	生活相談員 ケアマネジャー ケアスタッフ	生活相談員 ケアマネジャー ケアスタッフ	看護師 嘱託医師 生活相談員
時間	ただし9時までには起床	この1カ月以内に	特に昼食後や夕食前	午後のひとときや夕食前	2週間以内
場所		面会は新設のリスニングルームを活用する	新設のリスニングルームを活用する	新設のリスニングルームを活用する	
期間，予算	まずは3カ月	継続的に	継続的に。観葉植物を購入する	左同	痛みの治療は継続的に実施する
担当者	まとめ役 生活相談員	生活相談員 ケアマネジャー	生活相談員 ケアマネジャー ケアスタッフ	ケアスタッフ 生活相談員	看護師 生活相談員

自分らしくありたい	結び付きたい	携わりたい	くつろぎたい	共にありたい

パーソン・センタード・ケアでの認知症の人が望む5つの心理的ニーズに合致しているかを確認する。

浜子さんの思いは，何かに携わるというよりも，誰かと結び付いていたい，共にありたい，そしてくつろぎたいというところにあるのではないか。

真くん：「5つの心理的ニーズ」，え〜と，「自分らしくありたい」「結び付きたい」「携わりたい」「くつろぎたい」「共にありたい」でしたよね（**資料11の下段**）。

天川SV：そうですね。真くんがまとめてくれた「6W2Hシート」から，波野さんはどちらかというと能動的に何かに「携わりたい」というよりも，誰かと「結び付きたい」「共にありたい」，そして「くつろぎたい」という心の安定感を求めていることが見えてきませんか。

真くん：あ，なるほど！　波野さんが求めていたものが見えてきました。
　　　　次に，ケアマネジャーは新たなるケアの実践をケアプランに落とし込む作業を行うわけですね。

天川SV：そうですね。今一度，最初に掲げたフラッグシップに合致しているかどうかを確認し，パーソン・センタード・ケアが生かされているかどうか最終チェックを行う必要があります。

真くん：分かりました。

◆専門職として押さえなければならない点の具体化

天川SV：本人の思いを中心にしたケアの組み立てとは別に，専門職の視点から組み立てるケアも当然必要となります。

真くん：波野さんの場合，日常的なバイタルサインの確認もさることながら，睡眠導入剤をはじめとした薬のコントロールについては，看護師など医療職との連携を必ず行わなければならないと思っています。

天川SV：それらは当然，ケアプランにも明記される項目です。また，食事，排泄，入浴など，日常的なケアの中にあるちょっとした不適切なケアが波野さんに影響を与えている可能性もあります。「ひもときシート」では明示されなかったような，小さな不適切なケアが日常的に行われていないかどうか，専門職として常に確認しておく必要があります。

真くん：分かりました。

天川SV：「6W2Hシート」で示した具体的ケアを，より「見える化」させるために，実際に行うケアの内容を図式化したり，絵に描いたりしてケース記録に添付することで，言葉だけでは伝わらないような部分をより明確化させることもできますよ。

真くん：絵ですか…。絵心のあるケアスタッフがいるので，実際に波野さんが音楽を聴き入っているところのイメージを描いてもらおうかな。

天川SV：いいですね。それに波野さんの場合，特にリスニングルームを作るに際し，設計図が当然必要になってきます。単にリスニングルームを作るという言葉だけでなく，リビングのどこにどのような配置で作るのか，何を準備するのかなど，図面を作成しておきましょう。

真くん：なるほど！　リビングのしつらえは，波野さんだけでなく，他の入居者への効果まで発展させて考えることができますね。波野さんにも聞いてやってみます。

> **ポイント**
> - 樹木図の展開で見いだした利用者に対するケアの方向性をより具体的実践に結び付けるために，「6W2H」で整理し，ケアプランに落とし込みます。
> - パーソン・センタード・ケアの「5つの心理的ニーズ」に合致しているか確かめてみましょう。

「ケアの現状評価のマトリックス図」を使ったモニタリング

真くん：ケアの見直しにより，かなり良い効果が出ているように思います。

天川SV：効果の度合いをモニタリングするために，「**ケアの現状評価のマトリックス図**」を活用するとよいでしょう。このマトリックス図は，行動上の指数というよりも，ケアスタッフや利用者の心の内面を第三者が客観的に見て作成します。そのため，ケアスタッフの素直な思いがどこまで表出できているかということと，本人の心境にどこまで近づけるかというところが大きなポイントになります。

　今回の波野さんのケースでは，ケアの見直し前と，行いやすいアプローチから始めた時点，そしてリスニングルームの設置など，ある程度ケアの見直しが実施された時点と，計3回評価を行ってみました。

真くん：最初のころは，波野さん，ケアスタッフともに精神自立度と自己実現度がかなり低いレベルになっていますね（**資料12－①**）。

天川SV：「ひもときシート」による分析前のそれぞれの精神的状況は，波野さんもケアスタッフも非常に厳しい状況であったということが見て取れます。この状況では，波野さんのBPSDもさらに悪化する可能性がありますし，ケアスタッフもかなりのストレスを感じ，まともなケアができないということも理解できます。まずは，このような現状にあることを私たちはしっかりと意識しなければなりません。

　2回目の評価は，波野さんの起床の時間に合わせていくという実施しやすいアプローチと，何とか本人を説得して整形外科へ連れていくというアプローチが行われた時ですね。

資料12　ケアの現状評価のためのマトリックス図を使って波野さんへのケアの効果を

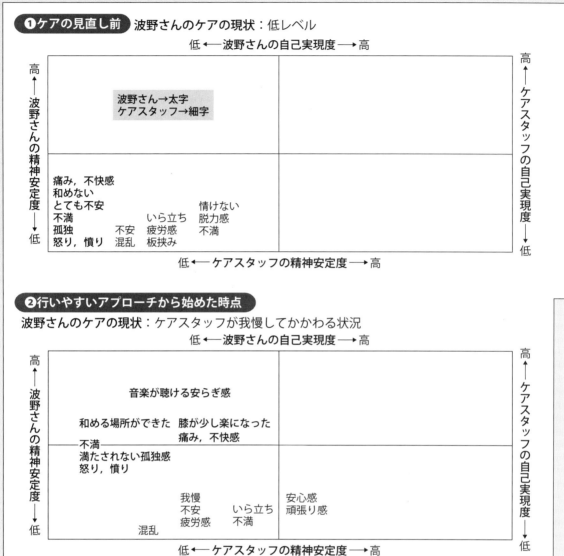

真くん：はい。「ひもときシート」と「樹木図」を通じて，「本人の視点」からのケアの方向性が見えてきて，そういったアプローチが行われた時では，波野さんもケアスタッフも少しプラス方向に向いた精神状況の変化が見られます（**資料12－②**）。これは実施から2週間後のことですが，起床時間を自由にしたことで，波野さんは寝続けることなく，9時ごろには起きてきていました。このことだけでも，午前中は表情が穏やかな時が多くなったという印象を各ケアスタッフが持つようになりました。

天川SV：膝の痛みも，注射をすることによって軽減されたからか，波野さんのストレスも軽減して，精神的な状況は最悪のところからかなり向上したということが分かりますね。ただし，自己実現度については，生活の質が格段と良くなったわけではないので，それほど伸びがなく，やはり潤いのある生活設定が必要であると思いました。

確認しよう

❸ ある程度ケアの見直しが実施された時点

波野さんのケアの現状：ともに自己実現度が高い状況

	低 ← 波野さんの自己実現度 → 高	
高 ↑ 波野さんの精神安定度 ↓ 低	痛みの軽減 不安感の解消	安心できる場所がある 自分の好きな音楽が聴ける 話を聴いてくれる安心感 自由度大	充実感 BPSD減少の達成感 ケアスタッフとしての質の向上感 頑張り感
		気持ちの余裕 安心感

低 ← ケアスタッフの精神安定度 → 高

高 ↑ ケアスタッフの自己実現度 ↓ 低

　　少しでも「本人の視点」で考えたケアが実践できれば，ちょっとしたことでも随分と状況が変わり，ケアスタッフへの攻撃も減少し始めましたよね。そのことはケアスタッフの精神的負担も軽減させ，少し余裕が出てきているということがマトリックス図からも見て取れます。特に3回目は，波野さんもケアスタッフもかなりレベルアップしていますね（**資料12－③**）。

真くん：3回目のモニタリング時は，まだ息子さんとの面会までは実現していない状況でしたが，施設内に落ち着ける場所をつくり，そこで音楽を一人で聴けるという環境を設定しました。そして，その場所でクラシック音楽を流すと，穏やかに耳を傾ける波野さんの姿が見られるようになりました。同時に，波野さんに対し声かけが極めて消極的だったケアスタッフも，ぶつかられるかもしれないという恐怖感が薄れ，短い時間でも会話が成立するようになってきました。

天川SV：マトリックス図で確認すると，波野さんにもケアスタッフにも，かなり前向きな，つまり精神的安定だけでなく，自己実現に向けた動きも出てきていると言えますね。ケアスタッフのアプローチが変わることにより，お互いにエモーショナルな面の充実につながっています。「本人の視点」から行ったケアの見直しでそれが可能になるということを，マトリックス図で時々モニタリングしながら確認していくとよいでしょう。

ポイント

ケアの見直し前の状況とその後の状況をマトリックス図で時々モニタリングしてみましょう。

波野さんのその後

天川SV：ケア見直し後の波野さんの様子はどうですか？

真くん：起床時間を波野さんの生活リズムに合わせたことや膝の痛みが軽減されたこと，リスニングルームという心が安らげる場所で好きなクラシック音楽を聴く時間ができたこと，その場を利用してケアスタッフとの会話の時間が増えたことなどを通じて，ケアスタッフにぶつかってきて暴言を浴びせる行動はほとんどなくなりました。しかし，ケアスタッフが他の業務に追われ，波野さんに対して声をかけ損ねたり，リスニングルームで音楽をかけることをしなかったりした時は，ケアスタッフにぶつかってくることがあるようです。これは波野さんがケアスタッフとのつながりを求めるための行動だったとも言えます。

天川SV：懸案だった息子さんとの面会は実現したのでしょうか？

真くん：はい。先日，ようやく実現しました。最初の時はお互いに硬い表情だったのですが，面会に来ることに抵抗がなくなった息子さんが，その後も定期的に訪れるようになり，母子とも穏やかにリスニングルームで過ごす光景が見られるようになりました。

天川SV：それはよかったですね。

真くん：それに，当初は波野さん用にしつらえられたリスニングルームでしたが，他の入居者にもこの落ち着いた空間を活用できるようにと，フロア全体の住環境の見直しが行われました。

　殺風景だったフロア全体に，観葉植物やちょっとした間仕切りを利用しての隠れ場所が設けられ，波野さんのみならず，他の入居者にとっても心和む空間へと変わっていきました。

天川SV：波野さんとのかかわりを通じて，他の入居者にもプラスになる効果が出たのですね。真くんはじめ，皆さんの頑張りの成果だと言えます。

カンファレンスルーム❷

認知症の人のさまざまな行動の意味の深淵に迫る〈その1〉
～「徘徊」（自律的外出）

大野　茜さん
Aグループホーム
ケアワーカー

吉川　幸さん
Aグループホーム
ケアワーカー

山本　桜さん
E訪問介護事業所
サービス提供責任者

長野　昴くん
F居宅介護支援事業所
ケアマネジャー

天川SV：「徘徊」を大辞林（第3版）で引くと，「あてもなくうろうろと歩き回ること」となっています。認知症の人のケアに携わる者ならば，「その解釈はちょっとおかしいのでは？」と気づくでしょう。そもそも「徘徊」という言葉自体が，認知症の人の行動の意味するところとは合わないと言えるかもしれません。そこで，認知症の人が外出して道に迷ってしまう行動について話し合ってみましょう。
　今回は，Aグループホームからケアワーカーの茜さんと幸さん，E訪問介護事業所のサービス提供責任者の桜さん，入居者の健一さんの妻の友子さん，健一さんの入居前のケアマネジャーの昴くんに参加してもらいました。

昴くん：「徘徊」とひと言で言っても，天川SVがいつも言われているように，一人ひとりその理由は違うと思います。健一さんの場合，「家に帰る」と言って出ていくわけではありませんでした。

天川SV：実際，健一さんはどのような感じで出ていかれたのでしょうか？

友子さん：夫の場合は，何かを買いに行かなければと思い付くと家を出ていこうとしました。一歩外に出た時には，その思い付いたことをもう忘れているんです。そこで引き返してくれるとよいのですが，その目的地を思い出そうとしながら歩き始めるものですから，道が分からなくなってしまうのです。

茜さん：健一さんは元々商売をされていて，毎日のように買い出しに行かれていたので，いつも何か買いに行かなければならないものを思い浮かべられているようです。グループホームに入居されてからも，時々そんな感じでふらっと出て行こうとされます。

友子さん：普段はいつでも一緒についていけるように財布と携帯電話をセットで準備しているのですが，その準備ができていない時に突然出ていってしまって，何も持たずに一緒についていったことがあります。携帯電話を持っていかなかったので，いつも迎えに来てくれる娘にも連絡ができず，夫は私の誘導には従ってくれないので，とにかく「市場はどこだ」と自分で探し出そうとやみくもに歩くだけで，本当に困りました。

天川SV：友子さん自身がご高齢なのに，それは本当に大変でしたね。無事に帰ること

はできたのですか？

友子さん：たまたま，あるヘルパー事業所の前を通ったので，助けを求め，その事業所からケアマネジャーさんに連絡を取ってもらい，迎えに来てもらいました。

昴くん：男性の場合は，人の言うことを聞かず，自分の問題を自ら解決しようとするというか，プライドが高いというか，とにかく人に道を聞くことなどはせず，ひたすら歩いていってしまう人が多いように思います。

幸さん：もしかしたら，女性の方が気軽に誰かに道を聞いたりするかもしれませんね。でも，それが災いして，駅の場所を聞き，電車に乗って遠くまで行ってしまった人が以前の入居者にいらっしゃいました。どこへ行こうとしていたのか，結局本人も分からなかったみたいですが，迎えに行った私の顔を見てすごくホッとした顔をされていました。やっぱりすごく不安だったのだと思います。それこそ「家」というか，帰る場所を必死になって探していたのかもしれません。

天川SV：もしかしたら道に迷っている人かもしれないと，街で見かけたり，声をかけられた時の対応など，一般市民への啓発を進めることも重要ですね。

桜さん：在宅では，ホームヘルパーが訪問したら，本人がいなかったということも時々ありました。大概は近くのお店に買い物に出かけたりされているのですが，そのまましばらく行方が分からなくなった人もいました。本人もホームヘルパーの来訪を忘れ，ふと買い物に出てしまったと思うのですが，そのような時のためにも地域の見守り体制が形成されればよいと思います。本人の行き付けの所との連携が大切ですね。専門職だけで見守るのは限度がありますので。散歩に行きたくて，ふと出ていく人もいますし。

友子さん：「徘徊」を「散歩」と言い換えてという人もいますね。確かに散歩感覚の人もいるとは思いますが，私の夫を見ている限り，散歩と言えるものではとてもじゃないけどなかったです。だからと言って，徘徊に変わる言葉は思い付きませんが。

天川SV：これまでの話をまとめると，認知症の人が外へ出ていくのには，皆さんそれぞれに理由があるということですね。家に帰りたいという人，買い物に出かけなければと思った人，散歩がしたかったという人など，理由はどうあれ，自分の意思で出ていった，そしてそれぞれ漠然とはしているものの何かの目的地を探していた。でも，その目的地までの道が分からなかったということですね。そう考えると，「あてもなくうろうろ歩き回る」という「徘徊」の意味するところとは明らかに違いますね。むしろ，自分の意思をしっかりと働かせていると言えます。

茜さん：迷っている間も自らの意思を必死に働かせて，自分に降りかかった問題を解決しようとしているということですね。

天川SV：自らの意思での外出，つまり「自律的外出」ですね。外へ出るということは

とてもリスキーですが，そのリスキーな部分をいかに減らしていくのかが私たちの務めになります。自律感を抑え込まないかかわり方が重要だということですね。

桜さん：私たちでも初めての場所へ行く時，こっちで合っているのかと不安になります。

茜さん：私も外国に行った時に言葉が通じずとても不安でした。でも，不安でも外国には行きたかったのです。そして，困っている時に通訳の人が来たのでとても助かりました。専門職も地域住民も，認知症の人への正しい接し方を勉強して通訳のような役目が果たせれば，外出のリスクも少しは減るかもしれませんね。

友子さん：私も一人で何とかしようと思い過ぎました。もっと皆さんに頼ってもよかったかなと思います。今は私が認知症になるのではないかと不安ですが。

昴くん：心配事はいつでもまた私に相談してくださいね。

天川SV：私たちがやらなければならないことは施設内だけでなく，地域住民とのかかわりなど地域にもあります。先は長いですが，認知症があってもなくても，気軽に相談できる「かかりつけ相談所」のようなものが地域住民のすぐ身近にあり，早期に対応できるような体制づくりができればよいですね。そうすれば，行方不明になった上に残念な結果につながるということが，少しでも防げるのではないかと思います。

ポイント

- **外へ出て行くことは，それぞれに何らかの理由や目的（たとえそれが本人自身漠然としたことであっても）があっての行動ととらえることができます。**

- **道に迷っている間も，本人は自分なりに一生懸命に考えて問題の解決を図ろうとしています。あてもなく動き回っているわけではありません。**

- **専門職だけでなく，地域住民と認知症の人を支えていく体制づくりが必要です。また，地域住民が常日頃から気軽に相談に来ることができるような事業所づくりも大切です。**

3

代弁者となって「本人の思い」を理解する

認知症の入居者の介助をしようとしたら抵抗された…という経験を持つ人は多いと思います。なぜ「抵抗」されるのでしょうか？ そこには本人にしか分からない「思い」が隠されているのかもしれません。本人の代弁者となったつもりで想像力を働かせてみると，思わぬヒントが見えてくるかもしれません。

天川SV

登場人物

大島　緑 さん
M特別養護老人ホーム
ケアワーカー（フロアリーダー）

介助に激しく抵抗する利用者

現在，M特別養護老人ホームに入居中の赤貝勝男さん（仮名）の一番の問題は，入浴介助時の脱衣の段階から激しく抵抗し，大声を上げたり，手が出たりすることである。排泄介助時や食事介助時にも時々抵抗することがある。また，ケアスタッフの話がよく理解できていないようでもある。

本人の人生に思いをはせてみよう

天川SV：「事例概要シート」（**資料13**）を基に，その人の生活歴や生活スタイルを探るところから始めてみましょう。

緑さん：赤貝さんの場合，情報が非常に少ないのですが，黙々と生活してこられたような状況です。これだけの情報からは分かりづらいかもしれません。

天川SV：少ない情報からも赤貝さんの「人生の時間の流れ」を読み取る努力をしてみましょう。**想像力をしっかりと働かせることが必要**です。

緑さん：具体的にどういったところに注目すればよいでしょうか？

天川SV：例えば，「高校卒業後すぐに父親の鉄工所で働いた」というところはどうでしょうか？　赤貝さんは鉄工所で働くことに何も違和感はなかったのでしょうか？　もしかしたら，他にやってみたいことがあったかもしれませんし，大学に進んでもっと勉強してみたいという思いがあったかもしれません。

緑さん：そうですね。そういう見方は必要ですね。

天川SV：あくまでも想像の域を越えませんが，生活のため，父親のために自分の意思を抑え込んでいたかもしれません。この時の体験が，その後の赤貝さんのパーソナリティや生活スタイルに影響を与えた可能性もあります。

緑さん：情報が少ないと思ったら，ケアに役立てたい旨を家族に伝えて，新たな情報を得ることも必要かもしれませんね。赤貝さんの人生に思いをはせるだけで，赤貝さんとの心の距離が近づくことにもなりますよね。

天川SV：そうですね。
　それに赤貝さんは，仕事がかなり厳しい状況であったということも影響しているでしょうが，パーソナリティや生活スタイルを見ても分かるように，他者とのかかわりを好まない人であることが見て取れます。コミュニケーションの方法は言語だけではないと思いますが，ケアスタッフからすると，とっつきにくい印象を与えていたかもしれません。また，以前は他者とのかかわりを好まない人であったとしても，今の赤貝さんは，もしかしたら誰かに助けを求めたいという思いを持っておられるかもしれません。

資料13　赤貝さんの事例概要シート

事例概要シート		○年　○月　○日現在			
事業所名（種別）	M特別養護老人ホーム（従来型）	担当者名	大島　緑		
本人氏名	赤貝勝男	年齢	70歳	性別　(男)・女	要介護度　介2
日常生活自立度	障がい高齢者自立度	A2	認知症高齢者自立度	Ⅲa	
ADLの状況	食事	(自立)・一部介助・全介助	排泄	自立・(一部介助)・全介助	
	移動	自立・(一部介助)・全介助	着脱	自立・一部介助・(全介助)	
	入浴	自立・一部介助・(全介助)	整容	自立・(一部介助)・全介助	

パーソン・センタード・ケアから見る認知症にかかわる要因

認知症の診断名（脳の器質性疾患）	4年前にアルツハイマー型認知症と診断される。認知症改善薬のM錠を服用。
生活歴（学歴・職歴）	高校を卒業後すぐに，父親が経営していた町工場（鉄工所）で，当初は父親と2人で，父親の死後は一時1人で働いていたという。その後，工員を2人雇うも，不況で最後は1人でやり繰りしていたらしい。
生活スタイル（趣味・習慣）	休みの時は，パチンコに行って，一日帰ってこなかったという。家にいる時もあまりしゃべることはなく，テレビを観ていることが多かったそうだ。
パーソナリティ（性格・個性）	非社交的で，他の人とワイワイ楽しんだり，お酒を飲みに行ったりすることなどはなかった。物静かな堅物という雰囲気とのこと。
社会的立場（地位・役職）	町内会には属していたが，ほとんどかかわりを持たず，社会的人間関係は希薄。
現病・既往歴（認知症以外）	両膝変形性膝関節症，腰痛，便秘症

認知症にかかわるその他の重要な要因

現在の生活環境（居室・リビング）	部屋は4人部屋。廊下側の窓のない場所。リビングでは常に10人ほどの入居者と共に過ごしている。
本人にかかわる人たち（家族・職員）	家族は妻と娘がいる。2人とも毎週面会に来るが，どこかケアスタッフに遠慮している雰囲気。ケアスタッフは，このフロアの担当ケアスタッフが10人シフトで動いている。
生活上の規則（施設の決まり）	起床，就寝，食事，入浴の時間が大体決められている。起床後はリビングで過ごすことになっている。
その他気がかりなこと	コミュニケーションがうまく取れない。意味を理解できないのか，あるいは言葉を発することができないのか。

事例のBPSDにかかわる概要（簡潔に）

一番の問題は，入浴介助時の脱衣の段階から激しく抵抗し，大声を上げたり，手が出たりすること。排泄介助時や食事介助時にも時々抵抗することがある。ケアスタッフの話もよく理解できていない。どうかかわっていけばよいのか分からない。

緑さん：断定してしまわず，常に多面的に考える視点を持っておくことが大切だということですね。

天川SV：そうですね。「認知症にかかわるその他の重要な要因」の欄については，この後「ひもときシート」で深めていきますが，何げなく書いている部分に大切なことが隠れていることが多いです。「ひもときシート」を入り口として，赤貝さんの行動の

背景にあるものに迫り，赤貝さんのケアの見直しを検討してみましょう。まずは，援助者の正直な気持ちを吐き出してみましょう。

ポイント

情報が少なくても，想像力もしっかりと働かせて，本人の「人生の時間の流れ」を読み取る努力をしましょう。

現状のケアの内容を振り返ることの意味

緑さん：正直に言って，皆，赤貝さんのことをどう理解したらよいか分からないといった状況だと思います。入浴時，服を脱がそうとすると，いつも罵声を浴びせてきたり，手を振り上げてきたりして，私たちの介護に抵抗されます。毎度のことなので，正直うんざりするし，怖いし，どうしたらよいか分からず，赤貝さんの入浴介助にはかかわりたくない気持ちです（**資料14－Ⓐ**）。

天川SV：とてもしんどい状況ですね。「事例概要シート」には，赤貝さんが罵声を浴びせてきたり，手を振り上げてきたりするのは入浴介助時だけでなく，排泄介助時や食事介助時にもあったとあるので，そのことも含めて考えていきましょう。

　また，ケアスタッフは実際にたたかれたりもしているので，**リーダーや上司は，ケアスタッフが抱えているであろうメンタル面のしんどさをしっかりと受け止める必要があります**。赤貝さんのケースのような場合，特にスーパーバイザー的役割の人が大切になるでしょう。

　緑さんは，赤貝さんにどのような「姿」や「状態」になってほしいですか？

緑さん：おとなしく脱衣してくれて，心地良く入浴してもらいたいし，お風呂を気持ち良いところと感じ取ってくれたらいいと思っています（**資料14－Ⓑ－①**）。

天川SV：複雑な思いが感じられますね。「心地良く入浴してもらいたいし，お風呂を気持ち良いところと感じ取ってくれたらいい」という，温かい思いが出ている部分に関してはプラス評価のところですね。

　では，緑さんは，そのために当面，どのようなことに取り組んでいこうと考えていますか？　あるいは，取り組んでいますか？

緑さん：無理には入浴させたくないのですが，全く入らないというわけにもいかないし，家族からもケアマネジャーからも入浴をお願いされています。そのため，2回に1回は，ケアスタッフが2～3人がかりで強引に入浴してもらっています（**資料14－Ⓑ－②**）。

天川SV：なるほど。ここは重要なポイントです。ということは，緑さんだけでなく，他のケアスタッフも「家族やケアマネジャーからも入浴をお願いされている」というかなりのプレッシャーを受け，結果，何が何でも入浴させなければならないという思いがあるということですね。

緑さん：改めて振り返ると，現状のケアそのものに課題があるということが分かりますね。

ポイント

現状のケアの内容を振り返ることで，
現状のケアそのものに課題があることに気づきます。

本人の生活歴や生活スタイルを大切に

天川SV：では，赤貝さんのBPSDの背景にあるものを整理していきましょう。まずは，赤貝さんの実際の行動や言葉をまとめてみてください。

緑さん：特に入浴介助時の脱衣に手を振り上げて抵抗し，「ばかやろう！」「何すんねん！」「あっち行け！」「ほっといてくれ！」などと大声を上げます。排泄介助時や食事介助時にも大声を上げます（**資料14－ⓒ**）。

天川SV：単に本人の行動や言葉を見るだけでなく，例えば赤貝さんの「何すんねん！」「ほっといてくれ！」といった言葉の意味を考えてみるとよいでしょうね。それらは，赤貝さんが自分自身にかかってきているプレッシャーに対する発言とも取れます。

緑さん：つまり，赤貝さんのSOSのサインであると考えられるわけですね。

天川SV：そうですね。
　　　では最初に，病気の影響や飲んでいる薬の副作用について考えてみましょう。

緑さん：赤貝さんは認知症改善薬を飲んでいますが，効果のほどは私たちには感じられません。また，睡眠導入剤（以下，眠剤）を飲んでいますが，午前中は眠たそうなさえない表情をしているので，まだ眠剤の影響が残っているのかもしれません（**資料14－ⓒ－（1）**）。

天川SV：午前中のさえない表情は眠剤が影響しているのではないかと考えているのですね。このような観察力が当然必要になりますが，どのような薬を赤貝さんが飲んでいるのかは当然知っておく必要があります。ただ，**薬は医師と綿密に連携が取れる状況で使うよう注意してください。**ケアスタッフだけの判断で使用するのは危険なので。
　　　次に，身体的痛み，便秘・不眠・空腹などの不調による影響についてはどうですか？

資料14　赤貝さんのひもときシート

Ⓐ　課題の整理Ⅰ　あなた（援助者）が感じている課題

事例にあげた課題に対して、あなた自身が困っていること、負担に感じていることを具体的に書いてください。

入浴時、服を脱がそうとすると、いつも罵声を浴びせてきたり、手を振り上げてきたりして、私たちの介護に抵抗する。毎度のことなので、正直うんざりするし、怖いし、どうしたらよいか分からず、赤貝さんの入浴介助にはかかわりたくない気持ち。

Ⓑ　課題の整理Ⅱ　あなた（援助者）が考える対応方法

①あなたは本人にどんな「姿」や「状態」になってほしいですか。

おとなしく脱衣してくれて、心地良く入浴してもらいたいし、お風呂を気持ち良いところと感じ取ってくれたらよいと思う。

②そのために、当面どのようなことに取り組んでいこうと考えていますか？あるいは、取り組んでいますか。

無理には入浴させたくないが、全く入らないというわけにもいかないし、家族からもケアマネジャーからも入浴をお願いされている。そのため、2回に1回は、ケアスタッフが2～3人がかりで強引に入浴してもらっている。

（1）病気の影響や、飲んでいる薬の副作用について考えてみましょう。

認知症改善薬のM錠を飲んでいるが、効果のほどは私たちには感じられない。
眠剤を飲んでいるが、午前中は眠たそうなさえない表情をしているので、まだ眠剤の影響が残っているのかもしれない。

（4）音・光・味・におい・寒暖等の五感への刺激や、苦痛を与えていそうな環境について、考えてみましょう。

大きな音がした時は、「うるさい！」と怒鳴る時がある。確かに音には敏感になっており、大きな音にびっくりするのだと思う。

（6）住まい・器具・物品等の物的環境により生じる居心地の悪さや影響について考えてみましょう。

日中はリビングでずっと過ごしているので、物理的影響は赤貝さんにはあまりないと思うが、他の入居者と共に過ごすことがほとんどなので、気分が落ち着かないところがあるのかもしれない。

STEP 1　評価的理解　援助者として感じている課題を、まずはあなたの視点で評価します。

STEP 2　分析的理解（思考展開エリア）

（2）身体的痛み、便秘・不眠・空腹などの不調による影響を考えてみましょう。

歩行は可能だが、両膝の変形性膝関節症があり、痛みを時々訴えている。これまでの経緯を見ると、便秘が続くと機嫌がもっと悪くなる傾向がある。不快感があるのかもしれない。

（3）悲しみ・怒り・寂しさなどの精神的苦痛や性格等の心理的背景による影響を考えてみましょう。

長年鉄工業を行っていたが、思うように身体が動かなくなったり、理解できないことが増えたり、うまく言葉が出てこなかったりして、混乱から来る不安が強く出ているように思う。
以前、デイサービスに通っていた時に100マス計算をさせられ、また持ち物に名前を大きく書かれ、「ばかにするな」と怒鳴ったそうだ。

Ⓓ 課題の背景や原因を整理してみましょう

思考展開エリアに記入した内容を使って、この課題の背景や原因を本人の立場から考えてみましょう。

- 眠剤の影響　・膝の痛みの影響
- 便秘による不快感
- 大きな音は不快
- 人付き合いが苦手なので多人数の集まる場所では居づらい
- 思うように動かない身体へのいら立ち
- 言いたいことが伝えられないもどかしさ
- あまりかかわろうとしないケアスタッフがいることや強引なケアによるケアスタッフとの信頼関係のない生活
- パチンコだけが趣味
- 家族との意思疎通不足

Ⓒ 課題に関連しそうな本人の言葉や行動を書き出してみましょう

あなたが困っている場面（Aに記載した内容）で、本人が口にしていた言葉、表情やしぐさ、行動等をありのままに書いてください。

特に入浴介助時の脱衣に手を振り上げて抵抗し、「ばかやろう！」「何すんねん！」「あっち行け！」「ほっといてくれ！」などと大声を上げる。
入浴介助時だけでなく、排泄介助時や食事介助時にも大声を上げる。

（5）家族や援助者など、周囲の人の関わり方や態度による影響を考えてみましょう。

「大声を出す人」「手が出る人」という印象から、ケアスタッフはあまりかかわりたがらず、赤貝さんもそれを感じ取っているのかもしれない。
さらに、入浴時は強引に脱衣させ入浴させるので、その強引さが信頼関係を築けなくさせているのかも。家族も困っているが、赤貝さん自身も私たちケアスタッフも不安を抱えているという点では一緒なのではないだろうか。

Ⓔ「A課題の整理Ⅰ」に書いた課題を本人の立場から考えてみましょう

「D課題の背景や原因の整理」を踏まえて、あなたが困っている場面で、本人自身の「困り事」「悩み」「求めていること」は、どのようなことだと思いますか。

身体的不快感と共に、自分のことを理解してくれない上に、プレッシャーを与えてくる人的環境への不信感や、できない、伝えられない不安感やいら立ちなどの精神的なつらさがあるのではないか。特に自分の思いを表現することが元々苦手なだけに、「本当の思いを理解してくれない」という苦しみがあるのかもしれない。

（7）要望・障害程度・能力の発揮と、アクティビティ（活動）とのズレについて考えてみましょう。

仕事柄手先は器用なはずであったが、順序立てて行うことが分からなくなったのか、あえて動こうとしない。
歌や体操などにもほとんど参加せず、リビングのいすに座っているだけの状況。

（8）生活歴・習慣・なじみのある暮らし方と、現状とのズレについて考えてみましょう。

家族によると、一人で黙々と鉄工業を行っていて、家でも同じようにあまりしゃべらない状況だったとのこと。
パチンコだけが趣味で、休みの日は必ずといってよいほどパチンコに行き、一日帰ってこなかったそうだ。
人付き合いが苦手で、町内会の行事などにもほとんど参加しなかったので、施設のような多人数が集まる場所では居づらさを感じているのかもしれない。

Ⓕ 本人にとっての課題解決に向けてできそうなことをいくつでも書いてみましょう

このワークシートを通じて気づいた本人の気持ちにそって㋐今できそうなことや㋑試せそうなこと㋒再度の事実確認が必要なこと等をいくつでも書いてみましょう。

ⒹとⒺの項目をベースに、**資料16**（P.72）で本人の視点からスタートしたケアの見直しを試みる。

根本的な課題解決に向けて、多面的な事実の確認や情報を整理します。　**STEP 3　共感的理解**　本人の視点から課題の解決を考えられるように、援助者の思考展開を行います。

緑さん：赤貝さん自身，歩行は可能ですが，両膝の変形性膝関節症があり，痛みを時々訴えています。あと，これまでの経緯を見ると，便秘が続くと機嫌がもっと悪くなる傾向があります。不快感があるのかもしれません（**資料14－ⓒ－（2）**）。

天川SV：緑さんは，赤貝さんが膝の痛みを抱えていること，便秘になると機嫌が悪くなる傾向があるということを理解しているのですね。このように，**普段は分かっていることも，BPSDにとらわれると忘れてしまうことがある**ので，この「ひもときシート」を通じて明確にしておきましょう。どのような理由で機嫌が悪くなるのかが見えてくるとも言えます。

では，悲しみや怒り，寂しさなど，赤貝さんの精神的苦痛や性格などの心理的背景による影響はどうでしょうか？

緑さん：赤貝さんは長年鉄工業をされていましたが，思うように身体が動かなくなったり，理解できないことが増えたり，うまく言葉が出てこなかったりして，混乱から来る不安が強く出ているように思います。以前，デイサービスに通っていた時に100マス計算をさせられ，また持ち物に名前を大きく書かれ，「ばかにするな」と怒鳴られたそうです（**資料14－ⓒ－（3）**）。

天川SV：単に精神的，身体的なつらさだけでなく，**私たちが人としての尊厳を傷つけることを行っていないだろうかという視点を持つ**ことは，認知症ケアの根幹につながります。リーダー的役割を担う人は，このような視点をしっかりと押さえておくことが大切になります。

では次に，音・光・味・におい・寒暖などの五感への刺激や，苦痛を与えていそうな環境について考察してみましょう。

緑さん：大きな音がした時は，「うるさい！」と怒鳴られる時があります。赤貝さんは確かに音には敏感になっており，大きな音にびっくりされるのだと思います（**資料14－ⓒ－（4）**）。

天川SV：認知症の人の場合は音の判別が難しくなります。特に突然の大きな音は私たちでも驚くのに，認知症の人ならなおさらでしょう。驚きやいら立ちだけでなく，脅威にも感じるかもしれません。**見逃しがちな物理的環境が与える影響もチェック**しておきましょう。

次に，赤貝さんの家族やケアスタッフなど，周囲の人のかかわり方や態度による影響を考えてみましょう。

緑さん：ケアスタッフは赤貝さんに対して「大声を出す人」「手が出る人」という印象があり，かかわりたがらず，赤貝さんもそれを感じているのかもしれません。さらに，入浴時は強引に脱衣させ入浴させるので，その強引さが信頼関係を築けなくさせているのかもしれません。家族も困っておられるのですが，赤貝さん自身も私たちケアスタッ

フも不安を抱えているという点では一緒なのではないでしょうか（**資料14－ⓒ－（5）**）？

天川SV：ここはケアスタッフ自らが振り返らなければならないところになるので，他のケアスタッフ共々一緒に考えてみる必要があるでしょう。ケアスタッフ間で「赤貝さんは大声を出す人，手が出る人」というレッテルが貼られており，「ケアスタッフはあまりかかわりたがらない」ということですね。さらに，ケアスタッフから敬遠されていることを「赤貝さんも感じているのではないか」ということですね。

緑さん：はい，そうです。

天川SV：ここで大事なのは，ケアスタッフ側の態度もさることながら，敬遠されていることを赤貝さんも感じているのではないかというところになるでしょう。この時の赤貝さんの「思い」はいったいどのようなものだったでしょうか。この辺りの「本人の思い」を読み取る感性も大切です。さらに，**ケアに携わる仕事は本来，信頼関係の構築を常に目指し，達成していかなければなりません**。しかし，緑さんはその信頼関係の構築に逆行することが行われているのではないかと感じているわけですね。

緑さん：そうですね。

天川SV：その背景として，緑さんは「家族も困っているが，赤貝さん自身も，そして私たちケアスタッフも不安を抱えているのではないか」と，それぞれに何らかの不安を抱えている様子が見えてきているわけですが，このような背景を探ることは「ひもときシート」を展開していく上でとても大切なポイントと言えます。本人のことだけでなく，**本人に影響を与えているであろう家族やケアスタッフの状況を探ることは不可欠**な視点になります。また，家族の不安は，「事例概要シート」にある「家族は毎週面会に来るが，どこかケアスタッフに遠慮している雰囲気」という記述からも見て取れます。

次は，住まい・器具・物品などの物的環境により生じる居心地の悪さや影響について考えてみましょう。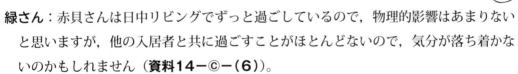

緑さん：赤貝さんは日中リビングでずっと過ごしているので，物理的影響はあまりないと思いますが，他の入居者と共に過ごすことがほとんどないので，気分が落ち着かないのかもしれません（**資料14－ⓒ－（6）**）。

天川SV：家でも家事を行うことが少なく，この点についてはあまり問題がないように思われますが，一人で過ごすことが多かった赤貝さんにとって，共同生活が落ち着けるものではないことが見えているということですね。

次に，本人の要望や障がい程度，能力の発揮と，アクティビティ（活動）とのズレについてはどうでしょうか？

緑さん：赤貝さんは仕事柄手先が器用なはずでしたが，順序立てて行うことが分からなくなったのか，あえて動こうとされません。歌や体操などにもほとんど参加されず，リビングのいすに座っているだけの状況です（**資料14－ⓒ－（7）**）。

天川SV：ここで分かってきたことは，これまでできていたことができなくなったという事実でしょうか。「あえて動こうとしない」というのは，できなくなったことへの赤貝さん自身の精神的ダメージが感じられるところと言えます。これまでの生活歴を振り返っても，歌や体操が本人になじめないものだったのかもしれません。赤貝さんの思うように動かなくなった状態は「茫然自失」の状況とも言えます。赤貝さんのこの心理的状況は資料14－ⓒ－（3）の精神的苦痛にもつながるものです。
　　最後に，本人の生活歴，習慣，なじみのある暮らし方と，現状とのズレについて考えてみましょう。

緑さん：家族によると，一人で黙々と鉄工業を行っていて，家でも同じようにあまりしゃべらない人だったとのことです。パチンコだけが趣味で，休みの日は必ずといってよいほどパチンコに行き，一日帰ってこなかったそうです。人付き合いが苦手で，町内会の行事にもほとんど参加しなかったので，施設のような多人数が集まる場所では居づらさを感じているのかもしれません（資料14－ⓒ－（5））。

天川SV：赤貝さんの生活歴や生活スタイルを改めて振り返ってみて，人付き合いが苦手で，多人数が集まる場所での居づらさを感じているのかもしれないと思うのは当然の気づきと言えるでしょう。ただ，このような生活歴の振り返りを行う際に注意しなければならないのは，過去がそうだからと言って，今も同じとは限らないということです。自分の意思でしっかりと動けていた時と，認知症により思うように行動することができず，自分の意思も明確に伝えることができなくなったり，それに伴って不安が生じたりしている今では，生活スタイルが明らかに異なっていると言えます。

緑さん：思い込みで判断してはいけないということですね。

天川SV：自分の意思でしっかりと動けていた時は，単独行動の方が気が楽というところもあったでしょうが，認知症に悩まされる状況の中での思いにもしっかりと耳を傾ける必要があるでしょう。これまでの生活歴，生活スタイルを大切にしつつ，その一方で，孤独の危険性がはらんでいることにも注意が必要です。赤貝さんの心の奥の不安を受け止めるケアが必要ですし，このような時こそ家族のきずなが大切と言えます。

本人の代弁者となったつもりで「思い」を整理する

天川SV：では，赤貝さんの課題の背景や原因について，気づいたことを赤貝さんの立場で考えて個条書きでまとめてみましょう。

緑さん：「眠剤の影響」「膝の痛みの影響」「便秘による不快感」「大きな音は不快」「人付き合いが苦手なので多人数が集まる場所では居づらい」「思うように動かない身体へのいら立ち」「言いたいことが伝えられないもどかしさ」「あまりかかわろうとしないケ

アスタッフがいることや強引なケアによるケアスタッフとの信頼関係のない生活」「パチンコだけが趣味」「家族との意思疎通不足」といったことでしょうか（**資料14－Ⓓ**）。

天川SV：この気づきの中で，内容的に似た項目を整理しましょう。例えば，膝の痛みと便秘は「身体的課題」，大きな音や多人数が集まる場所での居づらさは「環境的課題」，強引なケアを行うケアスタッフへの信頼関係の欠如や家族との意思疎通不足は「人的影響課題」，思うように動かない身体へのいら立ちや言いたいことが伝えられないもどかしさは「精神的苦痛に伴う課題」に分けられるでしょう。眠剤の影響については医療・看護との連携分野になりますし，パチンコだけが趣味というところは本人の好きなことへのアプローチに生かせるかもしれません。この課題の分類は，この後のケアの見直しにつながっていきます。

さて，ここで整理した赤貝さんの課題の背景や原因を踏まえて，緑さんが困っている場面で，本人自身の「困り事」「悩み」「求めていること」はどのようなことだと思いますか？　先に挙げた気づきを思い出しながら，赤貝さんの代弁者，つまり赤貝さんになったつもりで考えてみてください。

緑さん：赤貝さんの気持ちとして見えてくるのは，身体的不快感と共に，自分のことを理解してくれない上に，プレッシャーを与えてくる人的環境への不信感や，できない，伝えられない不安感やいら立ちなどの精神的なつらさではないかと思われます。特に自分の思いを表現することが元々苦手なだけに，「本当の思いを理解してくれない」という苦しみがあるのかもしれません。

天川SV：赤貝さんの思いをうまく代弁していると思います。この後のケアの見直しでは，赤貝さんの思いが出発点になります。つまり，**「本人の思い」を少しでも理解し，本人との距離を縮めた上でケアを考えていかないと，私たち援助者の視点での実践に陥ってしまい，本人の課題はいつまでも解決されないどころか，援助者の課題も解決されないままになってしまいます**。まずは，「本人の思い」を整理して分かったことからケアを新たに組み立てるということを行います。この後のケアの見直しが進めやすいように，「マンダラート」に赤貝さんの課題をまとめてみましょう。

緑さん：**資料15**のように記入してみると，①〜⑤のすべてが赤貝さんの心の動きに影響を与えるものだということが分かりますね。そして，それぞれが関連し合っていることも分かります。

天川SV：「マンダラート」は8つのマスをすべて埋める必要はなく，どのマスを使っても自由ですが，ここでは分かりやすいように精神的影響の強いものを上に並べてあります。このようにマスは自由に使うことができるのです。

では，いよいよここから赤貝さんに対するケアの見直しに取り組んでいきましょう。

資料15　赤貝さんの課題をマンダラートにまとめよう

① 「精神的苦痛に伴う課題」 ・思うように動かない身体へのいら立ち ・言いたいことが伝えられないもどかしさ	② 「人的影響課題」 ・強引なケアを行うケアスタッフへの信頼関係の欠如 ・家族との意思疎通不足	③ 「環境的課題」 ・大きな音は不快 ・多人数が集まる場所での居づらさ
④ 「身体的課題」 ・膝の痛み ・便秘	赤貝さんの課題	⑤ 「活性化につながる視点」 ・パチンコだけが趣味
⑥ 「薬などの医療・介護との連携」 ・眠剤の効果確認 ・上記身体的課題への対応		

ポイント

「本人の思い」を少しでも理解し，本人との距離を縮めた上でケアを考えていく必要があります。

本人と援助者の課題解決策を考える

◆見えてきた課題

天川SV：ケアの見直しをする上で一番大切な考え方の出発地点は，本人の今の「思い」であり，またそれらを支援するのだという私たち援助者の「基本姿勢」になります。この本人の「思い」と「基本姿勢」をしっかりと押さえた上でケアの見直しを開始します。

緑さん：いわゆる「フラッグシップ」というものですね。

天川SV：そうですね。今回「ひもときシート」で抽出した赤貝さんの「思い」と課題を「マンダラート」では6つの視点で整理しました。

ここで，特に思考展開が必要とされた「精神的苦痛に伴う課題」と「人的影響課題」について考えていきましょう。この2つの項目は，本人のこれからの生活を左右する大事なポイントであり，援助者の姿勢も問われるところなので，ケアスタッフ間で話し合いながら進めることが大切です。

　特に赤貝さんが感じているいら立ちやもどかしさにどうかかわるのか，そして何よりも，「本人の思い」から，赤貝さんと信頼関係を築けないケアスタッフの姿勢を振り返ることの大切さが見えてきます。

赤貝さんの「精神的苦痛に伴う課題」
・思うように動かない身体へのいら立ち
・言いたいことが伝えられないもどかしさ

赤貝さんの「人的影響課題」
・強引なケアを行うケアスタッフへの信頼関係の欠如
・家族との意思疎通不足

緑さん：1人のケアスタッフの課題とするのではなく，かかわるケアスタッフ全員の課題としてとらえていく必要がありますね。

天川SV：最初に，赤貝さんの「精神的苦痛に伴う課題」からケアの見直しを行っていきましょう（**資料16**）。

緑さん：身体的課題については，医療，看護と連携を密に取ることで対応していくという方向性はすぐに出たのですが，本人のいら立ちやもどかしさをどう受け止めるかとなると，「そもそも信頼関係ができていないのに，どうしてその精神的苦痛が受け止められるのか？」という，根本的な原因に戻っていくことになると思うのですが…。

天川SV：なるほど。それは「人的影響課題」の「強引なケアを行うケアスタッフの存在」と結び付くことかと思います。「精神的苦痛に伴う課題」から始めたことが「人的影響課題」につながっていくということですね。関連性を表す矢印も「強引なケアを行うケアスタッフへの抵抗，不信感」に多くつながっています。身体的要因から来る精神的苦痛を受け止めるどころか，赤貝さんの精神的苦痛の要因に「ケアスタッフの対応の悪さ」があるということが浮き彫りになってきました。

緑さん：気持ちでは私たちに課題があると分かっていても，なかなか認められずにいましたが，このように図式化すると，やはり私たちの対応を考え直さなければいけないということがはっきりとしました。これまでの赤貝さんに対する適切でなかったケアを根本的に変えて，信頼関係を築いていかなければ前へ進めないということですよね。

天川SV：そのとおりですね。さらに進めると，赤貝さんへの「ケアの見直し」を考えていく中で，あまり迷わずに皆さんが出したものとして，「家族への働きかけ」があ

資料16 樹木図を使って赤貝さんのケアを見直そう

- 赤貝さんの今の心境・思い
- 赤貝さんを中心にした私たちのケア

「人的影響課題」
- 強引なケアを行うケアスタッフへの信頼関係の欠如
- 家族との意思疎通不足

- 家族へ呼びかけ
- 家族の思いも聴く

ケアスタッフと家族の溝をなくす

遠慮なく話せるようケアスタッフから積極的に声をかける

どんなことでもよいので家族に明るく声をかけてもらう

強引なケアスタッフへの抵抗、不信感

入浴時、排泄時などのケアの見直し

時間をかけて理解してもらえるよう声かけをする

適切なケアの在り方の勉強会を開く

私たちのペースではなく、ゆっくりとかかわる

入浴などのケアの時間を工夫する

伝えられないもどかしさ

コミュニケーションの取れないもどかしさをどう受け止めるか？

受け止めも信頼関係ができていない

信頼関係の構築につながるコミュニケーションを行う

信頼関係の構築を阻んでいる要因は？

「精神的苦痛に伴う課題」
- 思うように動かない身体へのいら立ち
- 言いたいことが伝えられないもどかしさ

身体へのいら立ち

いら立ちをなくすためのアプローチ

膝の痛みや便秘へのアプローチは、看護・医療と協力しながら、通常の身体ケアアプローチを行う

膝の痛みなどの軽減に向けたアプローチ

精神的にはいら立ちを受け止める接し方が必要では？

信頼関係が構築されていなければいら立ちは受け止められない

無理なく動けて楽しめる「リハビリテーション」を兼ねた方法を考える

ります。家族がケアスタッフに対して遠慮があるのではないかということと，赤貝さん自身への何らかのわだかまりがあるのではないかというこの２点に対して，まずは家族に積極的に働きかけ，どこかぎくしゃくした関係性を取り払う努力をケアスタッフがしなければならないこと，同時に家族の思いもしっかりと聴く姿勢を持つことなどの意見が出ていますね。

緑さん：ケアスタッフも家族の「お風呂には絶対入れてほしい」という思いがプレッシャーになっていたこともあるので，家族との関係性を深めなければならない状況にあったと言えます。

天川SV：ここでも重要になるのが，**家族とケアスタッフとの信頼関係の構築**です。これができて，はじめて家族への協力要請が可能になります。そして，皆さんが考えたことは，家族に「どんな内容でもよいので赤貝さんに明るく声をかけてもらう」ことをお願いするということですね。

緑さん：赤貝さんとの信頼関係を築き上げていくことが不可欠なのと同じように，家族ともしっかりとコミュニケーションを取り，信頼関係を築き上げていくことが大切だと思いました。

> **ポイント**
> ● 図式化することで，自分たちの対応の悪さが明確になります。
> ● 家族とケアスタッフとの信頼関係が構築できて，はじめて家族への協力要請が可能となります。

決まり事を守らせるより，やるべきことをやってもらう

天川SV：そして，ここで重要となってくるのが，「強引なケアを行うケアスタッフへの信頼関係の欠如」です。信頼関係の構築を阻んでいるものが「強引なケアの実施」であるということが浮き彫りになりましたが，では，それに対してどのようにケアを見直して改善していくのか考えていきましょう。

緑さん：ケアスタッフ間での話し合いでは，「入浴時，排泄時などのケアの見直し」→「時間をかけて理解してもらえるよう声かけをする」→「適切なケアの在り方の勉強会を開く」→「私たちのペースではなく，ゆっくりとかかわる」→「入浴などのケアの時間を工夫する」など，一通りの意見の前進は見られました。とにかく，ケアの方向性を大まかな言葉でもよいから書き出し，頭の中にあるものを少しでも明確化させ

ていきました。ただ，「では，どうしたらよいのか？」という問いかけにそれ以上前に進めなくなり，次のような意見で立ち止まってしまいました。

> 「『適切なケア』と言うけれど，どのようなこと？」
> 「『私たちのペースではなく』と言うけれど，忙しい中でどうやってゆっくりとかかわるの？ 時間の工夫なんてできるのかな？」

天川SV：立ち止まってしまい，具体的な実践を書く「6W2Hシート」に落とし込むところまではいかなかったということですね。

緑さん：はい。

天川SV：いくら「本人の視点」でケアを見直すと言っても，そのことに慣れていないケアスタッフからは反発の声が上がることもあるでしょう。

　私たちは何のためにこの仕事に従事しているのかを明確にし，やってはならないことを排除していくという義務を負っています。しかし，「やってはならない決まり事を守る」には，ある程度ケアスタッフたちにも理解力が必要になってきます。ところが，「本人の視点」のケアに慣れていないようなケアスタッフが多い場合，「やってはならない決まり事」は時に押し付けのように感じることがあるかもしれません。

　そこで，赤貝さんの場合は「赤貝さんとの信頼関係がつくられていない」という明確な答えが出ているので，「やってはならない決まり事」として「強引なケアをやめよう」と掲げるではなく，「どうしたら信頼関係が築けるのか」という点に焦点を当てて考えてみてはどうでしょうか？　つまり，欠点を直すというより，**ポジティブな視点を生かす**ことで自然と欠点を減らしていくという考え方です。

　再度「マンダラート」を使って，「信頼関係を構築するために何ができるか？」を考えてみましょう。

緑さん：信頼関係がないどころか，対立関係にあったケアスタッフと赤貝さんとの溝を埋めるため，「マンダラート」を使って「赤貝さんとの信頼関係を築き上げるためにどんなことができるか？」というテーマでケアスタッフ間で話し合ったところ，**資料17**のような意見が出ました。特に奇抜なアイデアはなく，極めてベーシックな，当たり前のような意見ばかりですが，この当たり前のことができていなかったり，そのことに気づいていなかったりしたということですね。

> **ポイント**
>
> 「やってはならないこと」を考えるより，「どうしたら信頼関係が築けるのか」といったポジティブな視点を生かすことでネガティブな行動を減らしていきます。

資料17　赤貝さんとの信頼関係を築くためにできることをマンダラートに整理しよう

①常に笑顔で声かけをする（そういえば，あいさつもろくにしてないかも）。	②話をする時は複数で囲むのではなく，1人で話しかける。	③話そうとしていることをじっくりと聴いて，理解しようとすることが必要（赤貝さんの言いたいことが分からないとすぐに別の所へ行ってしまう私たちがいる）。
④赤貝さんのペースに合わせる（とにかく強引なことはしない）。	赤貝さんとの信頼関係を築き上げるためにどんなことができるか？	
⑤一緒に出かける（そういえば，大声を上げたり，手を出したりするということで，あまり散歩にも出かけていなかった）。		⑥何よりもコミュニケーションの基本をもっと学んでおく必要がある（コミュニケーション技法，バイスティックの7原則，バリデーションなど）。

◆基本的な考えを成長させていく

天川SV：では，ここからもう一度思考を展開して，ケアを具体化させていきましょう。ここでは「笑顔の大切さ」と「コミュニケーション」に大別して考えていきましょう。まずは，「笑顔で声かけ」という私たちの仕事の基本となるようなことから考えを展開しましょう。

緑さん：新人のケアスタッフや，まだ認知症の入居者とのかかわりに不慣れなケアスタッフは，このような当たり前のことをしっかりとやってもらうよう意識づけていくことが大切なので，ネガティブなケアを禁止し抑え込むより，簡単にできそうなポジティブなケアを習慣化させることにより，赤貝さんだけでなく他の入居者にも同様に行い，そしてその「笑顔で声かけ」をモットーにするというところまで考えが進められました（**資料18**）。当たり前のことができていなかったのですね。

◆簡単なことから効果を測定してみる

緑さん：単に「笑顔で声かけ」と言っても，ケアスタッフたちが本当にそれで効果が出ているのかどうかを確認し，励みになるよう形にした方がよいのではないかということで，赤貝さんの状態変化スケールの記入も意見として出ました。それが「赤貝さん

資料18　赤貝さんとの信頼関係構築のための思考展開図①：笑顔で声かけ

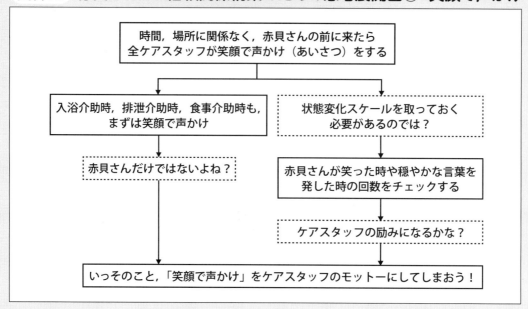

資料19　赤貝さんへの笑顔・声かけによる信頼関係構築変化確認スケール

月日	笑顔の数	穏やかな言葉の数
8月1日	(^.^)	(^_^)
8月2日	(^.^)	
8月3日		
8月4日	(^.^)　(^.^)	(^_^)
8月5日	(^.^)	(^_^)
8月6日	(^.^)　(^.^)　(^.^)	(^_^)　(^_^)
8月7日	(^.^)　(^.^)	(^_^)

　への笑顔・声かけによる信頼関係構築変化確認スケール」です。このスケールは極めて単純で、赤貝さんに笑顔が見られた時や穏やかな言葉を発した時に「にこにこマーク」を付けるだけです（**資料19**）。時間や場所、そしてどのようなかかわりの時に赤貝さんに笑顔などが現れたのかという細かい点までは記録していないのですが…。

天川SV：とてもよい取り組みですね。大切なことは細かい情報収集ではなく、シンプルに自分たちの「笑顔で声かけ」がどのくらい功を奏しているか確認できればよいのです。ある一定の期間スケールを取り、最初のころの状況と比べてみると、「笑顔で声かけ」の効果が単純に見えてくるでしょうね。

緑さん：新人のケアスタッフや、まだ認知症の入居者とのかかわりに不慣れなケアスタッフが多い場合は、いきなりあれこれ取り決めたり、記録したりするよりも、このように簡単に記入できて、違いを確かめられる方がよいですね。

資料20　赤貝さんとの信頼関係構築のための思考展開図②：コミュニケーション

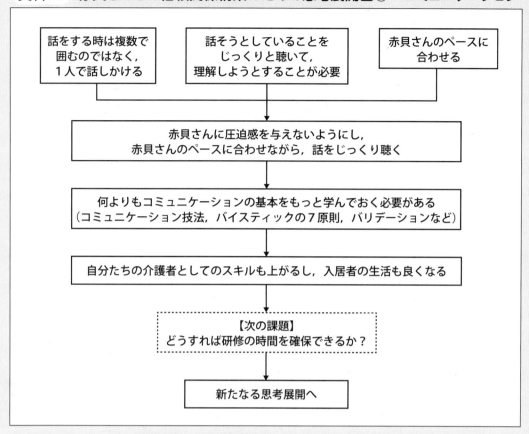

◆次の新たな思考展開につなげる

天川SV：マンダラート（**資料17：P.75**）から見えてきた赤貝さんとの信頼関係構築のための意見のもう一つは，「コミュニケーション」にかかわるものでしたね。それについてはどうですか？

緑さん：「話をする時は複数で囲むのではなく，1人で話しかける」と「話そうとしていることをじっくりと聴いて，理解しようとすることが必要」と「赤貝さんのペースに合わせる」の3つがまとめられました。

天川SV：先ほどの「笑顔で声かけ」とは違って，より専門性を発揮するための思考展開と言えます。本当に赤貝さんとの信頼関係を築き上げていくためには，自分たちのコミュニケーションスキルを高めていかなければならないということが明確化されています。しかし，ここで新たに，「では，どうすれば自分たちのスキルを高めることができるのか？」，そして「そのための研修の時間を確保できるのか？」という課題に突き当たりますね。今度はこの課題をテーマとして再び思考展開していくことになります（**資料20**）。

　このように「**思考を展開する＝考える**」ということを繰り返すこと，そのこと自体が自然に自分たちのスキルを上げることにつながっていくのです。

> **ポイント**
>
> 「思考を展開する＝考える」ということを繰り返すこと自体が自然に自分たちのスキルを上げることにつながっていきます。

赤貝さんのその後

天川SV：その後，赤貝さんとかかわるケアスタッフの様子はどうですか？

緑さん：赤貝さんへの働きかけは，次のように取り決めて実践していきました。

①ケアスタッフはとにかく笑顔で赤貝さんに声をかける。

②家族とケアスタッフとの間の溝を埋めた上で，家族にも明るく赤貝さんに声をかけてもらう。

③入浴介助時などは多人数で囲まず，1人のケアスタッフがゆっくりと繰り返し働きかける。

④気分転換に散歩やパチンコに行く。

①に関しては，当初全く笑わなかった赤貝さんが。1カ月後には一日に何回か笑う日が出てきました。元々があまり表情を表に出す人ではなかったということもありますが，ケアスタッフは皆「最初のころの険しい表情はなくなった」と感じていました。また，この「笑顔で声かけ」は，赤貝さん以外の人にも思わぬ波及効果があり，入居者，ケアスタッフの双方が明るくなったと管理者は感じていました。

②は，赤貝さんに対するのと同じように，家族にも笑顔で明るく声かけすることによって，比較的早く家族も打ち解けてくれ，ケアスタッフが「笑顔で声かけ」をやっていることを話すと，「私たちもそうします」と協力してもらえました。2カ月後，家族の声かけに赤貝さんが笑顔で応えてくれた時はとてもうれしかったと話されていました。特に在宅ではほとんどそのようなことがなかったので，なおさらうれしかったとのことです。このようにケアスタッフのちょっとした働きかけが，家族の融和につながることもあるのですね。

③は，ケアスタッフが一番苦労したところになります。大勢で取り囲んでプレッシャーを与えるようなことはなくなったものの，赤貝さんにはやはりなかなか理解してもらえず，無理をしないということで入浴しない日もありました。当初はそのような日が続き，無理にでも入浴させなければという意見も出ましたが，それだけはやめようという取り決めを守り通し，ようやく入浴してもらえるようになってきました。

しかし，そこで新たな課題が発生しました。気持ち良いのか，湯船からなかなか出てくれないということが続いたそうです。

　④の散歩には比較的素直に応じられ，車いすに乗って公園へ行かれるようです。元気なころによく行っていたパチンコは，ケアスタッフが一度連れていったのですが興味を示さず，むしろ入りたくないといった感じだったとのことです。確かに，赤貝さんの生活スタイルを振り返れば，パチンコは唯一の趣味だったはずですが，その唯一の趣味も，思うように動かなくなった身体のことを考えると，かえって自分を苦しめるものになっていたのかもしれません。その人の生活歴や生活スタイルから今の生活に生かせるものを見つけることもできますが，逆にそれらがその人を苦しめるものになってしまうこともあるのだと気づかされました。

天川SV：今回の赤貝さんへのケアに関する一連の分析と思考展開の取り組み　を通してどのように感じましたか？

緑さん：赤貝さんの入浴拒否に伴う大声や暴力は，ケアスタッフと赤貝さんとの信頼関係の欠如が大きな要因ではないかということで，信頼関係を構築するという目標の下でケアを実践し，結果として入浴時などの大声や暴力はなくなりました。やはり，この仕事のカギとなるのは，「**目の前のケアスタッフは信頼に足る人間なのか**」という，利用者本人の思いにしっかりと応えられるかどうかということではないでしょうか。

カンファレンスルーム❸

認知症の人のさまざまな行動の意味の深淵に迫る〈その2〉
～「介護への抵抗」

大野　茜さん
Aグループホーム
ケアワーカー

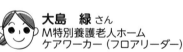
大島　緑さん
M特別養護老人ホーム
ケアワーカー（フロアリーダー）

高田　瞳さん
M特別養護老人ホーム
看護主任

穂高　宏くん
Aグループホーム
ケアマネジャー

吉川　幸さん
Aグループホーム
ケアワーカー

天川SV：今回は，Aグループホームのケアワーカーの茜さんから要介護認定の項目をどう解釈したらよいか分からないとの質問がありました。そこで，その項目を使って認知症ケアのポイントを振り返ってみたいと思います。M特別養護老人ホームからケアワーカーの緑さんと看護師の瞳さん，Aグループホームからはケアマネジャーの宏くんとケアワーカーの幸さんにも参加してもらいます。

　最初に，茜さんが疑問に思ったことから話してもらえますか？

茜さん：要介護認定の項目の中でとても疑問に思ったのは，「助言や介護に抵抗することがあるかどうか」という項目です。これって，そもそも本人ではなく，私たちの問

題ではないのかなと思うのですが。

瞳さん：それでよいのではないですか？　私たちが困ってしまう行動があるかないかで認知症を判断していく調査項目なのですから。

茜さん：そうかもしれませんが，抵抗するということは，本人が何らかの圧力を感じているのだと思います。確かに私たちが困ってしまう行動が挙げられているのですが，私が言う「私たちの問題」とは，「私たちの困り事」ということではなくて，本人が介護に抵抗するのは「私たち援助者側に問題があるからではないか」ということなのです。ややこしくてすいません。

天川SV：つまり，「介護に抵抗する」という項目は，確かに私たちの困り事になる本人の行動だけど，そもそもその原因は私たち援助者にあるのではないかということですね？

茜さん：そうです。私たちの行動に問題があるのに，本人の認知症の行動として取り上げられてしまうということが釈然としなかったのです。

幸さん：圧力を感じるから抵抗する…。あ，電車で座っていたら，隣に座っていたおじさんが眠ってもたれかかってきたので押し返したことがあります。それと同じことですね。

宏くん：面白い例えだね。でも，そういうことだろうね。認知症の人にとって，何らかの圧力を感じたことに対する自分を守るためのごく当たり前の行動ということだね。

緑さん：特養では，排泄や入浴の介助時によくありますね。特に入浴時の着脱の時とか。

天川SV：なぜ抵抗されるのですかね？

緑さん：今，話に出たように，私たちがプレッシャーをかけているのでしょうか？

天川SV：本人が私たちの行動を理解できなかったということですね。つまり，理解できるようなかかわり方をしなかったということですかね。

茜さん：あ，本人が理解できるようなかかわりをしなかった。だから圧力を感じて自己防衛で抵抗した，あるいは大声を出したということですね。

瞳さん：う～ん，言いたいことは分かるけど，実際忙しい中で，本人の思いにいちいち配慮してやっていられないのでは？　無理にやることがあっても仕方がないと思いますよ。

緑さん：確かに，今の特養の現状では，分かっていてもできないことがいっぱいあります。入浴時の着脱に対する本人の抵抗は私たちに問題があるからだと言われても，どうしたらよいのか…。

幸さん：原因が分かっているのなら，対処の方法も考えることができるのではないでしょうか。

天川SV：なるほど。現場はストレスが強いのも事実ですし，それを無視して本来のあるべきケアを目指せと言われても，なかなかできるものではありませんね。その突破

口として，今幸さんが言われたように，原因が分かっているのなら前進できるかもしれません。

幸さん：私は特養のしんどさを体験していないから言えるのかもしれないけれど，目指すところが分かっているのに，そこまでの行き方というか，道が分からないのだと思います。

宏くん：道どころか，壁しか見えないのかも。

天川SV：その壁を乗り越えようとすることに意味があるではないでしょうか。その道の見つけ方，壁の乗り越え方については，いろいろな方法を提案していきたいと思います。ここで議論している「介護への抵抗」については，私たち援助者のかかわり方に左右される項目であるということをしっかりと押さえておきましょう。

茜さん：認知症そのものの勉強も必要ですね。認知症がどのようなものなのかを理解しておかないと，「認知症の人を理解する」こと自体ができないですものね。

天川SV：そうですね。ですから，ケアスタッフの状況を見てアプローチの方法も変えていかなければなりません。また，「介護に抵抗する」という問題そのものに焦点を当てるよりも，「気持ち良く入浴してもらうための方法とは」というように，私たちが本来目指したいケアに焦点を当てて考えた方がよいでしょう。

宏くん：問題そのものより，目指すべきものに焦点を当てるということですね。

ポイント

- 介護への抵抗は，多分に私たちのかかわり方に問題があり，ケアのどこに問題があるのかをあぶり出す必要があります。
- 原因が分かったということは，アプローチの方法を変えていくチャンスをつかんだということです。
- 介護に抵抗するなど，BPSDの現象そのものを焦点化して考えてはいけません。

天川SV：はい。せっかくですから，この調査項目の別の項目から，認知症ケアの在り方についておさらいしていきましょう。**資料21**に示した項目を見て，皆さん気づいたことはありませんか？

茜さん：ここに書かれている認知症の人の行動には，必ず何らかの原因があると思います。

天川SV：例えばどの項目でしょうか？

茜さん：物盗られ妄想や作話，感情の不安定，夜間不眠や昼夜逆転，暴言や暴力…。あ，結局全項目ですね。

資料21　介護認定の調査項目から認知症ケアの在り方を考えよう

7　行動について，あてはまる番号に1つだけ○印を付けてください。			
ア．物を盗られたなどと被害的になることが	1．ない	2．ときどきある	3．ある
イ．作話をし周囲に言いふらすことが	1．ない	2．ときどきある	3．ある
ウ．実際にないものが見えたり，聞こえたりすることが	1．ない	2．ときどきある	3．ある
エ．泣いたり，笑ったりして感情が不安定になることが	1．ない	2．ときどきある	3．ある
オ．夜間不眠あるいは昼夜の逆転が	1．ない	2．ときどきある	3．ある
カ．暴言や暴行が	1．ない	2．ときどきある	3．ある
キ．しつこく同じ話をしたり，不快な音を立てたりすることが	1．ない	2．ときどきある	3．ある
ク．大声を出すことが	1．ない	2．ときどきある	3．ある
ケ．助言や介護に抵抗することが	1．ない	2．ときどきある	3．ある
コ．目的もなく動き回ることが	1．ない	2．ときどきある	3．ある
サ．「家に帰る」などと言い落ち着きがないことが	1．ない	2．ときどきある	3．ある
シ．外出すると病院，施設，家などに1人で戻れなくなることが	1．ない	2．ときどきある	3．ある
ス．1人で外に出たがり目が離せないことが	1．ない	2．ときどきある	3．ある
セ．いろいろなものを集めたり，無断で持ってきたりすることが	1．ない	2．ときどきある	3．ある
ソ．火の始末や火元の管理ができないことが	1．ない	2．ときどきある	3．ある
タ．物や衣類を壊したり，破いたりすることが	1．ない	2．ときどきある	3．ある
チ．不潔な行為を行うことが	1．ない	2．ときどきある	3．ある
ツ．食べられないものを口に入れることが	1．ない	2．ときどきある	3．ある
テ．周囲が迷惑している性的行動が	1．ない	2．ときどきある	3．ある

天川SV：そうですね。**行動には必ずその人の背景や原因がある**ということですね。もちろん，認知症症状から引き起こされるものもありますが，私たち援助者が影響を与えていると思われる項目やその要因はどのようなものがありますか？

宏くん：物を盗られたとか被害的になるのは感情の不安定から来るでしょうし，作話も，自分は大丈夫，悪くない，認知症なんかじゃないと主張しようとしている表れなのではないでしょうか。

茜さん：ということは，どこか自分がおかしいと感じている中で，必死に自分を維持しようとしている姿なのかもしれませんね。

宏くん：なのに，私たちには問題ある言動に見えてしまうということですね。

天川SV：しっかりと「本人の視点」で考えると，全く違う状況が見えてきますね。本人の心の奥にある不安の裏づけ作業とも言えますね。

茜さん：他は徘徊に関係する項目が多いですね。物を収集したり，衣類を破ったりするのはどう思いますか？

瞳さん：物の収集は，多分にパーソナリティの問題なんじゃないかしら？

幸さん：私はむしゃくしゃしたり，イライラしたりすると，何か衝動買いをしてしまいます。物を買うことで気分を紛らわせています。それと同じかな？

宏くん：捨てられない，もったいないということで手元に置き続けることが収集癖とつながる場合もあるかも。それに，確かに何かを買ったり，集めたりすることで，心を満足させているところがあるかもしれません。

茜さん：逆に，心が充足していない表れとも言えないでしょうか？　私たちの直接のかかわりからそうなることもあるでしょうし，そのような心理状態に気づいてサポートしなければいけない時もあるでしょうし。

幸さん：私，イライラすると，衝動買いだけでなく，新聞紙や広告なんかをえいや！って破いてストレスを発散させることもありますよ。

緑さん：衣服を破く行為は，確かにストレスが原因かもしれませんね。私たちに責任があるのかしら。

天川SV：それぞれの人の行動にはその人なりの背景や原因，それに病状の違いがあり，一概に私たちに問題があるとは言えませんが，関係性は十分に考えられるので，やはり一人ひとりのことをしっかりと見つめる作業を行うことが必要になりますね。

緑さん：昼夜逆転については，援助者のかかわりで何とかなるような気がします。

茜さん：生活リズムが崩れると，不安定要素が増えると思います。

幸さん：分かります。私，アメリカへ旅行に行った時に感じました。時差ボケが激しくて，眠いのに起きて活動しなければならないので，頭がぼーっとして，何か言われてもイライラしたりしていました。まして認知症があると，いろんなことが判断できなくて混乱すると思います。

瞳さん：入居者の生活リズムは，ケアスタッフがしっかりと把握しておかないと。ケアスタッフの動きは本人への影響がとても大きいので，その場しのぎのケアでは症状を悪化させてしまいます。

緑さん：はい，よく分かっています。でも，できないこともあるのです。

幸さん：分かっているなら，やらなきゃならないんじゃないですか？　あ，また生意気なことを言ってしまいました。すいません。

宏くん：謝ることはないよ。そのとおりだと思う。でも，緑さんだけ責めるのではなく，みんなで考えていく問題だと思います。

天川SV：こうして話し合っているだけでも，前進していけそうな雰囲気ですね。このような時間を持つことの大切さを，どのように他のケアスタッフにも理解してもらうかということが課題ですね。

緑さん：人員が少ないことや忙しいことは別にして，「本人の視点」で考える機会を少しでも設けることができればと思います。

天川SV：また皆さんで話し合う時間をつくっていきましょう。
　ちなみに，今回の話し合いでは，認定調査票を批判しているのではなく，認知症の人の見方・とらえ方を考え直していくためのものとして使っているので，誤解のないようにしてくださいね。

ポイント

- 作話はその人の不安の表れとしてしっかりと受け止めましょう。

- 生活リズムの崩れが精神的不安定を生じさせ，BPSDにつながっていくこともあります。生活リズムを整えることも必要不可欠です。

- それぞれの人の行動にはその人なりの背景や原因，それに病状の違いがあります。そのため，一人ひとりをしっかりと見つめる作業を行うことが必要です。

- 「認定調査票」を利用して「本人の視点」で考えるエクササイズを行ってみましょう。

4

優先順位を考慮した利用者本位の認知症ケア

「ひもときシート」を活用し「本人の視点」でのケアをじっくりと探っていくことも大切ですが，状況によってはゆっくりと考えていられないこともあるでしょう。そうかと言って，「本人の視点」を無視した対応をしてよいわけではありません。そこで，「本人の視点」によるケアを効率的に見いだすための方法として，「ひもときシート」の簡易版の活用を紹介します。

天川SV

登場人物

吉川　幸さん
Aグループホーム
ケアワーカー

銀河　真くん
M特別養護老人ホーム
ケアワーカー

帰宅願望が激しい利用者

Aグループホームに入居中の蟹江マヤさん（仮名）は，夕方になると「家へ帰らせて！」と大声を上げて玄関のドアをたたき，外出を止めると大声で怒鳴り，ケアスタッフを罵倒し始める。仕方なく一緒について外に出ると，「ついてくるな！」と言うが，本人は道も分からず，危険も察知できず，信号無視をして交差点を渡ろうとし，止めると怒鳴って暴れるなどの行為がある。

思い付いたことを丹念に拾い上げていけば方向性が見えてくる

天川SV：蟹江さんにかかわるケアスタッフの皆さんは非常につらい思いをしているのですね。

幸さん：うちのホームは，入居者をホーム内に閉じ込めるということは極力しない方針なので，夕方になって蟹江さんが玄関のドアをたたき始めると，一緒についていくケアスタッフを決めて，携帯電話を持って蟹江さんの後をついていくことにしています。でも，信号を無視して交差点を渡ろうとすることがたびたびあり，その都度ケアスタッフが引っ張って止めるのですが，蟹江さんは「泥棒！」と大声を出して手を振り払おうとするんです。一般市民もいる中でのことなので，無理にでも止めなければ事故につながってしまいます。信号が変わるまでじっと押さえているのが精いっぱいの状況です。これが最近特にひどくなってきたんです。

天川SV：それで，幸さんは蟹江さんへの対応に行き詰まりを感じてきたということですね。

幸さん：そうなんです。蟹江さんの思いを止めることはできないと理解しつつも，安全面を考えると厳しいものがあります。

天川SV：「ひもときシート」を使ってじっくりと解決策を見いだすことも大切ですが，状況からすると，じっくり考えるより，今すぐに何らかの対応を考えた方がよさそうですね。今回は「ひもときシート」を知っているM特別養護老人ホームのケアワーカー真くんにも参加してもらって，その中からケアの見直しに向けた糸口を探すことにしましょう（**資料22**）。

幸さん：まずは薬を強くして，少しでも落ち着いてもらうのがよいのでしょうか？

真くん：薬の必要性は分かるし，否定するものではないと思うけど，本人の意思を薬で抑制するのはどうなのかな？

幸さん：ネガティブに考えていけば，いくらでも対応策は出てきます。絶対に外に出さ

資料22 蟹江さんの事例概要シート

事例概要シート						○年　○月　○日現在	
事業所名（種別）	Aグループホーム			担当者名	吉川　幸		
本人氏名	蟹江マヤ	年齢	75歳	性別	男・⦿女	要介護度	介2
日常生活自立度	障がい高齢者自立度		A1	認知症高齢者自立度		Ⅲ	
ADLの状況	食事	⦿自立・一部介助・全介助		排泄	⦿自立・一部介助・全介助		
	移動	⦿自立・一部介助・全介助		着脱	自立・⦿一部介助・全介助		
	入浴	自立・⦿一部介助・全介助		整容	自立・⦿一部介助・全介助		
パーソン・センタード・ケアから見る認知症にかかわる要因							
認知症の診断名 （脳の器質性疾患）	アルツハイマー型認知症 3カ月に1回認知症専門医受診						
生活歴 （学歴・職歴）	中学卒業後，地元の繊維工場で働く。22歳の時，同じ工場で働いていた男性と結婚，娘を1人もうける。その後，仕出し弁当屋で働きながら子どもを育てる。 娘は嫁ぎ，夫は10年前に他界，以降一人暮らしを続けていた。 5年ほど前から物忘れが多くなり，仕事を辞めざるを得なくなり，その後火の不始末が続き，2カ月前当ホームに入居した。						
生活スタイル （趣味・習慣）	毎朝5時前に起き，夜は10時ごろに休んでいたようだ。 趣味は特にないが，料理や掃除は好きだったらしい。特に煮物は自信があるそう。						
パーソナリティ （性格・個性）	基本的に温厚であったが，しつけには厳しかった。 節約家で自分はぜいたくをしなかった。						
社会的立場 （地位・役職）	仕出し弁当屋では，認知症が出る前は主任まで任されていたが，仕事でミスが続くようになってからはすぐに主任職を外された。 地域とのつながりはあまりなかった。						
現病・既往歴 （認知症以外）	高血圧症 最近は膝関節の痛みを訴える。						
認知症にかかわるその他の重要な要因							
現在の生活環境 （居室・リビング）	自室は質素である。あまり自室にいることはなく，リビングや玄関近くのソファで手荷物を持って座っていることが多い。						
本人にかかわる人たち （家族・職員）	娘は1人で2人の子どもを養育し，働きに出ているので，ほとんど面会に来られない。 ホームのケアスタッフは経験の浅い若い人が多く，本人の行動に振り回されている。 他にかかわる人はいない。						
生活上の規則 （施設の決まり）	各食事の時間，入浴時間は大体決めている。その他については特に決め事はない。食事の準備はケアスタッフが行っている。						
その他気がかりなこと	夫の遺族年金と本人の年金・貯金で利用料を払っている。 最近右膝が痛いらしく，あまり速くは歩けない。						
事例のBPSDにかかわる概要（簡潔に）							

特に午後になると，家に帰らせてほしいとかなり不穏になり，玄関前に立つ。外出を止めると大声で怒鳴り，ケアスタッフを罵倒し始める。仕方なく一緒について外に出ると，ついてくるなと言うが，本人は道も分からず，危険も察知できず，信号無視をして交差点を渡ろうとする。止めると怒鳴って暴れるなどの行為があり，ケアスタッフはどう対応したらよいか分からない状態。なお，蟹江さんが疲れたところを見計らって，車で迎えに来てもらっている。

ない，どんなに怒っても放置する，部屋に閉じ込めておく，外へ出た時の危険性を家族に理解してもらい，責任が負えないことを分かってもらう，本人が落ち着くようなごまかしを考える…。

真くん：う〜ん，確かに，このような厳しい状況でポジティブに考えようと思ってもできないかもしれないね。しかし，ネガティブな思考での対応で，果たして蟹江さんは安心するだろうか？　ケアスタッフはそれでよいのだろうか？

幸さん：蟹江さんと仕方なく一緒に外に出るのではなく，私たちの方から先に誘って出てみるというのはどうでしょう？　でも，かえって蟹江さんの外に出ていきたいという気持ちを増長させてしまうかしら？　もしくは，外出時に意識的に危険でない方角に誘導するのは難しいかしら？

真くん：こちらの方から積極的に声をかけるのはよいかもしれないね。特に蟹江さんが不安でかなり困惑しているような時，声かけ誘導は有効かもしれない。

幸さん：ドライブという形で外に出てみるというのはどうかしら？

真くん：蟹江さんだけでなく，他の入居者も誘っていくのもよいかもしれない。問題は，ケアスタッフの調整がうまくいくのかどうかと，蟹江さんのストレスがそれで解消するかどうかだけど，それはやってみないと分からないよね。

天川SV：いろんな意見が出ていますね。まずは薬についてですが，真くんが言うように，本人の意思を薬で抑え込むのは本人の自律心を奪うことにつながるので，薬に頼ることはやめておいた方がよいでしょうね。私たちも必要な時に薬を飲む（薬で心身が楽になる）ように，本人が不安をコントロールできない苦しさの中にいるのであれば使う方法もありますが，**薬に頼るのではなく，うまく活用する方法を考えてみた方がよいでしょう。**

　具体的には，これまで3カ月に1回だった認知症専門医への受診を当面増やし，医師の指示の下，薬をうまく活用していくことを考えてみましょう。

真くん：薬で抑制するのは逆効果ですし，薬の効果はケアの在り方に左右されると思います。

幸さん：それは分かっているんですけど，つい腹が立って蟹江さんに強く当たってしまうんです。でも，結局そのような援助者のネガティブな対応は何も良い効果を生まないし，良い方向に向かうためには，蟹江さんの思いに沿ったかかわり方を考えるしかないのでしょうね（**資料23**）。

ポイント

- **本人の思いに沿ったかかわり方を考えましょう。
ネガティブなケアからは良い効果は生まれません。**
- **薬は頼るのではなく，うまく活用する方法を考えましょう。**

資料23 蟹江さんのケアの方向性を探る展開図

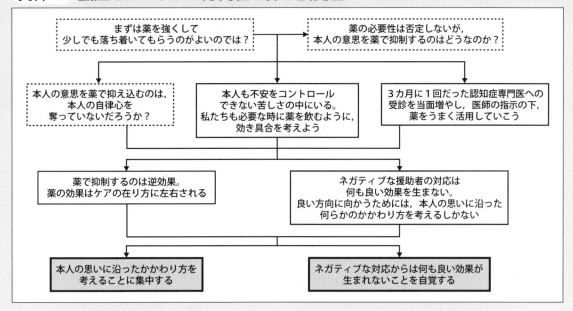

尊敬され信頼される存在にならなければならない

天川SV：蟹江さんは外へ出たら危険な行動を取ることが度々あることから，極力外に出したくないという気持ちは十分に分かります。一緒についていくのも大変だし，ケアスタッフだって危険な場合があります。しかし，蟹江さんの立場で考えた場合，どうでしょう？　外に出たい，帰りたいのにそれを強引に止められる。まして，部屋に閉じ込められたら，どんな思いになるでしょう？　一時的という考えにせよ，蟹江さんにとって落ち着くことにつながるでしょうか？　その結果，長期的に見て，信頼関係が崩壊するということになるかもしれません。これはケアスタッフを責めているのではありません。素直に蟹江さんの立場になって考えてみましょう。

真くん：うその言葉でも本人が安心する場合もあるので，一概にいけないことと断定することはできないと思います。けれど，相手が認知症の人だから分からないだろうとうそをつく姿勢は，やはり人を見下していることになると思います。うそやごまかしを多用すると，いつしか認知症の人の尊厳を踏みにじる結果になると思います。「認知症の人」である前に，「一人の人」としての視点を忘れないでいたいです。

幸さん：家族とも話を詰めておく必要がありますよね。

天川SV：そうですね。家族には蟹江さん本人にどのような生活を送ってもらいたいのかを今一度確認する必要があります。ただし，私たちのしんどさを理解してもらうことが話の主体にならないよう注意しなければならず，また家族に押しつけるようなことをして責任転嫁をすると家族ともこじれてしまうので，蟹江さんのケアにリスクが伴うことについては他のケアスタッフも交えて話をしていきましょう。

資料24 蟹江さんと援助者の尊厳を守るケアを探る展開図

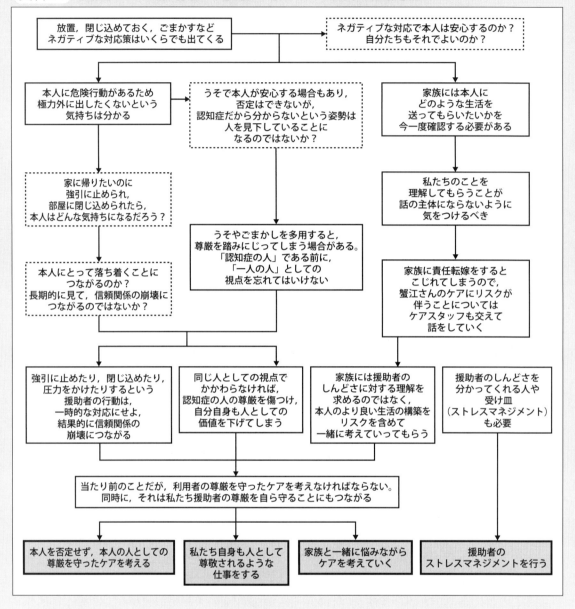

幸さん：分かりました。

真くん：結局のところ、強引に止めたり、閉じ込めたり、圧力をかけたりするという援助者の行動は、一時的な対応にせよ、信頼関係の崩壊につながると思いますし、同じ人としての視点でかかわらなければ、相手の尊厳を傷つけ、自分自身も人としての価値を下げてしまいます。

　あと、家族には援助者のしんどさに対する理解を求めるのではなく、本人のより良い生活の構築をリスクを含めて一緒に考えていってもらうことが大切ですね。ただし、援助者のしんどさを分ってくれる人や受け皿、ストレスマネジメントも必要だと思います（**資料24**）。

> **ポイント**
>
> ● うそをつく対応ではなく、「認知症の人」である前に「一人の人」としての視点を忘れてはなりません。
> ● 本人を否定せず、人としての尊厳を守ったケアを考えましょう。また、私たち自身も人として尊敬されるような仕事をして、家族と一緒に悩みながらケアを考えていきましょう。
> ● 援助者のしんどさを理解してもらおうとしたり、家族に責任を押し付けたりするような対応は慎みましょう。本人のより良い生活の構築を一緒に考えてもらうことが大切です。
> ● 援助者のストレスマネジメントも必要です。

天川SV：「私たちの方から先に誘って出てみるというのはどうか」という意見がありましたね。受け身ではなく、こちらからアプローチしていこうとする姿勢は、蟹江さん本人にとっては自分に対して関心を持ってくれているという思いにつながるかもしれません。

真くん：信頼感が出てくれば、信号無視の時に止めることや危険でない方に誘導することなど、少しは理解してくれるかもしれませんよね。蟹江さんが不安な状況なら、なおさら有効のように思われます。

幸さん：誘導に従ってもらうためには、援助者は強引に止める人ではなく、不安な時に信頼できる人という存在にならなければならないと思います。そのためにも、積極的に働きかけるというのは有用だと思うのです。

天川SV：信頼関係を得るために、援助者から積極的にアプローチする方法を検討していくということですね（**資料25**）。ただし、頭を一度真っ白にしないと、どうしても困り事への対応が先行して頭に浮かんでしまいます。ケアの見直しに向けてスタートラインに立つことの難しさを感じます。

生活する上での楽しみになるよう目標を変えていく

天川SV：もう一つ、「他の入居者と一緒にドライブに出かける」という話もありましたね。

真くん：単に外出についていくというパターンだけでなく、こちらから積極的にアプローチして、ドライブなどに誘ってみるのは、当面の方法としては良い考えかもしれ

資料25　蟹江さんにとって援助者が信頼できる人となるためのケアを探る展開図

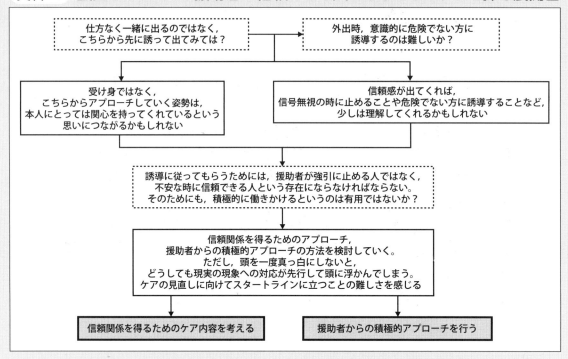

ないと思いました。本人にとっても，いつもとは違う刺激になると思います。しかし，蟹江さんの本来の思いに即したものかと言えばそうではなく，紛らわすための方法とも言えるかもしれませんが…。

幸さん：私も，先ほどの意見の整理にもあったように，援助者からの積極的アプローチは，受け身よりもずっと良いのではないかと思います。実際にやるとなると，援助者の配置など，いろいろと課題も多いと思いますが…。

天川SV：目先を変える，紛らわすという形からのスタートになるかもしれませんが，ドライブが持つ本来の意味から言えば，どこか違う場所へ行ける，あるいは景色を見るという楽しみを感じられるものということになります。蟹江さんの場合，その帰宅願望を単に紛らわすためのものではなく，このホームで生活する上での楽しみになるよう，目標を変えていく必要があります。ただ，必ずしも蟹江さんの思いを受け止めながらというものではないので，当初は拒否されたり，あるいはホームに帰ってきたら再びいつもの不穏な蟹江さんに戻ったりする可能性もあります。

幸さん：ドライブとなると，援助者の配置や他の入居者へのケアなど業務上のスケジュールの調整も必要かもしれませんね。毎日というわけにはいかないでしょうが，単に紛らわすためのものでなく，蟹江さんにとって心が潤う時間を少しでもつくることができれば何よりです。

真くん：ドライブは，蟹江さんだけでなく，他の入居者と一緒に行くことでその娯楽性が増すと思います。業務をうまく調整して，出かける時間をつくり出すこと，そして

資料26　蟹江さんにドライブによるアプローチを行う場合の展開図

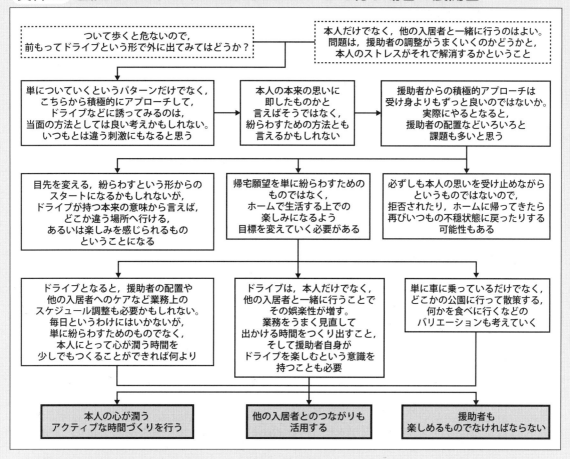

　援助者自身がドライブを楽しむという意識を持つことも必要だと思います。さらに，単に車に乗っているだけでなく，どこかの公園に行って散策する，何かを食べに行くなどのバリエーションも考えていくことができればよいと思います（**資料26**）。

- 本人からの信頼を得るためにも，援助者からの積極的アプローチの方法を検討しましょう。
- 生活する上での楽しみになるような目標を考えましょう。

「ひもときシート」を基にした簡易版の活用

――数日後…。

幸さん：今一度，蟹江さんへのかかわり方を見直そうと具体策を検討し始めた矢先，蟹江さんの状態をさらに悪化させることが起こってしまいました。

天川SV：何があったのですか？

幸さん：その日の夕方はいつもよりケアスタッフが1人少なくて，2人いるケアスタッフは2人とも夕食の準備に追われていました。蟹江さんはいつものように荷物を持って玄関へ行き，「出して！」とドアをたたき始めたのですが，ケアスタッフに余裕がないため，誰も蟹江さんについて外へ出ることができず，蟹江さんにかかわらずにいました。すると，ますます蟹江さんの声とドアをたたく行為がエスカレートしていきました。

　この時，Aケアスタッフがついイラっとしてしまい，「いい加減にしてください！今日は外に出ていくことはできません！」と蟹江さんに対して厳しい口調で怒ってしまったのです。蟹江さんは一瞬顔をこわばらせた後，玄関ドアの前にしゃがみ込み，大声で泣き始めてました。夕食の準備ができ，声をかけても，蟹江さんはドアの前にしゃがみ込んだまま泣き続け，失禁もしてしまう状況でした。夜遅くになってようやく自室まで誘導できたのですが，泣き声は数日続くことになりました。また，これまでは少なくともケアスタッフの呼びかけには応答していた蟹江さんでしたが，呼びかけを無視するようになりました。

天川SV：つまり，以前に話し合った時にたどり着いた「援助者の本人に対する圧力をかけるような行動は信頼関係の崩壊につながる」というネガティブな結果が証明されたことになってしまったわけですね。

幸さん：Aケアスタッフも，「この仕事に自信をなくした」と同僚に漏らしていて，元気がなくなってしまいました。ちなみに，Aケアスタッフはケアの見直しの話し合いには参加してはいませんでしたが，話の内容は伝えていました。

天川SV：なるほど。ここは，蟹江さん「本人の視点」に接近することから始めなければ根本的解決にならないと思われるので，やはり「ひもときシート」を使ってケアの見直しを考えてみましょう。ただし，できるだけ短時間に蟹江さんへのかかわり方を詰めていきたい状況なので，**「ひもときシート」簡易版**を使って蟹江さんの思いに接近し，ケアの見直しを行っていきましょう。

幸さん：「ひもときシート」に簡易版があるのですか？

天川SV：「ひもときシート」は，教育的ツールとして，あるいはスーパービジョンのための材料として非常に効果的なものです。また，どちらかというと，じっくりと時間をかけて気づきを促して新たなケアの構築につなげるものとなります。

　しかし，できるだけ早く「本人の視点」に立ったケアの見直しを始めたい場合や，「ひもときシート」のA・B欄について既にケアスタッフが自覚している場合は，シートを少し簡略化した形で使用することが可能です。具体的には，A・B欄を省略し，センター部の「思考展開エリア」をまとめ（**表2**），E・F欄を付けたものです（**資料27**）。基本的な思考展開法は「ひもときシート」と変わりありません。現状の

表2 「ひもときシート」と簡易版の項目の関係

「ひもときシート」簡易版の項目	「ひもときシート」の項目
①本人の身体的状況	（1）病気の影響や飲んでいる薬の副作用
	（2）身体的痛み，便秘・不眠・空腹などの不調による影響
②本人の精神的状況	（3）悲しみ・怒り・寂しさなどの精神的苦痛や性格などの心理的背景による影響
③本人に影響を与える人的環境	（5）家族や援助者など，周囲の人のかかわり方や態度による影響
④本人に影響を与える生活環境	（4）音・光・味・におい・寒暖などの五感への刺激や苦痛を与えていそうな環境
	（6）住まい・器具・物品などの物的環境により生じる居心地の悪さや影響
⑤本人の生活スタイル・生活歴の影響	（7）要望・障がい程度・能力の発揮とアクティビティ（活動）とのズレ
	（8）生活歴・習慣・なじみのある暮らし方と現状とのズレ
⑥本人のストレングスの活用状況	（6）住まい・器具・物品などの物的環境により生じる居心地の悪さや影響
	（7）要望・障がい程度・能力の発揮とアクティビティ（活動）とのズレ

資料27 「ひもときシート」簡易版

	現在の状況	その原因・背景・根拠	本人の視点（思い）	考えられるケア
①本人の身体的状況				
②本人の精神的状況				
③本人に影響を与える人的環境				
④本人に影響を与える生活環境				
⑤本人の生活スタイル・生活歴の影響				
⑥本人のストレングスの活用状況				

確認を行った上で，その原因・背景・根拠を探り，「本人の視点」に立って考えます。

簡易版の「本人の視点（思い）」の部分は「ひもときシート」のE欄に該当します。その「本人の視点（思い）」を基にケアを考えていくのがその次の「考えられるケア」で，これは「ひもときシート」のF欄に該当します。この「考えられるケア」は，次のステップである「ケアの優先順位を決めるマトリックス」と「6W2H」を検討する段階で，さらに具体化させていきます。

幸さん：「ひもときシート」の思考展開エリアの項目は8項目なのに対し，簡易版は6項目なのですね。

天川SV：「①本人の身体的状況」は「ひもときシート」の思考展開エリアにおける（1）（2）の項目に該当します。「②本人の精神的状況」は（3）に該当し、重要な項目で、他の項目とも関連性があります。「③本人に影響を与える人的環境」は（5）に該当しますが、②と同じく、他の項目との関連性が強いものとなっています。③は特にケアスタッフとの関係性がクローズアップされてくるところになります。

「④本人に影響を与える生活環境」は（4）（6）に該当します。人的環境以外のものはここに該当します。「⑤本人の生活スタイル・生活歴の影響」は（7）（8）、特に（8）に該当する項目です。「⑥本人のストレングスの活用状況」は（6）（7）に該当しますが、⑤とのオーバーラップが考えられる項目になっています。

このように、現状を押さえ、背景を探り、「本人の視点」に立って、新たにケアを考える内容は、簡易版であっても、「ひもときシート」を踏襲したものとなっています。

幸さん：「本人の視点」に立ったケアを見直していくという点は同じですね。

天川SV：簡易版の項目に沿って、蟹江さんへのケアの見直しについて考えてみましょう（**資料28**）。

> **ポイント**
>
> できるだけ早く「本人の視点」に立ったケアの見直しを始めたい場合などは、「ひもときシート」を少し簡略化した形の簡易版で考えていくことも可能です。

マトリックス図を使ってケアの優先順位を決める

天川SV：最初の話し合いで出てきた意見と「ひもときシート」簡易版から出てきた「考えられるケア」を合わせて、まずは「今すぐできること」、あるいは「行わなければならないこと」をピックアップするために、**ケアの優先順位を決めるマトリックス図**（P.25参照）を使ってみましょう。

幸さん：優先してすぐに実践することと、時間をかけてゆっくりと実践することに分けて考えるということですね。

天川SV：そうですね。重要度の高いケアを「今すぐできる（行う）こと」の領域と、「計画をしっかりと立てて行うこと」の領域に分けて考えます。「今すぐできる（行う）こと」は、フラッグシップとなる理念の徹底が当然含まれます。認知症の人の尊厳を守るかかわりは何よりも優先されるべき事柄となります。「計画をしっかり立てて行うこと」は、言葉どおり、そのための計画表を作成し、それを基に実行に移していか

資料28 「ひもときシート」簡易版を使って蟹江さんのケアを見直そう

	現在の状況	その原因・背景・根拠	本人の視点（思い）	考えられるケア
①本人の身体的状況	最近は膝関節が痛い様子。足をひきずったり、ひきずったりしている	・歩き過ぎも要因か ・少し体重があるのも影響しているのではないか	・歩くと痛いので不快 ・でも、歩かなければ家に帰れない	・歩く時間を減らす ・整形外科を受診する ・ダイエットをする
②本人の精神的状況	とてもいら立ち、怒りと悲しみが入り混じった混乱した状況	・ここは自分の家ではないという認識 ・誰も自分のことを分かってくれない寂しさ ・なじめない生活	・心が落ち着く生活をしたいが、ここでは落ち着けないから娘のいる家に帰りたい ・そんな私のことを分かってほしい	・不安やいら立ちを受け止める ・安心して暮らせるようになるためのアプローチを行う ・ストレングスを活用した気分転換を図る ・一時帰宅を行う
③本人に影響を与える人的環境	・ほとんどの場合、ケアスタッフとの関係 ・他の入居者とのトラブルはない ・家族の面会は少ない	・「大変な人」としてケアスタッフが見てしまう隙間のある関係 ・自分のことを分かってくれない人たち ・娘と会えない寂しさ	・ここの人は私を止めるだけで、誰も理解してくれない。娘に会いたい。会って話をいっぱいしたい	・ケアスタッフの本人の思いをうまく受け止める姿勢、技術を向上させる ・娘の面会を増やす
④本人に影響を与える生活環境	自室にいることはあまりなく、リビングでも悪影響を与える環境はないと思う	今は帰ることに意識が集中しており、周辺の環境は気になっていないかもしれない	ここで生活したくないから関係ない	心が落ち着くための環境整備を行う（観葉植物や穏やかな音楽など）
⑤本人の生活スタイル・生活歴の影響	・早寝早起きは今も変わりない ・料理や掃除をする機会はない	・生活スタイルは保たれている ・生活歴に関する表出は今のところない	好きな時間に起きて、好きな時間に眠れるのはよいけれど、それだけしかない	・生活スタイルを維持する ・生活歴のエピソードからの掘り起こしを行う
⑥本人のストレングスの活用状況	不穏が続いているため、料理や掃除へのアプローチはできていない	家に帰りたい一心で、自分の好きだったこと、落ち着くことに意識が行っていない	料理や掃除を手伝うどころではない。それは家に帰ってからがやらなければ	ここで安心して暮らしていけるという思いに少しでもなりそうな時にストレングスにアプローチする

なければなりません。少し煩雑な課題や時間がかかりそうなもの、あるいはタイミングを計らなければならないものなどはこの項目に入れます。

また、提示された「考えられるケア」から、「既に行っていること」はそのまま継続して優先的に行っていき、「余裕ができたら行うこと」は優先順位の最後尾ということになります。**速やかにケアの見直しを行うためには、やみくもにケア項目を挙げるのではなく、このようにマトリックス図を活用して優先順位を決めてください**（**資料29**）。

そして、抽出されたケア項目から、さらに具体的内容を考えて展開していきます（**資料29**の矢印で示した部分）。また、この具体的内容でより細かく取り決めておきたい項目については、「6W2Hシート」に落とし込んでいきます（**資料30**）。

重要度の高いケアを「今すぐできる（行う）こと」「計画をしっかりと立てて行うこと」に、それ以外のケアを「既に行っていること」「余裕ができたら行うこと」に分類するなど、優先順位を検討するためにマトリックス図を活用します。

蟹江さんへのアプローチとその後

天川SV：その後、蟹江さんへはどのようなアプローチを実施し、どのように経過していきましたか？

幸さん：最初に取りかかったのは優先度の高い項目で、本人の尊厳を守り、できるだけ蟹江さんの思いに即したケアでした。特に優先度の高いケアを実施した経緯とその後の経過は次のとおりです。

蟹江さんに対して新たに考え直されたケア内容の中心となったのが、「コンタクトパーソン」*と「傾聴ボランティア」の導入、そしてドライブという具体的行動を含めた「ケアスタッフからの積極的声かけ」という、いずれも「本人の思い」から考え出されたものでした。

＊**コンタクトパーソン**：スウェーデンで始まった制度で、ケアを必要とする障がい者や高齢者の外出に付き添う人のことを言う。しかし、単なるガイドヘルパーではなく、当事者の思いや望みに寄り添いながら、親近感のある存在として当事者の社会参加を支援するという大切な役割がある。日本でも、一部で「コンタクトパーソン」による社会参加を支援しているところがあり、認知症の人にかかわる施設においては、認知症の人の不安緩和やそのための信頼関係の構築を目的に「コンタクトパーソン」を配置しているところがある。

資料29　マトリックス図で蟹江さんのケアの優先順位を決めよう

重要度 高

早く実践すべきケア

〈今すぐできる（行う）こと〉
- 不安や訴えを受け止める（否定しない、怒らない）理念の徹底
  → **積極的に援助者から外出に誘う**
  → 勤務体制の見直し
  → **傾聴ボランティアの導入**
  → **コンタクトパーソン役のパート職員をつける**
  → ドライブなどによる気分転換
- 家族との共同歩調（一緒に本人のより良い生活を考える）
  → 面会回数を増やすよう相談する
  → 優しく気遣った声かけを行う
- 外出の付き添い
  → 安全面からの危険回避行動は仕方がない
- 認知症専門医の受診
  → 心身の状況を細かく把握（当面2週間に1回受診）
- 整形外科の受診
  → 膝の痛みの軽減

時間をかけて組み立てるケア

〈計画をしっかり立てて行うこと〉
- 不安を受け止める全援助者の技術の向上
  → **研修受講→全職員へ伝達**
  → 援助者同士のロールプレイの実施
  → 第三者からの観察
- 家族との共同歩調
  → 外泊の検討
  → 料理や掃除に誘う
- 生活歴やストレングスの活用
- 援助者のストレスマネジメント
  → スーパービジョンの導入

〈既に行っていること〉
- ライフスタイルの維持（寝起きの時間）
  → これまでどおり、本人の好きな時間での寝起きの保障

〈余裕ができたら行うこと〉
- リビングなどの環境整備
  → 音楽の効用の検討
  → 観葉植物の配置
- ダイエットによる膝の痛みの軽減
  → おやつの量のコントロール

重要度 低

※太字は6W2Hシート（資料30：P.100）でさらに検討する項目

資料30　蟹江さんの特に詳細を決めるべきケアを6W2Hにまとめよう

本人の思い	不安や訴えを受け止めてほしい				
実践するケアの内容	コンタクトパーソンの導入によるかかわりを深めるケアの実践	傾聴ボランティアの導入によるかかわりを深めるケアの実践	ドライブによる心が潤う時間をつくる	援助者から積極的な声かけを行い，信頼関係を築く	援助者のスキル向上に向けた研修への参加
その方法，手段	夕方の時間帯のパート職員の導入による外出の付き添い	ボランティアグループと相談。話をじっくりと聴いてもらう	・乗用車もしくはマイクロバスにて2人体制で行う ・勤務表を調整する	日常的に明るく声かけをし，こちらから外出を呼びかける	コミュニケーション法の研修など，リーダーが参加して伝達する
誰と協力するのか	当日の勤務職員	当日の勤務職員	出先で知り合った人	当日の勤務職員	全職員 管理者
時間	週2～3回 午後4～6時	午後の約1時間 おやつの時間など	午後3～6時の間で	・声かけは時間に関係なく行う ・外出はおやつ後	
場所	本人と共に	リビング，自室など	走るだけでなく，降りて公園やスーパーの散策もする	場所は問わず	
期間，予算	当分の間	当分の間	当分の間	ずっと継続	入居者の生活の向上につながるので継続的に
担当者	調整役として，フロアリーダーとケアマネジャー	調整役として，フロアリーダーとケアマネジャー	フロアリーダー 当日の勤務職員	全職員	フロアリーダー 管理者

◆コンタクトパーソンの導入

　夕方の蟹江さんの外出時間だけサポートし，寄り添ってもらうスタッフとして，「コンタクトパーソン」の導入を試みました。蟹江さんの思いを理解し，アクシデントにも対応できるような人でなければ務まらず，夕方の3時間ほどだけ来てもらえ，さらにスキルの高い人を探すのは至難の業と思われました。しかし，たまたまホームに遊びに来た定年退職した女性ケアワーカーが引き受けてくれることになり，毎日とはいかないものの，蟹江さんの外出の付き添いが開始されました。

　当初は，蟹江さんが無視するような感じでしたが，コンタクトパーソンのソフトな対応に少しずつ心を開くようになりました。以前は，ケアスタッフがついていくと非常に嫌がられていたのですが，3カ月後には外出時のパートナーのような存在となり，一緒について歩くのがごく普通の光景になりました。

　このように，本人のパートナーのような存在になることが，まさしくコンタクトパーソンの役割と言えるのではないでしょうか。

◆傾聴ボランティアの導入

　次に，蟹江さんの心の不安を少しでも解消するために，蟹江さんの話を聴いてもらう存在として，地元の傾聴ボランティアグループに来訪を依頼しました。本来ならケアスタッフがやるべきことですが，時間に余裕がなく，スキルも不十分な状態であり，また蟹江さんだけでなく他の入居者にもかかわってもらえればという思いがありました。

しかし，傾聴ボランティアが，認知症の人とのかかわり，特に蟹江さんのように不安定な状況にある人とのかかわりで会話の糸口をうまくつかめず，蟹江さんもボランティアを避けるような状況でした。ボランティアは，落ち着いている他の入居者とは上手に接するようになっていましたが，蟹江さんに対しては，今もうまく話ができないような状況です。これには，話を聴こうとする態度が前に出過ぎて，かえって蟹江さんの心が引いてしまうところがあったのかもしれません。

しかし，傾聴ボランティアは毎週欠かさず来訪され，その都度，蟹江さんとコミュニケーションを持とうと努力されているので，蟹江さんとも徐々に打ち解けていくのではないかと思われます。じっくりと継続していくことも必要なことと考えています。

◆ケアスタッフからの積極的な声かけとドライブへの誘い

ケアスタッフの蟹江さんへの積極的な声かけは，まず本人が「家へ帰るから出して！」と言う前に，ケアスタッフから「散歩に行きましょうか」と声をかけて出てみるというものでした。しかし，ケアスタッフの中には，かえって外出を増長することになるのではないかと考える人もおり，全員が必ずしも積極的に行ったとは言えませんでした。主にコンタクトパーソンが休みの時などに実施しました。

ケアスタッフからの声かけによる外出では，蟹江さんは不穏状態になることはあまりなく，喜んで外出されるというような状況でした。その分，外出時間が長くなり，迎えの車が来てもなかなか乗ってもらえないなど，苦労することが増えた部分もあります。

声かけは，外出の時だけでなく，普段の生活の中でもしっかりと行い，ケアスタッフとの信頼関係の構築につなげていきました。

この外出への声かけと相まって増えていったのがドライブへの誘いでした。当初は，自分の家に帰るから連れていってという訴えを盛んに繰り返し，歩くのが車に代わっただけで，ホームに帰っても再び出ていこうとされるなど，ドライブはその場しのぎの対応になっていました。しかし，ケアスタッフが積極的に声をかけてくることに気がついたのか，蟹江さんは少しずつその声かけに関心を示すようになりました。特に他の入居者数人と行くワゴン車でのドライブではなく，小型自動車の後部座席にケアスタッフと座って行くドライブでは，娘さんの思い出話をするなど，単に「家に帰る」を繰り返すのではなく，記憶に残っている思い出を語るようになっていきました。公園へ行けば，自宅を探すのではなく，ケアスタッフと一緒に散策するようになり，蟹江さんの心が和む時間に少しずつ変わっていきました。

◆家族への働きかけ

娘さんとのかかわりでは，ケアスタッフがどれだけ苦労しているかということを出すようなことはせず，まずは娘さんの思いを聴くところから始めました。

娘さんはたった1人の子どもということもあって，母親への思いは強いものの，生活

は厳しく，蟹江さんの利用料の一部も負担している状況で，また自分の子どもの養育もあり，ゆっくりと面会してあげたいがなかなか時間が取れないという思いをまず傾聴しました。

　ホームの管理者は，蟹江さんもいつも娘さんのことを思っており，娘さんのことが心配で家へ帰ろうとされているという，蟹江さんの子どもを思う気持ちを伝えるようにしました。その言葉に娘さんは涙し，少しでも時間を見つけて来るようにしますと話してくれました。

　ケアスタッフの大変さを解決するためではなく，親子が共に過ごす時間を少しでも多く持つことで，蟹江さんが穏やかになれるなら，結果としてケアスタッフの安心にもつながることになると思います。

◆受診

　認知症専門医を2週間に1回受診するというだけで，ケアスタッフの安心感が増したところがあります。特に強い薬などを追加したわけではなく，蟹江さんも病院に行くことを嫌がりません。むしろ，精神的不安感を受け止めてくれる人として，担当専門医のことを受け入れているようです。

　整形外科への受診では，とにかく過度に歩くことはせず日常生活範囲内でと注意を受けているのですが，蟹江さんには難しい課題でした。3カ月後には，常に膝に手をやり，立ち止まることも多くなりました。歩き過ぎた結果として，行動範囲が狭まったと言えます。

◆外出時の対応

　今回，蟹江さんの外出時の対応についても話し合われ，声かけの仕方，誘導の仕方など，どのような方法が有効なのか，自分たちでもロールプレイで勉強するところまで行きました。目標として，非常勤のコンタクトパーソンにすべて任せるのではなく，常勤ケアスタッフも同等の対応ができることを掲げました。そのため，時にはコンタクトパーソンがホームに残り，常勤ケアスタッフが一緒に外出についていくという日もつくるようにしました。

◆ケアスタッフが不足している時の対応

　ケアスタッフが一番迷ったのが，勤務の関係で蟹江さんの外出に付き添うことができない時の対応をどうするかということでした。蟹江さんの精神的に不安定な状況を減らしていくためのアプローチが実行され始めたのですが，すぐには効果が出ないので，とりあえずの対応が考えられました。ケアスタッフがいようがいまいが，蟹江さんは外出したくてイライラを爆発させるので，対応するケアスタッフがいない場合は「今日は外出についていけない」ことをしっかりと説明し，ひたすら謝まるということが話し合われました。

　ケアスタッフが怒ると蟹江さんはかえって興奮されることが分かっていたので，そのようなケアスタッフはいませんでしたが，謝まることが不慣れなケアスタッフは，放置

したり，無視したりすることがありました。しかし今は，何らかの声かけをするかしないかで，蟹江さんの不安定な状況にも違いがあり，無視はますます状態を悪化させるということが全ケアスタッフに浸透しつつあります。怒ったり，無視したりするとかえって状況は悪くなり，その結果，ケアスタッフのストレスが増したり，仕事量が増えたりすることが分かってきたとも言えます。

　なお，これらの優先度の高いアプローチはすぐに実践するものになりますが，この次には「時間をかけて組み立てるケア」を実践していくことになります。蟹江さんの気持ちにゆとりが生まれてきたら，元々好きだった料理や掃除への働きかけ，そしてケアスタッフの計画的な研修受講などがこの後検討されていきました。

天川SV：ありがとうございました。蟹江さんへのケアの見直しのスタートラインは，とにかく蟹江さん「本人の思い」に寄り添う時間を少しでもつくり，ケアスタッフとの信頼関係を構築することで，ホームが蟹江さんが安心して暮らせる場所になってほしいというものでした。その中でいくつかのアプローチが優先的に導入されたということですね。「コンタクトパーソンの導入」「ドライブへの誘い」「家族による支援」などを通じて，蟹江さんの心が少しずつ和らいでいったと言えます。

　気をつけるべき点は，いずれのアプローチも，蟹江さんの心に寄り添う姿勢を忘れずに行わないと，単なるケアスタッフが楽になるための対処法に終わってしまう場合があることです。そうならないためにも，「本人の思い」に即したケアを実践することを必ず基盤に置くことを忘れてはならないでしょう。蟹江さん自身にも意思を確認することを忘れないようにしてください。

　結果的には，「ケアスタッフ数が少ない時にどのように対応するか？」に対する意見である「怒ったり，無視したりすると，良い結果を得られるどころか，かえって悪い結果になる」という点が，ケアの見直しを行う上での基本的視点になったと言えます。さらに，「ケアスタッフの配置の関係で外出についていけない」という事実をありのままに伝えるということは，同じ人として話をするという極めて大切なところを押さえていると思います。このように**「同じ人としてコミュニケーションを行う」ことが認知症ケアにとってとても重要なことであり，それなくしてケアの見直しはできない**とも言えるでしょう。

幸さん：3カ月後，蟹江さんは相変わらず夕方近くになると玄関の前で外出を待ちますが，以前ほど不安定になることはなく，静かに待っている時もあります。また，外に出られない日でも大騒ぎすることは少なくなりました。以前は外出時，ケアスタッフを寄せつけずに歩いていかれましたが，今はケアスタッフが一緒にいることを求める

ようになりました。しかし，膝の痛みからか行動範囲は狭くなっています。

　さらに，外出と共にドライブの時間も楽しまれるようになり，他の入居者と一緒のお出かけもできるようになってきました。当初のことを思うと，かなり落ち着かれました。同時に，あたふたするだけだったケアスタッフも落ち着いてかかわることができるようになってきました。ケアの見直しによる相乗効果と言えるかもしれません。

> **ポイント**
>
> 絶対忘れてはならない，ケアスタッフにとって大事なことは，困った認知症の人としてではなく，同じ人としてコミュニケーションを行うことです。

カンファレンスルーム❹

認知症の人のさまざまな行動の意味の深淵に迫る〈その3〉〜「帰宅願望」

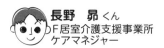
長野　昴くん
F居室介護支援事業所
ケアマネジャー

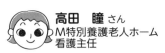
高田　瞳さん
M特別養護老人ホーム
看護主任

吉川　幸さん
Aグループホーム
ケアワーカー

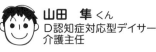
山田　隼くん
D認知症対応型デイサービス
介護主任

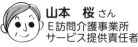
山本　桜さん
E訪問介護事業所
サービス提供責任者

◆帰宅願望の背景

天川SV：施設やグループホーム，デイサービス，あるいは自宅であっても，介護者が対応に苦慮する認知症のある人の行動の一つに「家に帰りたい」「家に帰らせて」という「帰宅願望」があります。もちろん，一人ひとりその行動や言葉は違うのですが，基本的に「帰宅願望」という意思行動でまとめられています。「家に帰りたい」…，その行動と言葉が意味するものは何なのでしょうか？　なぜ多くの認知症の人は「家に帰りたい」と言われるのでしょうか？

　今回は，F居宅介護支援事業所のケアマネジャーの昴くんから，認知症の人の帰宅願望について皆さんと考えてみたいという提案があったので，M特別養護老人ホームから看護師の瞳さん，Aグループホームからケアワーカーの幸さん，D認知症対応型デイサービスから介護主任の隼くん，E訪問介護事業所からはサービス提供責任者の桜さんに参加してもらって話し合ってみましょう。

昴くん：私は単純に，施設などに入居した人の「自分の家に帰りたい」という思いから

の行動だと思っていました。でも，私が担当している糸川さん（仮名）は若年性認知症の女性なのですが，自宅にいるのに「家に帰る」と言って出ていかれるのです。糸川さんを見ていて，単純に施設という自分の家とは違う場所だからというわけではないのかもしれないと思いました。だって，自分の家にいても家に帰ると言われるのですから。

　　糸川さんの夫も「ここがお前の家やないか！」と本人に言われるのですが，それでも糸川さんは「家に帰る」と言って玄関から出ていかれ，結局道が分からなくなってしまいます。自分の家も認識できなくなったということなのかもしれませんが，私にはどうして自分の家にいても家に帰ると言って出ていくのかよく分からないのです。

瞳さん：認知症の人の帰宅願望は，私たちからすると困ってしまう行動の一つですが，施設で認知症の人がいるフロアなどは簡単には外に出られないようになっています。これは多くの入居者を少ない人数で見るには限界があるためです。外に出られないのであきらめる人が多いのですが，ケアスタッフが出入りする時をねらって外に出ようとする人もいて，そんな時は大変です。しかし，それ以外は帰宅願望を訴える人にそんなに困っていることはありません。

幸さん：グループホームは心や身体を縛りつけることは絶対やらないというコンセプトで，夜間以外は鍵をかけたりすることはありません。帰宅願望のある人へのかかわりは確かに大変ですが，一緒について外出するなど根気良くかかわれば，帰宅願望は徐々に減っていきます。ですから，心を縛りつけるような対応や行動を制限するようなケアが帰宅願望を生み出していると言えるんじゃないでしょうか？

瞳さん：施設では一緒について外に出るような余裕はありません。グループホームだからできることなのではないでしょうか？　残念ながら，認知症の入居者があきらめるのを待つしかないのが現状と言えるかもしれません。

隼くん：デイサービスでは以前，夫と２人で家にいるのが嫌だからと，迎えに行く前に家を出てしまい，捜し出された人がいました。しかし，夕方の送り時間は待遠しい様子で，自宅に送ると笑顔で家の中に入っていかれます。家に帰ること自体がうれしいのかもしれません。

昴くん：そう言えば，糸川さんも外に出て帰り道が分からなくなってしまい，保護されて家に帰ってきて，夫の顔を見たらすごく安心した顔をされていました。「ここにはいられない。家に帰る」と言って出ていかれたのに，出ていった家に帰ってきたらすごく安心した顔をされたのです。糸川さんの言う「家」って，一体何でしょうね？

桜さん：私が訪問している利用者の百武さん（仮名）は独居の方ですが，故郷に一度帰ってお墓参りをしたいとは言われますが，いわゆる帰宅願望で外に出ていってしま

資料31 「家」の持つ意味について考えよう

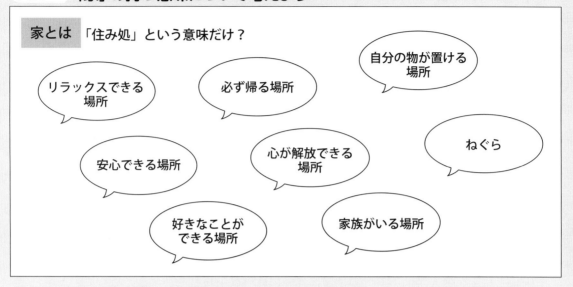

うということはありませんでした。何かしようと思って外に出て帰れなくなってしまったことはありますけど。

天川SV：なるほど。ここまでの皆さんの意見をまとめてみると，自宅にいても家に帰ると言って外へ出ていく人がいて，でも出ていった家に帰ると安心されるんですね。デイサービスの人も同じですね。グループホームでは，極力心と行動を制限するようなことはせず，一緒に付き合うようにしたら自然に帰宅願望が減ったということですね。一方，特養はそのような余裕もないというのが現状というところでしょうか。

では，そもそもなぜ家に帰りたいと思うのか，逆になぜその帰りたいという思いがなくなるのか，もう少し深く考えてみたいと思います。先ほども言ったように，個々に原因や理由は違います。そこで，認知症の人の言う「家」とは一体どのような意味を持つのかを考えてみましょう。

瞳さん：家の持つ意味ですか？　住み処という意味ではなくて？

天川SV：もう少し私たちの心身とのかかわりを考えてみましょう。まずは私たちにとって「家とは何か？」を考えてみます。分かりやすくするために，皆さんの意見をホワイトボードに自由に書いてみましょう。思いついたことを書き込んでください（**資料31**）。

◆「家」の意味

天川SV：皆さんに自由に「家とは何か？」を考えてもらいました。「リラックスできる場所」「好きなことができる場所」「安心できる場所」「心が解放できる場所」などは，家が「心身ともにくつろげる場所」であることを意味していますね。「家族がいる場所」というのは，単身者については考えどころですが，家族がいることが良い方向にも悪い方向にもどちらにも転がってしまう要素を含むとても繊細な部分かもしれません。

昴くん：家族がいることでかえって悪くなる人もいれば，その逆もあるし，悪い関係かと思ったらそうでもなく，見かけでは分からないきずなでつながっている場合もありますから，本当に気をつけて考えなければならないところですね。

天川SV：そうですね。ここでちょっとポイントにしたいのは，「必ず帰る場所」という意見ですね。なぜ人は家に必ず帰るのでしょうか？

幸さん：先ほどの「心身ともにくつろげる場所」だからではないでしょうか？

桜さん：動物的本能とも言えますが，私たちは子どものころから必ず家に帰るという生活を送ってきていますから，家に帰るのはごく普通のことではないですか？

天川SV：なるほど。その子どものころから身に着いている家に帰るという生活。当たり前のことですよね。習慣化しているとも言えます。そして，なぜ家に帰るのかというと，そこが「ねぐら」であるのはもちろんのこと，「心身ともにくつろげる場所」であるからということですね。

瞳さん：そのごく普通に行われていることを，なぜあえて取り上げて話さなければならないのか，私にはもう一つ理解できません。特養といっても，最近は終の住み処ではないですし，特養を家と同等にはできないんじゃないでしょうか？

幸さん：もしそうならば，特養の入居者は，家もなく，落ち着くところもなく，安心するところもないさすらい人ってことでしょうか？

瞳さん：そこまでは思っていませんが，家の代わりはできない，あくまでも仮住まいと考えた方が正しいと思います。

隼くん：確かにそうなのかもしれないけれど，やはり安心して寝泊まりできる場所がないのは不安だと思います。落ち着いて生活していける場所じゃないと，心がすり減っちゃうようなストレスにつながるのではないですか？

天川SV：なぜ家に帰りたいと思うのか，特養の状況から逆に見えてきたことがありますね。要するに，家は心が落ち着けて安心できる場所である。なぜそうなったのでしょうか？

桜さん：さっきも話しましたが，動物的本能かもしれませんけど，物心がついたころから必ず帰る場所だったからではないでしょうか。

天川SV：そうですね。子どものころからずっと必ず帰る場所，それが「家」ですね。家に帰れば，どんな格好でいようと，何をしようと自由であり，他人に気を使う必要もない。まさしく「リラックスできる場所」として家があるわけですね。特に子どものころに住んでいた家は深く記憶に残っていると言えますね。

昴くん：ということは，糸川さんの場合，自分が小さかったころに慣れ親しんだ家を思い浮かべていて，そこは安心できる場所で，そこへ帰りたかったということでしょうか。

幸さん：あ，つまり，糸川さんは「安心できる場所へ行きたい」と思ったのではないですか？　それが記憶に残る子どものころに住んでいた家だったかもしれませんが，今この時の生活が落ち着かない，安心できない状況だから安心できる場所へ行きたいと思い，それが「家」というシンボルとなって現れたのかもしれませんね。

昴くん：なるほど，確かに糸川さんの夫は妻の認知症を進行させたくないという思いでいっぱいで，あれをやれ，これをやれといつも命令口調です。そのたびに，糸川さんは理解ができず，不満そうな顔や不安そうな顔をされていました。きっと心が落ち着ける場所である「家」に帰りたかっただけなのでしょうね。

隼くん：つまり，帰宅願望は，その人の心が落ち着かない，安心できないという訴えであり，「私を安心させて」という訴えでもあるわけですね。

幸さん：これまでのかかわりから，入居者とのつながりができると，帰宅願望は確かに少なくなったように思います。少なくなったのであって，完全になくなったわけではありませんが。

天川SV：効果があったことは事実ですね。自分たちのかかわりによる効果は素直に評価してよいと思います。

昴くん：単に糸川さんの帰宅願望だけに気を取られるのではなく，そのような状況になっている今の家庭環境も見ていかなければなりませんね。糸川さんの場合，夫のストレスを受け止めることも考えないと，糸川さんの不安も取り除けないということですね。

天川SV：介護保険制度では介護者である夫のストレスを取り除くことは難しいかもしれませんが，家族会や認知症カフェなどを活用するという方法もあります。ケアマネジャーとしては，認知症の人の代弁者になることと介護者の思いを聴くことの2つの役割を担っていると言えますね。

ポイント

● 「家」は「安心できる場所」と考えることができます。

● 帰宅願望という現象にばかり気を取られるのではなく，本人の現状の生活に対するSOSとしてとらえましょう。

● 介護者がいる場合は，その介護者の思いを批判したり，否定したりせず，まずは受け止めましょう。

5

本人の行動の理由を本人の立場で分析する

　別々のフロアに居住する利用者の対立が問題となって，フロア間でケアスタッフ同士いがみ合う…，こんなことになってしまっては本末転倒です。

　別々のフロアに居住する夫婦のけんかがもとで，フロア間でケアスタッフまでもが対立してしまった要因は何なのか。私たちの目標とすることはどういったことなのかを振り返りながら，本人の行動の理由を本人の立場から分析してみたいと思います。

天川SV

登場人物

川崎　実 くん
C介護老人保健施設
ケアマネジャー

暴力行為のある利用者

　C介護老人保健施設に入居中の沖野フネさん（仮名）は，別のフロアに入居している夫の部屋に頻繁に顔を出し，夫を見つけてはののしったり，頭をたたいたりするなどの行為が見られたため，ケアスタッフが慌てて止めに入るということがたびたびあった。そのたびにフネさんは激怒し，「こんなところにはいられない！　家に帰る！」と言って玄関を飛び出していくため，ケアスタッフは戸惑い，フネさんに対し「対応の難しい困った人」というレッテルを貼ってしまっていた。さらに，フネさんがいるフロアのケアスタッフと，夫がいるフロアのケアスタッフとの仲も悪くなり，各フロアの間で板挟みとなったケアマネジャーが頭を抱える状態となった。

「本人の思い」からのケアを考えることができていない状態

天川SV：今回のケースは入居者のこともさることながら，ケアスタッフ間で不協和音が生じてしまっているということですね。

実くん：そ，そうなんです。もう，どうしたらよいか困ってしまって…。

天川SV：フネさんのことをもう少し詳しく教えてください。

実くん：あ，はい。フネさんは5歳年上の80歳の夫である修さん（仮名）と2人で在宅生活を送っていました。フネさんは脳血管性認知症と診断され要介護1，修さんは歩行が困難となり要介護3の認定を受けていました。夫婦には息子さんが1人いますが絶縁状態で，地域包括支援センターが後見人を申請し，2人とも同じデイサービスセンターに通い，修さんにはホームヘルパーも入っていました。1年前には特別養護老人ホームに入居申請を出していましたが，ここ半年ほどでフネさんの認知症がさらに進み，ひどい物忘れと共に，同じく認知症で最近は自立生活が難しくなった修さんのことを激しくののしるようになりました。また，ホームヘルパーに対する物盗られ妄想も怒鳴りつけるなどの激しさを増し，家に入れてもらえないような状況となり，ホームヘルパーの訪問が困難となりました。ケアマネジャーが思案していた時，たまたま別々のフロアに1室ずつ空きのあった当施設に急遽，2人とも入居することとなったというわけです。

　それにしても，まさかそれぞれのフロアのケアスタッフ同士がいがみ合うようなことになるとは思ってもいませんでした…。

天川SV：なぜケアスタッフ同士が対立するようなことになってしまったのですか？

実くん：フネさんが頻繁に修さんの部屋に来ては，修さんのことをののしったり，時には修さんの頭をたたいたりするものですから，そのたびに修さんのいるフロアのケアスタッフが止めに入るのですが，逆にフネさんに「夫婦のことに口を出さないで！」と激しく詰め寄られるとのことで，毎回対応に苦労しているようなのです。そもそもフネさんは別のフロアの入居者で，夫のフロアのケアスタッフからすると「どうして自分たちがフネさんの対応をしなければならないのか。私たちは修さんが安心した生活を送れるようケアしていきたいのに，フネさんがぶち壊しに来る。これは私たちの問題ではなく，フネさんのいるフロアのケアスタッフの問題だ！」ということで，フロア会議で話し合われて，フネさんのフロアのケアスタッフに文句を言いに行ってしまったのです。

天川SV：なるほど。修さんのフロアのケアスタッフはかなりのストレスをため込んでいたというわけですね。

実くん：そうなのだと思います。私もフロア会議には参加していましたが，まずはフネさんのフロアのケアスタッフと話し合ってみようということになったのですが，いざ修さんのフロアのケアスタッフがフネさんのフロアのケアスタッフのところへ行くと，話し合いではなく，文句を言うような状況になってしまいました。

天川SV：話し合うつもりが文句の言い合いになってしまったと。フネさんのことでかなりイライラしていたのでしょうね。フネさんのフロアのケアスタッフの様子はどうでしたか？

実くん：後からフネさんのフロアの主任である葛城さんが私のところに来て，「フネさんが修さんのところに行くのは止められない。無理に止めようとすると激怒される。フネさんの意思なのだから仕方がない。なのに，なぜ文句を言われなければならないのか」と不満を訴えました。そのため，両フロアのケアスタッフ同士がぎくしゃくするような事態に陥ってしまったのです。

天川SV：なるほど。フネさんの行動がケアスタッフの足並みを狂わすところまで影響して，なお一層のストレスを両フロアのケアスタッフが抱えるようになったのですね。そのことで改めて話し合いの時間を持ちましたか？

実くん：はい。両フロアのケアスタッフに出てもらって，フネさんのことを話し合うケアカンファレンスを行ったのですが，フネさんへの対応を話し合うというより，そっちのケアスタッフがこんなこと言った，いやそっちだって全く分かっていないと，お互いの主張がぶつかるだけで，結局「フネさんには困ったものだ」「フネさんだけ別の施設へ行ってもらってはどうか」という意見が出てきて，両フロアのケアスタッフから私が迫られました。私はもっとフネさんへのアプローチの仕方を考えたかったの

ですが，ケアスタッフが抱えるストレスを考えるとうまく言葉にできませんでした。

天川SV：フネさんのことを考えるケアカンファレンスにしたかったけれど，そうはならず，それどころかフネさんを別の施設にという話にまでなってしまったのですね。確かに実くんが言うように，フネさんへのアプローチを考えるより，自分たちの大変さだけを訴えている状況と言えますね。このままではお互いが対立するだけで，その解決策としてフネさんを別の施設に移すという，結局援助者側の都合で話が進められているということですね。

実くん：そうなんです。フネさんがなぜいつもイライラしているのか，なぜ修さんに対して暴言を吐いたり，暴力を振るったりするのか，その辺りの背景について考えてみようという視点が持てず，その結果，フネさんの気持ちを考えた上での話し合いが全然できないのです。

天川SV：分かりました。では，ここで整理してみましょう。ケアスタッフの混乱や不満が先に立ち，「本人の思い」からのケアを考えることができていない状態の時，まずは自らの職場の理念に立ち返り，そのために何ができるかという視点で考えるといった基本的なことからしっかりとやっていきましょう。この**私たちの仕事における理念をないがしろにすると，すべてのケア内容が不適切なものへとつながっていく**ということを意識しましょう。

「目標」と共にあるべき「本人の思い」を明確化していく

実くん：具体的にはどのような手順で考えていけばよいでしょうか？

天川SV：考え方を示したものが図5で，「現状」と「目標」をシンプルに対比させています。

実くん：「現状」から「目標」に向けた改善策を考えていくということですね。

天川SV：簡単に言うとそういうことです。「現状」は，実際に今困っていることを簡単にまとめて書き込みます。「目標」は，入居者にこうなってほしいということを書き込みます。どの事業所にも理念となるものはあるはずです。例えば，「入居者の笑顔のために全力を尽くします」などです。あるいは，もう少し本人の状況に近いものとして，「本人の思い」からケアプランが正しく立てられている場合には，その目標でもよいですね。

実くん：いわゆる「フラッグシップ」になる言葉と考えればよいですね。

天川SV：そうですね。本来この「目標」に向かって私たちはケアを行っていかなければならないのに，自分たちのつらさや不満，不安から，それらを見失いがちです。で

図5　課題解決に向けた樹木図の基本形

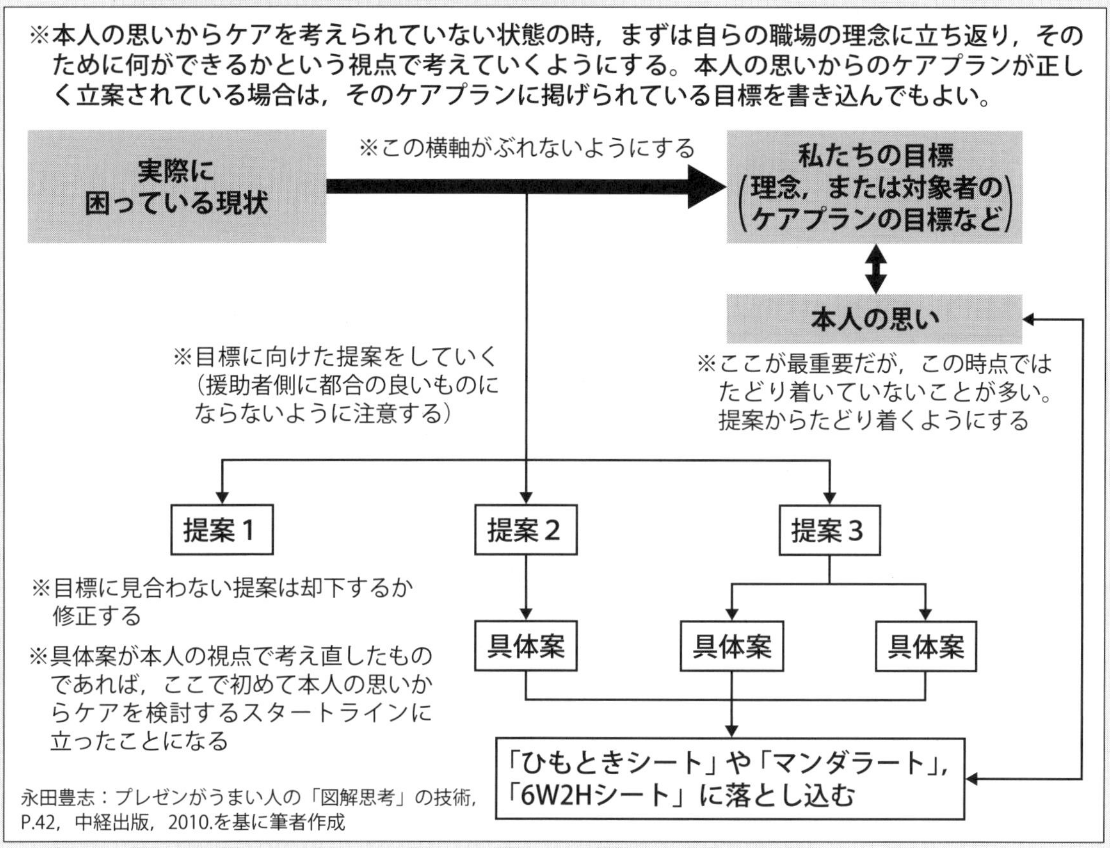

※本人の思いからケアを考えられていない状態の時，まずは自らの職場の理念に立ち返り，そのために何ができるかという視点で考えていくようにする。本人の思いからのケアプランが正しく立案されている場合は，そのケアプランに掲げられている目標を書き込んでもよい。

```
[実際に困っている現状]  ──※この横軸がぶれないようにする──▶  [私たちの目標（理念，または対象者のケアプランの目標など）]
                                                                    ↕
                                                              [本人の思い]
```

※目標に向けた提案をしていく（援助者側に都合の良いものにならないように注意する）

※ここが最重要だが，この時点ではたどり着いていないことが多い。提案からたどり着くようにする

[提案1]　[提案2]　[提案3]

※目標に見合わない提案は却下するか修正する
※具体案が本人の視点で考え直したものであれば，ここで初めて本人の思いからケアを検討するスタートラインに立ったことになる

[具体案]　[具体案]　[具体案]

「ひもときシート」や「マンダラート」，「6W2Hシート」に落とし込む

永田豊志：プレゼンがうまい人の「図解思考」の技術，P.42，中経出版，2010.を基に筆者作成

すから，「現状」から「目標」に向かう矢印は絶対にぶれてはならず，しっかりと考える方向として持っていなければなりません。

実くん：ケアカンファレンスをやり直す場合は，この横軸を意識して，まずここからやり直さなければなりませんね。

天川SV：ケアカンファレンスにおいては，「現状」から「目標」へ向かうという横軸がケア内容を考えていく上で外せないことであると再認識してもらい，その上で次の段階として，その「目標」の達成に向けてどのようなことが考えられるのかといった提案を具体的に検討していきます。

実くん：縦軸がその流れになるのですね。

天川SV：そうです。ここでの注意点は，援助者にとって都合の良い提案がなされていないかを確認することです。「目標」自体を自分たちの都合の良いように解釈してしまう場合もあるからです。まずは自由な発想で提案してもらい，出てきた提案を精査します。ここで「目標」にそぐわない提案は，目指すものと違うという理由で却下もしくは修正できるので，より目標達成に近づける提案だけが残っていくでしょう。

　さらに次の段階で，その提案をより具体的にしていきます。この時点で「本人の視点」に立った提案が抽出され，初めて「本人の思い」からケアを検討するスタートラ

インにたどり着いたことになります。この後は具体案を明確化していくために,「ひもときシート」や「マンダラート」,「6W2Hシート」などを使って「本人の視点」に立ったケアを見直していきます。

> **ポイント**
>
> - ケアスタッフには肯定的な発想を積み上げていくことを伝え,私たちは何を目指して仕事をしているのかを再認識してもらいましょう。
> - 「現状」→「目標」といった方向性を見失ってしまうと,その日その時限りのケアが蔓延してしまいます。
> - 目標に向けた提案といっても,すぐには思い浮かばないことも多いでしょう。「現状」から考えるのではなく,「目標」から考えてみると意外と簡単に出てくるものです。「現状」にとらわれすぎないようにしましょう。
> - 「目標」に見合った提案かどうかを話し合い,「目標」にそぐわない提案はふるい落とすか,「目標」に見合うよう修正します。
> - 本人を理解することから始めなければならないことをケアスタッフに分かってもらうことが大切です。「何を大切にしてこの仕事を行っているのか」というケアの仕事に携わる者の原点を押さえることに力点を置きましょう。

「本人の視点」のケアに向けた気づきと方向性の確認

天川SV:その後,どうでしたか? 少しは良い方向性が見いだせましたか?

実くん:資料32は,図5に基づいて実際にフネさんについてケアスタッフ同士で話し合って考えてみたことです。

　私たちは「目標」を明確にし,それに向かって仕事をしているのだから,この点を大切にしなければならないということを理解してもらうのに大変苦労しました。とにかく皆さんストレスがたまっているようで,「そんなきれい事を並べても意味がない」「今の状態をすぐにでもどうにかしたい」などかみつかれましたが,ここは私も譲れないと思い,とにかく皆さんに私たちの「目標」を思い出してもらいました。

資料32 フネさんへのかかわりの在り方を樹木図で導き出そう

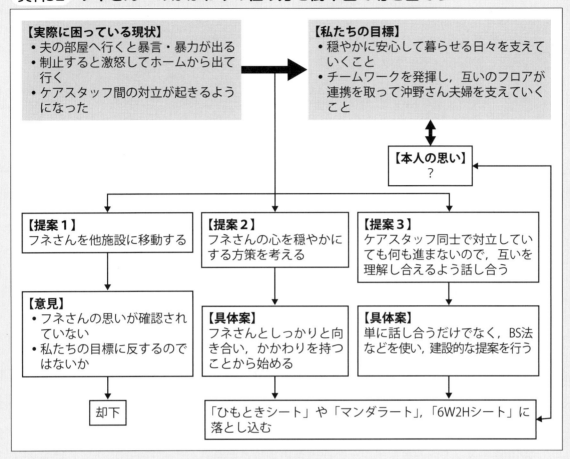

天川SV：頑張りましたね。そもそもこの横軸が忘れられたり，示されなかったりするものだから，いつまでたっても現状の問題解決の領域から抜け出せないのです。

実くん：ようやく提案を考えてもらうところまでは行ったのですが，やはり「他施設へ移してはどうか」という意見が出ました。その方が沖野さん夫婦のストレス解消になるのではないかと。しかし，その時に別のケアスタッフが「フネさんの思いを知りもせずにそれはできないだろう」と言ってくれたのです。すると，さらに別のケアスタッフが「ならば，フネさんが何を考えていて，どうしたいのか，なぜこんなに不安定なのか，その理由をもっと探ってみる必要があるのではないか」と発言してくれたのです。

当初は「他施設へ移動させる」という考えに固執していたケアスタッフたちが，それは自分たちが本来目指す目標ではないということに気づいたのか，もっとフネさんの「思い」に沿ったアプローチを考えなければならないという考えに変わっていきました。

天川SV：それは素晴らしいことですね。ケアスタッフからそういった意見が出たのはとても良いことだと思います。頑張ったかいがありましたね。本来はそのように考えられるケアスタッフたちなのだと思います。ストレスが強かったこともあり，また方

向性も示されていなかったので，そのように考えられなかったのかもしれませんね。実くんが羅針盤の役目を果たしましたね。これでようやく，フネさんに対して排他的視点しかなかったケアスタッフが「それでは何の解決にもならない」「本人の思いにもっと接近しなければならない」というところに，漠然とではあっても近づいたと言えますね。

実くん：やっと少し良い方向に向いたかなと思います。ケアスタッフの不協和音は調整しなければならない，けんかしていても何も始まらないという気づきがあり，今後は建設的な話し合いを持つことができると思います。この時はまだ具体的にどうするかまでは話し合えませんでした。まずはフネさんのフロアのケアスタッフが「ひもときシート」を使ってみるというところで終わってしまいました。

天川SV：人と人とのかかわりですから，すぐに解決できるものではありません。「急がば回れ」ですね。

「本人の本当の思い」に近づくことができた出来事

実くん：ケアカンファレンスを開いていてよかったと思う出来事がこの後すぐに起きたのです。あのケアカンファレンスがなければ，ケアスタッフも気づいてくれなかったかもしれません。

天川SV：何か大いなる気づきにつながる出来事があったのですね。どのようなことですか？

実くん：ケアカンファレンスから1週間後，「ひもときシート」に取り組もうとしていたころ，フネさんが修さんのいるフロアへ出かけていき，修さんに対してののしり始めたため，ケアスタッフが仲裁に入ったのですが，フネさんは「あんたなんかに文句を言われる筋合いはない！」とケアスタッフに食ってかかり，激怒しながら事務所までやって来るという事件が起きました。事務所では私が対応しましたが，フネさんの怒りは収まらず，またもや玄関から飛び出す事態にまで発展してしまいました。

　その時，葛城主任がフネさんを探しに来たので，フネさんについてもらうことにしたのです。一度外へ出てしまうとなかなか帰ってくれないフネさんなので，私はそれならば最初から車に乗ってもらおうと，すぐに2人を車で追いかけました。施設へ帰る時は車になかなか乗ってもらえないフネさんですが，出ていく時に声をかけるとすんなりと乗ってくれたのです。

天川SV：なるほど。出ていく時だから車にすんなり乗ってくれたのですね。葛城主任も一緒に乗ったのですか？

実くん：はい，後部座席に2人で並んで。すぐに施設に戻るわけにはいかないので，ま

ずは当てもなく車を走らせることにしました。フネさんは最初「何で私の好きなようにさせてくれないのや！」と私と葛城主任に怒りをぶちまけてきました。

天川SV：車の中という狭い空間で，余計に怒りが出しやすかったのかもしれませんね。実くんも葛城主任もつらかったですね。お2人はどのような反応をフネさんに返したのですか？

実くん：最初は，2人ともひたすら聴き役に徹していました。これまで私たちは，フネさんの修さんに対する行動をいさめたり，何とか説得しようとしたり，聴くというより反論するという対応の仕方でした。しかし，前回のケアカンファレンスから，まずはフネさんの「思い」に近づかなければならないという意識があったので，2人とも聴くことを主体にし，ケアスタッフへの怒りの内容については素直に謝りました。

天川SV：なるほど。認知症の人の怒りだからと上段に構えて聴くのではなく，同じ人としてフネさんの訴えを素直に聴いて謝ったのですね。フネさんはその後どうでしたか？

実くん：「分かればいいのよ」って言ってくれたのです。いかにこれまで私たちがフネさんを敵視して理解しようとしていなかったかということが身に染みて分かりました。その後は，窓の外の景色を見つめながら悲しそうな表情をされていたと葛城主任が言っていました。そこで，葛城主任が「ご主人との間にはいろいろとつらいことがあったのですか？」と優しくフネさんに声をかけてくれたのです。

天川SV：葛城主任はフネさんの気持ちに寄り添いながら声をかけたのですね？

実くん：タイミングよく声をかけてくれたと思います。今まで私たちへの不満しか言ったことがなかったフネさんが，堰を切ったように修さんへの思いを話し出したのです。

天川SV：なるほど。これまでは，フネさんのケアスタッフに対する怒りしか見えていなかったのが，本当のフネさんの苦しみや怒り，悲しみが見えてきたということですね。

実くん：そうなんです。フネさんは修さんに対する憤りを涙ながら葛城主任に訴え始めました。「これまでどれだけ夫のことで我慢してきたことか。夫は好き勝手に遊んでばかりで，私のしんどさをちっとも分かってくれないし，悔しいこともいっぱいあったけど，私はずっと我慢してきた。寂しく切ない思いもずっと，ずっと我慢してきた。だから，夫の身体が弱って，今になって私を頼り出したことに怒りがどんどん込み上げてきて我慢できない。だから，夫の顔を見るとつい手が出てしまう。本当に悔しいことがいっぱいあった」と切々と語ったのです。

天川SV：やっとフネさんの本当の思いに近づけたのですね。お2人の頑張りは素晴らしいと思います。

実くん：いや，私はただ運転していただけです。葛城主任が真剣に話を聴いてくれていましたから。もっとも，私は見ていて心が落ち着くであろう緑のある公園の方に向けて車を走らせてはいましたけど。

資料33　なぜフネさんを受け入れることができたのか？

フネさんを理解することを阻害していたケアスタッフの視点	私たちが目指すフラッグシップを掲げる	援助者主体の意識をろ過フィルターに通す	ケアスタッフの肯定的変化を評価する	今回のドライブでのかかわりがうまくいくことにつながった
・夫への虐待行為を行う問題高齢者 ・不穏・興奮の激しい認知症の人 ・ケアスタッフの話を理解しようとしない話し合えない人 ・ケアスタッフの不協和音をつくり出す人　など	私たちのケアの目標や事業所の理念を改めて見つめ直し，フラッグシップを目指したケアを提案する	改めて考えられた目標達成のための方法により，ケアスタッフの思い込みを修正することができた。愚痴を言い合うのではなく，ケアスタッフの明確な目標が定まった	入居者との信頼関係の構築において，まずは冷静に入居者の訴えを聴く姿勢を持たなければならないという思いが生まれた	

やり直したケアカンファレンスから導き出されたこと　　ケアスタッフの人間的成長につながっている

天川SV：その後はどうなりましたか？　フネさんは落ち着かれましたか？

実くん：はい。何度か同じ訴えはされましたが，徐々に落ち着いてきて，葛城主任に「ごめんね，嫌な話を聞かせて」と謝られました。そして，外の景色を見ながら「緑がきれい」と言われ，すっかり落ち着かれたので，ホームに戻りました。車から降りる時に「運転手さん，どうもありがとう」とフネさんに言われ，思わず笑ってしまいました。

天川SV：そうですか。すっかり落ち着かれたのですね。それはよかった。ところで，実くんと葛城主任のお2人がなぜ今までと違う対応ができたのかを，一度図式化してまとめてみましょう（**資料33**）。

> **ポイント**
> 私たちの「目標」を意識した適切なかかわりを実行することで，「本人の本当の思い」を表出してくれることもあります。

実くん：このように図式化すると分かりやすいですね。

天川SV：実くんが言っていたように，前回のケアカンファレンスがなかったら，このドライブの時も，実くんも葛城主任もイライラするか，困惑するかで，ホームに帰ってもフネさんの怒りは収まらなかったかもしれませんね。

実くん：私たちの目標を見直したことが良かったのだと思います。私たちはあまりにも目指すべき目標を見失っていたように思います。その結果，ケアスタッフ同士でけんかしたりして。

天川SV：つまり，**目指すべき目標があるということは，チームをまとめるためにも必要**ということになりますね。やはり基本をしっかりと押さえることが大切です。そして，「自分たちがやっていたことや考えは正しかったのか？」と振り返るためのフィルターの機能を果たしたのがやり直したケアカンファレンスと言えますね。

実くん：天川SVのおかげです。

天川SV：私のことより，実くんや葛城主任がケアの専門職として成長したことの方がうれしいですね。

「本人の思い」に近づくケアの見直しに向けた分析

天川SV：では，この出来事を単に思い出話にすることなく，どこがどう良かったのか，今一度分析してみましょう。

実くん：分析ですか？　それは考えませんでした。ただ「良かった」「フネさんと打ち解けられた」「これから何とかなる」と思っていただけですから…。

天川SV：もちろん，そう感じることは前へ進むことにつながるので大切なのですが，「何だかうまくいった」だけでは済まさない方がよいでしょう。そのような感覚はすぐに忘れ去られてしまいます。それよりも，どのようなかかわり方やコミュニケーションの仕方が良かったのかを振り返ることで，そこから継続的な，より良いケアにつながる方向性が見いだせるのです。実くんや葛城主任だけが分かるのではなく，他のケアスタッフにも分かる根拠を探し出してみましょう。

　今回は「マンダラート」を使って整理してみますが，実くんの心の整理だけでなく，フネさんの立場になって，フネさんが感じたであろう思いも一緒に考えみましょう。

実くん：分かりました。

天川SV：このように「マンダラート」（**資料34**）で表してみると，フネさんが落ち着かれた理由がはっきりと見えてきませんか？　これをケアの見直しに生かしていくのです。

実くん：確かに私たちは「何となくこうすればよい」というあいまいな考えで動いていることが多いと思います。なぜこのケアが良いのか，明確な根拠を示せないことが多いですね。

天川SV：「マンダラート」で出た意見をまとめて，フネさんへのケアにとって大切なことを考えていきましょう。意見から見いだされたキーワードを，ケアスタッフの視点とフネさんの思いに接近した視点でまとめて図式化してみました（**資料35**）。

実くん：このように見ると，当初の私たちの思いがいかにひどいものだったかということがよく分かります。これでは信頼関係の構築などできるはずもないですね。

資料34 フネさんが落ち着いた理由をマンダラートを使って抽出しよう

① 私たちがフネさんの怒っていることにむきになって反論せずに，素直に謝ったから？（素直に謝ってもらうと気持ちがすっとする）	② しっかりとフネさんの話を聴くことに徹して，フネさんの思いを受け止めたからでは？（自分の話を聴いてもらった満足感がある）	③ フネさんを認知症（BPSD）の大変な人として見るのではなく，一人の人，一人の女性，一人の妻として訴えを聴いた私たちの態度が良かったのか？（一人の人として接してもらい安心感を得ることができた）
④ 2人ともいつもかかわっているなじみのケアスタッフだったから？　実際になじんでくれていたかは別として。（頼りたいが頼れないという思いに変化が生じた）	なぜフネさんは落ち着いたのだろうか？	⑤ 車の中という狭い空間がしゃべりやすくしたのではないか？（誰にも気兼ねせずに，自分のことを話せると思った）
	⑥ 車から見る景色が移り変わり，心が和むことにつながったのでは？（移り変わる景色を眺めることで，心が解き放たれた）	

天川SV：私たちの言葉や行動がフネさんの思いにいかに影響を与えているかも**分かります**。ケアスタッフの視点を変換できたことが何よりも大きいことでした。ケアスタッフの視点を変換できれば，フネさんが本当に望むところも見えてきます。ケアスタッフとフネさんの2つの思いには相互作用があり，別々にできるものではないということですね。

実くん：私たちの行動がフネさんに悪影響を与えていたとも言えますね。これから，ケアスタッフが目指すべき方向性とフネさんの視点で考えるケアを合体させてケアの見直しを行って，実践内容を具体化させていきます。

天川SV：単に議論するだけでなく，しっかりと**議論の内容を「見える化」することが大切**です。その方が分かりやすいですし，理解の共有ができるでしょう。ホワイトボードや紙を使って，イラストを入れてもよいので，どんどん図式化して考えてみてください。

資料35　マンダラートで出た意見をまとめケアにとって大切なことを考えよう

①私たちがフネさんの怒っていることに反論せずに素直に謝った
②しっかりとフネさんの話を聴くことに徹して，フネさんの思いを受け止めた
③フネさんを認知症（BPSD）の大変な人として見るのではなく，一人の人，一人の女性，一人の妻として訴えを聴いた
④2人ともいつもかかわっているなじみのケアスタッフだった
⑤車の中という狭い空間がしゃべりやすくした
⑥車から見る景色が移り変わり，心が和むことにつながった

● ケアスタッフの視点の変換
- 相手の意見を謙虚に受け止める
- 素直な対応
- まずは話を聴くことに徹する
- BPSDの大変な人という視点ではなく，同じ人としての視点で接する
- なじみの援助者になる（信頼関係を築く）
- 話しやすい場面設定を行う

● フネさんの思いに接近した視点
- 素直に謝ってもらうと気持ちが楽になる
- 自分の話を聴いてもらうと満足感がある
- 一人の人として接してもらうと安心感が生まれる
- 頼れる人が欲しい
- 誰にも気兼ねせずに，自分のことを話せると心地良い
- 外の景色を見ることで心が解放される

● フネさんを理解することを阻害していたケアスタッフの視点
- 夫への虐待行為を行う問題高齢者
- 不穏・興奮の激しい認知症の人
- ケアスタッフの話を理解しようとしない話し合えない人
- ケアスタッフの不協和音をつくり出す人　など

援助者が目指すべき方向性を明確化していく

本人の視点でのケアを考える方向性を明確化していく

2つの方向性を合体させ，ケアの見直しを行う

ポイント

● うまくいったかかわりの要因や根拠を分析し，それらを「見える化」し，ケアスタッフ間で共有してケアの見直しに生かしていこう。

● ケアスタッフの言葉や行動が利用者に悪影響を与えることもあることを意識する。

フネさんへのアプローチとその後

天川SV：その後，フネさんへのアプローチはどのように経過していきましたか？

実くん：フネさんのいるフロアのケアスタッフと私，葛城主任とで再度ケアカンファレンスの場を持ちました。そこでは**資料34，35**で示した流れを説明した後，ケアス

タッフに視点を変えて考えてもらうことにしました。まず，葛城主任がこの仕事で最も大切なフラッグシップとなる理念（この職場の理念は「利用者一人ひとりが笑顔で暮らせるよう支えましょう」というもの）を忘れずに，ケアスタッフが目指すべき方向性をしっかりと考えることを強調されました。

　まずは，ケアスタッフにとって悩みとなっている，フネさんが修さんのところに行く時にどうするかという点について，視点の変換を行って話し合われたものを図式化したのが**資料36の上段**になります。

　これまでの対応では，フネさんの思いに接近するというより，制止や指示という援助者の思いを中心とした対応を行ってきたと言えます。しかし，フラッグシップという浄化フィルターを通して「自分たちが目指しているケアは本当にこれでよいのだろうか？」と自らに問いかけ，そしてケアの目標を明確にすることを強調し，ケアの視点の変換を図りました。その結果，これまではフネさんに対して否定的，拒否的な感情しか持っていなかったケアスタッフから「これまでの対応と全く逆の発想でフネさんへのかかわりを考えてみてはどうだろうか？」という声が上がり，フネさんに否定的あるいは抑圧的な声かけではなく，肯定的で温かく，そして心配し，気にかけているということが伝わるような声かけを行うことにしたのです。

　これまでは，フネさんがフロアから出る時点でいつもケアスタッフとひともんちゃくあり，気分を害しながら修さんのところへ行っていたこともあって，余計に激しく修さんに当たっていたのではないかと考えられましたが，ケアスタッフがフネさんに肯定的な声かけをするようになってからは，フネさんの修さんへの態度が少しずつ和らいでいきました。これには，修さんのフロアのケアスタッフも「何かあったのですか？」とフネさんのフロアのケアスタッフに聞いてくるほどでした。

　また，フネさんも肯定的な声かけをしてくれるケアスタッフに対して「ありがとうね」と返すことが見られるようになりました。

天川SV：ケアスタッフが**入居者に対して否定的な態度を取るか，肯定的な態度を取るかで結果がかなり変わってくる**ということで，どちらが目標に近づき達成するための近道になるのかは明らかだということですね。

　私たちは気づかないうちに，対立関係という，いつまでたっても目標に到達しない遠い道を選んでしまっていないか，見直さなければなりませんね。

実くん：ケアカンファレンスでは，もう一つの視点として「本人の視点でのケアを考える」ということも検討しました。しかし，「本人の視点」で考えるには，やはり「本人の思い」に接近できる時間をどこかでつくらなければなりません。車内での会話もよいのですが，いつでもできるというものではありません。日常の生活場面の中でそのようなことができるところがないかと考える中で，「そういえば，フネさん，いつ

資料36　フネさんのケアの見直しに向けたアプローチ

● ケアスタッフが目指すべき方向性

フネさんの思いに沿ったケアとは（フネさんが夫のところに行こうとした時、どのようなケアを行うか）？

→ 【これまでの対応】
- 「ご主人のところに行く」と迷惑になりますよと言って止める
- 「行かないでください」と言って引き止める
- 見て見ぬふりをする
- 「ただいない」と、怒ったりしかしたりしてたしなめる

→ 【フラッグシップ機能を働かせる】
- 本人の意思を尊重し、私たちの理念「利用者一人ひとりが笑顔で暮らせるよう支えましょう」をベースにしたケアを行う
- 否定的なケアではなく、肯定的なケアを考える

→ 【これからのかかわり方】
- 「ご主人をさがしたってね
- 「いつも修さんのことを気遣ってくれてありがとう」「気をつけてね」など、夫のところに行くフネさんを温かい言葉で見送る
- 無理に止めない

→ BPSDの減少　心落ち着ける生活の確保

→ フネさんの生活の向上と共に、ケアの質の向上にもつながる

● 本人の視点でのケアを考える方向性

フネさんへ積極的にかかわる → フネさんの気持ちを受け止める絶好のチャンス　この時間帯を利用して信頼関係の構築を図る → どのポイントを押さえるか（夕方、一人で縁側で寂しそうに座っていることが多い）

【6W2Hで具体的ケアを決めていく】

本人の思い	実践するケア内容	その方法、手段	誰と協力するのか	時間	場所	期間予算	担当者
・私の気持ちを分かってほしい ・寂しい ・本当は夫と仲良くしていたい	夕方、縁側にたたずんでいる時に声かけを行う	さりげなく隣に座り、同じ景色を眺めながらゆっくりと話をする	フロアの同僚に「お話しタイム」に入ることを伝える	・夕方の5時ごろ ・約10分あれば可能	フロアの縁側	当分の間	フロア担当生活相談員 ケアマネジャー など

123

も夕方になるとフロアの外の縁側で夕陽を眺めながら一人寂しそうにして座っているよね」とあるケアスタッフが言うと，他のケアスタッフもそのことを思い出して同調しました。
　その時こそ，フネさんの気持ちに接近できるチャンスではないかということになり，この時にどのようにアプローチするかを「6W2Hシート」に落とし込んで，フネさんへの具体的アプローチを考えました（**資料36の下段**）。
　フネさんが夕方になると寂しそうに夕陽を見ている姿は，どのケアスタッフも目撃しているのですが，フネさんへの憤りしか持っていなかったケアスタッフには，その場面がフネさんの思いに接近する絶好のチャンスだということに気づきもしなかったのです。
　この出来事からも分かるように，ケアスタッフに拒否的な気持ちがあれば，見えていてもそれが入居者の思いに接近するチャンスだとは気づかないし，単に通り過ぎた景色でしかないということでしょう。しかし，ケアスタッフに肯定的な気持ちがあれば，入居者の思いに接近できる大事な場面であるということに気づくのでしょうね。

天川SV：素晴らしい気づきの連続でしたね。フネさんから学んだことは大きいですね。このようにフネさんの思いに接近したケアが考えられるようになったのも，最初の現実と目標を掲げた上での目標に向けての提案を行ったケアカンファレンス（**資料32：P.115**）があったからこそだと言えます。「他の施設へ移動させればよい」という意見が占める中で，実くんが踏ん張ったからこそその成功例ですね。

実くん：ありがとうございます。あの車での出来事も大いなる気づきにつながりました。それまではフネさんを認知症の大変な人としか見ていなかったのですが，フネさんの話を聴いているうちに，認知症の人ではなく，一人の人，一人の女性，一人の妻としてかかわることができました。とても良い体験をさせてもらいました。

天川SV：そうですね。私たちはいつしか，認知症の人を「困らせる行動をする人」として上から目線で見ていることが多いですね。**同じ「パーソン（人）」として苦しみや悲しみ，寂しさやつらさ，そして楽しさ，温かさを共有していくこと**こそ，ケアを実践している者として冥利に尽きるところと言えるでしょうね。
　その後，夕陽を共に眺めながらのおしゃべりはうまくいっていますか？

実くん：はい。あの夕陽というのは不思議なものですね。何か人を叙情的にさせるんです。お話をしていくうちに，「いつの間にかこんなに歳を取ってしまって…」という老いの寂しさや悲しさを訴えられたり，「いろいろとつらいことはあったけど，本当は夫と仲良くしていたい」と話されたり，心情を隠さず話されるようになってきました。まあ，同じことを何回も話されますが，それは仕方のないことですね。

天川SV：フネさんの生活が良い方向に向かうのと同時に，ケアスタッフの皆さんも専門職として，そして人間として成長しましたね。こういったことで豊かな感性が育まれると言えるのではないでしょうか。「気づけば築けるし，変われば変えられる」ということでしょうね。

ポイント

- 利用者に対して否定的な態度を取るか，肯定的な態度を取るかで結果が変わってきます。
- 拒否的な気持ちがあれば，利用者の思いに接近するチャンスがあっても，それに気づくことができません。

カンファレンスルーム❺

車という個室を活用する効果

川崎　実くん
C介護老人保健施設
ケアマネジャー

山田　隼くん
D認知症対応型デイサービス
介護主任

実くん：車の中という小さな個室は，話を聴く空間として結構役に立ちますね。

天川SV：フネさんの事例でも，車を走らせるうちに，フネさんが徐々に落ち着いていくといった場面がありましたね。当然のことながら，実くんと葛城主任のかかわり方が良かったということもありますが，フネさん自身が言いたいことを言え，実くん，葛城主任もそれを受け止められたのには，車という個室の効果もあったのではないでしょうか。

隼くん：他の誰にも自分の話を聞かれないという個室空間であるがゆえに心が解放され，車内はちょっとした告白部屋になるのでしょうね。

天川SV：例えば，タクシードライバーが客の話を聴くということがよくあります。一度きりの関係ということもありますが，運転をしながら話を聴くタクシードライバーの間合いも話をしやすくしていると言えます。ドライバーは何よりも運転に注意しながら話を聴くので，うまい具合に間合いが取れるのだと思います。また，外の景色が変化していくというシチュエーションによって，閉ざされた心が解放されるという効果もあるようです。

実くん：フネさんが外の景色を見て「緑がきれい」と話された場面がありましたが，窓の外の景色は心を潤す効果があるのかもしれませんね。なので，車の中で話を聴く時

は，できれば緑の多い場所へ車を走らせた方がよいかもしれません。

天川SV：車の中は，誰にも邪魔されずに話ができる個室空間であり，さらに景色が移り変わることにより，心が解き放たれやすい場所にもなっていると言えます。ケアスタッフにしても，失敗しても他のケアスタッフの視線を気にせずに済み，しっかりと心構えができるという利点があります。

実くん：フネさんが落ち着いていったのも，葛城主任のじっくりとフネさんの話を受容していく態度に，フネさんがしっかりと話を聴いてくれたという満足感を感じ，そして建物の中にいては感じられない，心が潤うような移り変わる景色による相乗効果があったと言えるでしょうね。

隼くん：とは言え，タクシー運転手のように運転しながら話を聴くというのを私たちがまねするのは危険が伴います。そのため，私たちの場合は，後部座席に本人と聴き役のケアスタッフが乗り，別の者が運転するようにするのがよいでしょうね。

実くん：そうですね。

天川SV：1つ注意しなければならないのは，車を単なる対症療法に使わないということです。つまり，本人の気持ちをごまかすための使い方ではなく，本人の思いを何よりも傾聴する場所として使うこと，さらにそこでの気づきをケアの見直しに生かすということが大切です。

実くん：分かりました。

ポイント

車の中は話がしやすく，心が解放されやすい個室空間であるため，話を傾聴する場所として活用するのは有効です。

6 中核症状から認知症の人の心境に迫る

認知症の人のBPSDばかりを見て対応に追われていませんか？　BPSDはその人の中核症状が要因となっていることが多分にあります。そのことを理解した上で，BPSDを単に困った状況と見るのではなく，本人から発せられるサインと受け止めてかかわることが大切です。

天川SV

登場人物

山田　隼 くん
D認知症対応型デイサービス
介護主任

興奮状態が続く利用者

　D認知症対応型デイサービスに週4日通う生駒サカエさん（仮名）は夫と2人で賃貸マンションに住んでおり，普段は何を話しても豪快に笑ってくれる陽気な性格である。しかし，デイサービスのケアスタッフが迎えに行くと，いつも激高して夫に物を投げ付ける状況が続き，言葉かけには応じてくれず，2人がかりで送迎車まで連れていく対応をしている。

本人の怒りの原因が不明…どうしたらよいの？

天川SV：デイサービスなどの在宅サービスを利用している利用者のケースなのですね。もう少し詳しい情報を教えてもらえますか。

隼くん：サカエさんは夫の克彦さん（仮名）と2人で賃貸マンションに住んでいます。最近，更新認定で介護度が上がって要介護3となりました。デイサービスを週4回利用されていますが，迎えに行くといつも怒っているので，ケアスタッフも必ず2人で行き，興奮状態のサカエさんを両側から挟むようにして送迎車まで連れていっています。

天川SV：迎えに行った時の様子をもう少し聞かせてください。

隼くん：迎えに行くと，サカエさんはいつも顔から湯気が出るくらい激高していて，玄関口で血相を変えて立っておられます。その横で克彦さんがなだめすかすように声をかけておられます。克彦さんに対して物を投げつける姿もたびたび見られます。家の中もかなり散らかっています。

天川SV：克彦さんは怒ったりされないのですか？

隼くん：私たちが知る限りでは，克彦さんは優しいというか，ずっと耐えている感じで，物を投げ付けられても大声で怒鳴ることはありません。

天川SV：サカエさんはデイサービスのケアスタッフにも怒りの矛先を向けるのですか？

隼くん：私たちに物を投げてくるということはありませんが，まだ年齢が57歳と若いこともあって腕力もあるので，サカエさんを誘導しようとしたケアスタッフが思いきり押されて転倒しかけたことがありました。

天川SV：なるほど。それでもサカエさんはデイサービスには行ってくれるのですね？

隼くん：そうなんです。不思議なことにデイサービスに行くことには抵抗はありません。送迎車にもすんなりと乗ってくれます。

天川SV：サカエさんとはどの程度コミュニケーションが取れるのでしょうか？

隼くん：サカエさんからコミュニケーションを取ってくることはあまりありません。興奮状態の時はわめき声と相手を罵倒する言葉が出ますが，会話は成立しません。でも，

落ち着いている時は，にこにこ笑って話を聴いておられます。

天川SV：分かりました。では，隼くんたちがサカエさんに対して困っていることを具体的に話してもらえるでしょうか。

隼くん：サカエさんは，デイサービスに来てしばらくの間は穏やかで，声かけにも応えたり，時には大笑いしたりされますが，突然大声を上げたり，机をたたいたり，いすをひっくり返したりするなどの興奮状態になります。他の利用者にも危険が及ぶ恐れがあるため，その都度，ケアスタッフが後ろから抑制するような形で止めに入って，本人が落ち着くまでデイサービスの中庭に出てもらっています。

天川SV：外に出ると怒りは収まるのでしょうか？

隼くん：そうですね。中庭でボールをけったり，自家製のサンドバッグをたたいたりするうちに徐々に怒りが収まって，再び室内に戻ります。でも，いつまた怒りが爆発するか分かりませんし，ケアスタッフの休憩時など，少人数で対応しなければならない時にこのような状況になると外へ行くわけにもいかないので，強引に押さえ込もうとしてサカエさんの怒りを増長させてしまうことが続いています。時には大声で暴れ回ることもあり，逆に他の利用者を避難させるような時もあります。

天川SV：そんな時はどうするのですか？

隼くん：仕方なく休憩中のケアスタッフに来てもらって対応します。最近は休憩時間を削ってサカエさんに対応している状況です。

天川SV：物を投げ散らかすとなると大変ですね。

隼くん：そうなんです。デイサービス内に机といす以外の物が置けなくなって，これまであった水槽や観葉植物は撤去しました。テレビも手の届かないよう壁掛け型に変更しました。

天川SV：かなり殺風景な環境になったんじゃないですか？

隼くん：そうですね…。サカエさんの担当ケアマネジャーからは，認定結果が上がったこともあって，家族の負担を軽減するため，デイサービスの利用をこれまでの週4日から週6日に増やしたいという要望がありました。現状でもケアスタッフはサカエさんへの対応が大変で，休憩もなく過度に働いていますし，他の利用者への影響も考えると，ケアマネジャーからの要望は重いプレッシャーになってしまって，もうどうしたらよいか分からないのです。

本人の心理状況に焦点を当てて考える

天川SV：デイサービスのケアスタッフがサカエさんの状況によってかなりのストレスを抱えているのはよく分かりました。しかし，サカエさんの場合は，デイサービスだ

けで考える問題ではなさそうですね。担当ケアマネジャーや主治医，夫の克彦さんなど，皆さんと一緒に考えていかなければなりませんね。

隼くん：私もそう思います。ケアマネジャーも一度皆さんと話し合わなければならないと言っていましたが，まずはデイサービスでの状況をどうしたらよいものかと…。正直な話，サカエさんが来ない日はケアスタッフも落ち着いて仕事ができるんです。さらに2日も増やされるのは厳しいので，ケアマネジャーからの要望は断ろうかとも考えています。

天川SV：なるほど。多職種での連携については後で考えることにして，まずはデイサービスのケアスタッフが，どのようにしてサカエさんとかかわっていけばよいのかということから考えていきましょうか。

隼くん：はい，よろしくお願いします。

天川SV：そのためには，サカエさんのことをもっとよく知ることが大切です。「本人の視点」をしっかりと押さえて，自分たちの方向性を見据えた上で多職種での話し合いに取り組みましょう。

隼くん：分かりました。

天川SV：今はケアスタッフがサカエさんのBPSDにばかり気を取られている状況と言えます。まずは，サカエさんの**中核症状に伴う心境に焦点を当てて考えてみましょう**。サカエさんは中核症状によってどのような心理状態になると思いますか？単に中核症状に伴って本人が感じているであろうことを書き出すだけでなく，サカエさんにかかわる人たちに対してサカエさんがどのようなことを感じているかということも想像してみましょう。**自分のこととして置き換えて考えてみるとよいかもしれません**。

隼くん：サカエさんは中核症状が顕著に出ています。中核症状により本人が感じていることと，かかわる人たちへの思いをまとめると**資料37**のようになると思います。

天川SV：このように，サカエさんの立場から心境に迫ってみて文章化すると分かりやすいですね。

隼くん：思いを想像するということ自体が難しかったです。例えば，実行機能障がいについては，私たちの場合は，新しいスマートホンを最初に使う時でも，すぐに覚えてしまうので問題ないですし，むしろ使い方を見つけていくのが楽しかったりしますし…。

天川SV：そうですね。それで，どのように考えていきましたか？

隼くん：そもそも覚えることができないし，使い方を見つけることもできないわけで，覚えられないのは困るだろうな…と思ったわけです。

天川SV：感覚的にはそういうことですね。サカエさんの思いや感じていることを**資料38**のようにまとめてみましょう。

隼くん：こうやってまとめてみると，サカエさんが常に非常に混乱してイライラしてお

資料37　サカエさんの中核症状からBPSDの原因を考えよう（本人の心境に迫る）

中核症状	本人の感じているであろうこと	かかわる人たちに対して感じていると思われること
短期記憶障がい（直近のことが覚えられなくなる）	忘れてしまうことを忘れてしまう（虚脱感） うまく言い表せない（不安感）	知られたくない。ばかにされたくない。余計なことを言わないでほしい。でも助けてほしい
理解・判断力の低下（考え判断することが難しくなる）	言われていることが理解できない（いら立ち，情けなさ）	意味が分からないから，理解できないことをやらされるとイライラする。落ち着かせてほしい
実行機能障がい（手段・方法を考えられなくなる）	どうしたらよいか分からない 何をしているのかも分からない（混乱状態）	何をやるにもどうやったらよいか分からない。とにかく分からない。誰か助けてほしい
失見当識（場所や時間が分からなくなる）	時間の流れが分からない 自分がどう動かされるのか分からない（動揺）	私はされるまま，動かされるままで，何をされるのか分からないから頼らざるを得ない

資料38　サカエさんの気持ちをまとめよう

「不安」「いら立ち」「混乱」「動揺」「情けなさ」「頼りたくない」という思いがある半面

「助けてほしい」「頼りたい」「落ち着かせてほしい」という思いもある

→ この気持ちに沿えないと，さまざまな周辺状況が重なり，BPSDが強く出ることになる

り，同時に誰かに助けてほしい，落ち着きたいという思いがあるのではないかということが分かりますね。

天川SV：そうですね。中核症状だけを取っても，サカエさんの思いにかなり近づけたのではないかと思います。BPSDばかりを見て「認知症が進行してきたね」「困ったね」などと思うだけで終わっていたこれまでの状況から，もっと**本人の心理状況に焦点を当て，その気持ちに沿ったケアを考えていくことが大切**です。そこをないがしろにすると，本人の思いを無視して，援助者が困っていることへの解決策ばかり考えてしまい，かえって本人のBPSDを増長させてしまうことになりかねません。

ポイント

- 中核症状に伴う心理状況を考えていくと，「本人の思い」が見えてきます。
- 中核症状に伴う心理状況を考えずに対応していると，BPSDはより強く出ることになります。

「本人の思い」に近づくアプローチを探る

隼くん：表出している症状だけにとらわれるのではなく、その時の本人の心理状況をしっかりと受け止める必要があるということですね。ただ、これだけではサカエさんのことを理解するには足りないように思うのですが…。

天川SV：そのとおりですね。サカエさんのことをよく知り、行動の原因、理由、背景を探っていくには、中核症状だけでなく、**本人を取り巻く状況についても考える**必要があります。次のステップとして、デイサービス利用中だけでなく、サカエさんの生活全般から考えていくこと、そして家族やケアマネジャー、主治医との連携も必要になってきますので、「事例概要シート」（**資料39**）を見ながら本人の行動につながる原因や背景を探り、「本人の思い」にさらに接近し、ケアの在り方を見直してみましょう。

隼くん：「事例概要シート」の項目を基にサカエさんの立場に立って考えてみると、「スナックは楽しかったのではないか」「カラオケが好きだったのではないか」「常連客には会いたいのではないか」というサカエさんの仕事に関すること、そしてそれが夜遅くまでの仕事で、午前中は寝ている生活が長年続いていたので、「デイサービスに行くための早起きが苦痛なのではないか」と想像してみました。

天川SV：その辺りを具体的に少し整理してみましょうか。

隼くん：**資料39の吹き出し部**のようにまとめてみましたが、どうでしょう？

天川SV：いいですね。「行動を止められると腹が立つ」と、援助者の課題も出されていますね。

隼くん：中核症状から本人の思いを探ることを行っていたので、比較的考えやすかったです。

天川SV：身体面では、処方されている薬の影響などが書かれていません。ケアマネジャーなどから情報収集しておく必要がありますし、本来情報共有を行っておかなければならない項目です。

隼くん：分かりました。

あと、デイサービスに来ること自体を嫌がらないのは、夫と2人だけでいるよりも、デイサービスに来ている方が楽しいからではないかというように、本人を社交性のある人物としてとらえてみました。

天川SV：サカエさんへの思いに近づくアプローチの中に、今後のケアの方法につながるものが少しずつ浮かんできていると言えます。着目すべきは、「あなたたちの話は分からないし、伝えようとしても分かってくれない」という文章です。援助者からすると、サカエさんは理解力が欠如しており、さらに伝えることもできないと思っているところがありますが、サカエさんからすれば、援助者の話は理解できないし、伝え

資料39　事例概要シートからサカエさんの思いを探ろう

事例概要シート						○年　○月　○日現在	
事業所名（種別）	D認知症対応型デイサービス			担当者名	山田　隼		
本人氏名	生駒サカエ		年齢	57歳	性別	男・**⼥**	要介護度　介3
日常生活自立度	障がい高齢者自立度				認知症高齢者自立度	Ⅳ	
ADLの状況	食事	自立・**一部介助**・全介助			排泄	自立・**一部介助**・全介助	
	移動	**自立**・一部介助・全介助			着脱	自立・一部介助・**全介助**	
	入浴	自立・一部介助・**全介助**			整容	自立・一部介助・**全介助**	

パーソン・センタード・ケアから見る認知症にかかわる要因		想像した「本人の思い」
認知症の診断名（脳の器質性疾患）	若年性アルツハイマー型認知症	病識は当初はあったと思うが，今は混乱状態で病識もない
生活歴（学歴・職歴）	女子高校卒。いくつかの仕事を経て，スナックを長年経営していた。5年前に病気を発症し，仕事ができなくなり，赤字も続いていたため閉店。	スナックは楽しかったが，赤字は厳しかった。もっと続けたかった
生活スタイル（趣味・習慣）	夜遅くまでの仕事だったため，午前中は寝ているという生活リズムであった。仕事柄，飲酒とカラオケが趣味。	・朝（早起き）は苦手。もっと寝ていたいのに，デイサービスに行けと怒られる ・好きなカラオケもしていない
パーソナリティ（性格・個性）	基本的には豪快なほど朗らかだが，今は激高されることが多い。	怒るには理由がある。でも，私には分からない。急に腹が立ってくる
社会的立場（地位・役職）	特になし。	堅苦しいことは嫌いだから，役がなくても構わない
現病・既往歴（認知症以外）	高血圧，脂質異常症，便秘	おなかが何だか気持ち悪い
認知症にかかわるその他の重要な要因		
現在の生活環境（居室・リビング）	2LDKの賃貸マンションに居住。デイサービス利用時はリビングにて他の利用者と一緒に過ごす。	家で2人だけでいるとイライラする。いつも行くデイサービスは，家と違っていろいろな人がいて楽しいかもしれない
本人にかかわる人たち（家族・職員）	夫と2人暮らし。子どもはいない。かかわる人は，ケアマネジャー，Yクリニックの主治医，当デイサービスのケアスタッフ。マンションや地域になじみの人はいないが，別の地域でスナックを開いていた時の常連客がいるとのこと。	・夫は優しいから，なおさら自分の中のイライラをぶつけてしまう。他の人たちも優しいかもしれないけど，行動を止められると腹が立つ ・スナックの常連客に会いたい
生活上の規則（施設の決まり）	デイサービスでは他の利用者と同様，午前10時来所，お茶，レク，昼食，レク，おやつ，午後5時送りとなっている。入浴は拒否が強く，たまにしか入らない。	・朝は眠くてつらい。あとは言われるがまま ・他人に裸を見せたくないからお風呂は嫌
その他気がかりなこと	食欲はあり，最近体重増加傾向である。発語があまりなく，コミュニケーションが難しい。	・食べることがストレス発散 ・私だって，あなたたちの話は分からないし，伝えようとしても分かってくれない
事例のBPSDにかかわる概要（簡潔に）		

普段は何を話しても豪快に笑ってくれるなど陽気な性格だが，突然猛烈に怒り出す。周囲にある物を投げたり，大声でわめいたりする。その時は激怒の表情であり，言葉がけには応じてくれない。一度怒り出すと，30分以上は2人がかりで対応しなければならない。他の利用者への危害も考えられるので，何とか怒りが収まる方法はないだろうか。

ようとしていることも伝わらないと感じているかもしれません。

隼くん：つまり，私たちは，サカエさんが理解できるようなかかわり方をしなければならないし，サカエさんが訴えたいことをしっかりととらえるかかわりもしなければならないということですね。難しいですね。

天川SV：そうですね。確かに難しいことですが，このように「本人の思い」から考えることができたということは，とても進歩したと言えます。

> **ポイント**
> ● 家族やケアマネジャーと連携し，本人を取り巻く環境や生活全般から「本人の思い」を検証しましょう。
> ● 本人の背景を理解するには「事例概要シート」の活用が有効です。そこから「本人の思い」を想像してみましょう。

BPSDを「本人の訴え」としてとらえる

天川SV：これまでのことを整理した上で，サカエさんのケアの方向性を検討していきましょう。
　中核症状をはじめ，生活する上で訴えたいこと，楽しみ，身体の具合，つらいこと，嫌なことについての「本人の思い」とその状況から出るであろうBPSD，そして，それに対して私たちはどのようにかかわっていけばよいかといったことを表にしてまとめてみましょう。

隼くん：サカエさんの場合，怒りをぶつけてくる原因となるような思いと，助けを求めている思いの2つに分けて考えてみました（**資料40**）。

天川SV：まとめてみて，どうですか？

隼くん：ケアの方向性の部分で，「本人の思い」を受け止めたものを考えるつもりが，医師に薬の調整をしてもらうようサービス担当者会議でケアマネジャーに提言してみてはどうかなど，BPSDへの対処が中心の考え方になっていて，あまり前向きではないかもしれません。結局のところ，薬頼みの対応に走ってしまうことにいら立ちを感じます。

天川SV：なるほど。「本人の思い」は理解していても，結局はBPSDへの対応に考え方が引っ張られてしまうのですね。せっかくここまで「本人の思い」を整理できたのですから，それを有効に活用する必要がありますね。

隼くん：そのつもりで考えていったのですが，うまくいきませんでした。

資料40 サカエさんの思いを整理してみよう①

状況	本人の思い（想像したサカエさんの思い）	左記の状況から出るであろうBPSD	どうかかわるか？
中核症状（怒りをぶつける）	不安、いら立ち、混乱、動揺、情けなさ、頼りたくない	叫ぶ、動揺する気持ちをぶつまける、何かに当たる、引きこもる	・動揺や不安を紛らわすことを考える ・医師の投薬状況の確認と報告
中核症状（助けを求める）	助けてほしい、頼りたい、落ち着かせてほしい	叫んで泣く、頼れそうな人にすがる	・気持ちが紛れることを考える ・不安を軽くする薬を使用する
生活する上で訴えたいこと	・怒るには理由がある。でも、私には分からない。急に腹が立ってくる ・家には夫と2人だけでいるとイライラする ・夫は優しいから、なおさら自分の中のイライラをぶつけてしまう ・あなたたちの話は分からないし、伝えようとしても分かってくれない	・物を投げたり、壊したりする ・じっとしていられず、動き回る ・分かってもらえないと怒る、叫ぶ、泣く	・イライラが起きないようなかかわり方を考える。何か紛らわせることを行う ・他の利用者に危険が及ばないよう、別の場所で対応する ・投薬内容など、医療との連携を行う
楽しみ	・スナックは楽しかった。もっと続けたかった。常連客に会いたい ・デイサービスは家と違っていろいろな人がいて楽しいかもしれない ・食べることがストレス発散になる	食事量に満足できないと不機嫌になる	・低カロリーで食べ応えのあるものを考える ・カラオケをやってもらう
身体の具合	・今は混乱状態で病識もない ・おなかが何か気持ち悪い	身体に不調を感じると不安になり、落ち着かなくなる	医療との連携
つらいこと嫌なこと	・早起きは苦手。朝は眠くてつらい ・もっと寝ていたいのに、デイサービスに行けと怒られる ・好きなカラオケもしていない ・スナックの赤字は厳しかった ・堅苦しいことは嫌い ・行動を止められると腹が立つ ・他人に裸を見せたくないからお風呂は嫌	・眠たいのに起こされるのは気分が悪いので、不機嫌から不穏になる ・好きなことができないといら立ちが出る ・行動を止められると抵抗したり、反撃したりする	・生活リズムを無理にでも朝型に合わせていけば慣れるのではないか ・安全のために行動を止めなければならないこともある

135

天川SV：いや，そうでもないですよ。大幅に変更する必要はありませんが，ちょっと表し方を変えてみましょう。「本人の思い」に関する部分を真ん中に持ってきて，その思いに対してどのようなケアが考えられるかという形で一度やり直してみてはどうでしょうか。

　それから，BPSDの記述ですが，私たちは本人の「困った行動」として見てしまいますが，実はサカエさんの訴えの表出場面でもあるわけです。私たちはサカエさんのそのメッセージをしっかりと受け止めなければなりません。ですから，削除せずに左側に明記し，BPSDではなく，「本人の訴え」に変えてみるとよいかもしれません。

隼くん：修正して，もう一度私たちのかかわり方を考え直してみました（**資料41**）。

　アドバイスいただいたとおり，「本人の思い」を中央にして，その状況から出るであろうBPSDを「サカエさんが表現していること」という項目に変えただけでしたが，私たちのかかわり方の内容に随分変化が生じました。

天川SV：確かに，**資料40**では不安な気持ちを紛らわすことを考えているようでしたが，**資料41**では紛らわすのではなく，不安が悪化する原因や背景を考えることや，その不安を受け止めようとする姿勢が出ています。さらに，**資料40**では薬に頼ろうとする思いが強く出ていましたが，**資料41**では薬に頼ろうとする思いが薄まり，自分たちのケアを見直すことが提案されていますね。また，生活面では，具体的な内容は出ていないものの，自事業所だけの課題としてとらえるのではなく，夫を含めた援助者で統一したケアを行っていかなければならないという考え方が新たに出てきています。楽しみのところでも，**資料40**よりも前向きな意見が出るようになっていますし，身体の具合では，原因・背景を確認する必要性の視点が出てきています。つらいことや嫌なことに対しては，**資料40**では強硬な意見が出ていましたが，**資料41**では，柔軟な意見に変わっています。

隼くん：視点を少し変えるだけで，こんなにも考え方が変わるのかと，ちょっと驚きました。

天川SV：隼くんをはじめ，ケアスタッフの皆さんは基本的に前向きな視点を持っているのだと思いますが，目の前の大変なことや疲労感などで前向きな視点から見られなくなっていたのではないでしょうか。特に**資料40**では，BPSDに関することが真ん中に書かれているので，その文言に引っ張られてしまったのかもしれません。そこで，「本人の思い」を真ん中に持ってくることによって，その思いに沿ったかかわり方が考えやすくなったと言えます。さらに，**資料40**では，本人の行動としてBPSDの内容が書かれていましたが，これは私たちからは困った行動に見えてしまいます。それを**「本人の訴えの表れ」として見ることで，「困った行動をするサカエさん」**から**「困った状況にあるサカエさん」としてとらえる**ことができるようになったのか

資料41 サカエさんの思いを整理してみよう②

状況	サカエさんが表現していること	本人の思い（想像したサカエさんの思い）	どうかかわるか？
中核症状（怒りをぶつける）	叫ぶ、動揺する気持ちをぶちまける、何かに当たる、引きこもる	不安、いら立ち、混乱、動揺、情けなど、頼りたくない	・不安や混乱が起きないようなケアを検討どのような時に不安が悪化するか、あるいは逆に軽減するかを把握する
中核症状（助けを求める）	叫んで泣く、頼れそうな人にすがる	助けてほしい、頼りたい、落ち着かせてほしい	・つらい思いを受け止める・本当に心配していることが伝わるような真剣なまなざしやスキンシップが必要
生活する上で訴えたいこと	・物を投げたり、壊したりする・じっとしていられず、動き回る・分かってもらえないと怒る、叫ぶ、泣く	・怒るには理由がある。でも、私には分からない。急に腹が立ってくる・家には夫と2人だけでいるとイライラする・夫は優しいから、なおさら自分の中のイライラをぶつけてしまう・あなたたちの話は分からないし、伝えようとしても分かってくれない	・一生懸命に理解しようとする姿勢を見せる・イライラが起きないような時間を設ける・夫を含めた援助者で統一したケアを考える
楽しみ	食事量に満足できていると不機嫌になる	・スナックは楽しかった。もっと行きたかった。常連客に会いたい・デイサービスは家と違っていていろいろな人がいて楽しいかもしれない・食べることがストレス発散になる	・食事以外にも楽しみを考える・カラオケをする時間をつくる。積極的な声かけが必要・楽しい雰囲気をつくる
身体の具合	身体に不調を感じると不安になり、落ち着かなくなる	・今は混乱状態で病識もない・おなかが何か気持ち悪い	気分を害するような体調不良がないか確認する。医療との連携も必要
つらいこと嫌なこと	・眠りたいのに起こされるのは気分が悪いので不機嫌から不穏になる・好きなことができないといら立ちが出る・行動を止められると抵抗したり、反撃したりする	・早起きは苦手。朝は眠くてつらいもっと寝ていたいのに、デイサービスに行けと言われ怒られる・好きなカラオケもしていない・スナックの赤字ネームは厳しかった・堅苦しいことは嫌い・行動を止められると腹が立つ・他人に裸を見せられると腹が立つ嫌	・生活リズムを徐々に整える。家族との協力が必要・無理やり止めているようなことがないか確認し、かかわり方を考える・ケアスタッフとの信頼関係がもっと深まってきたら、入浴にもアプローチする

もしれません。

隼くん：自分たちでできることを考えていきたいという意識が少し出てきたのかなと思います。それから，私たちの事業所だけで悩んでいたところも，かかわっている人たち皆で考えていかなければならないと思うようになりました。

天川SV：ただ，医療との連携は不可欠なので，主治医ともよく話し合って進める必要があります。そのためにも，皆さんの意見をまとめておくことが大切です。

　それから，今一度確認しておかなければならないのは，中核症状に伴う不安やいら立ち，混乱などのネガティブな気持ちの表出の度合いは，周囲のかかわり方により変化するということです。そのことを踏まえて，私たちのかかわり方をもう少し具体化させ，サービス担当者会議に参加した方がよいかもしれませんね。

隼くん：私たちのスタンスをしっかりと決めて会議に参加しないと，問題点ばかりに目が奪われる会議になってしまう可能性があるからですね。

天川SV：そのとおりです。下手をすると，会議を開くこと自体が目的になりかねません。私たちがしっかりとした考え方で臨めば，会議も良い方向に進むかもしれません。まずは，もう少しサカエさんのことを掘り下げてみましょうか。何か考えはありますか？

隼くん：そうですね…。サカエさんの状態がどのような時に悪化するのか，あるいは逆に，どのような時に状態が良いのかを調べてみたいと思います。

> **ポイント**
>
> **BPSDを援助者側から「困った行動」と見るのではなく，「本人の訴えの表れ」ととらえて私たちのかかわり方を考えてみましょう。**

テーマを持って情報収集し「見える化」する

天川SV：普段のケアの中で，どうしてもBPSDに気を取られてしまい，困ったことしか頭に浮かばない状況があり，状態が良い時のことについては意識しないと通り過ぎてしまうことが多いです。それらを意識化するためにも，「状態が悪くなる時」と同ように「状態が良い時」も挙げてもらうのはよいことですね。

隼くん：1週間，サカエさんとかかわる中で，「状態が悪くなる時」と「状態が良い時」についてケアスタッフが気づいたことを挙げてもらい，結果をまとめてみました（**資料42，43**）。また，「状態が悪くなる時」については，「身体的な課題」「ケアスタッフとの関係性」「ケア内容の課題」の3つに分けてみました。

資料42　サカエさんの状態が悪くなるのはどんな時か？

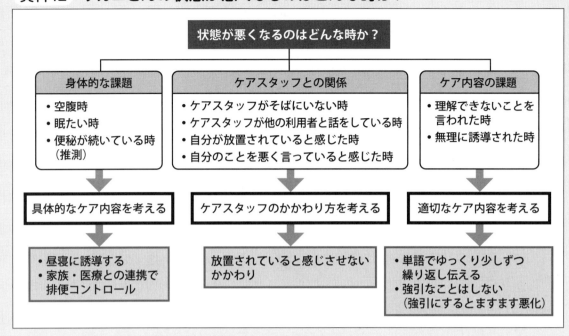

資料43　サカエさんの状態が良いのはどんな時か？

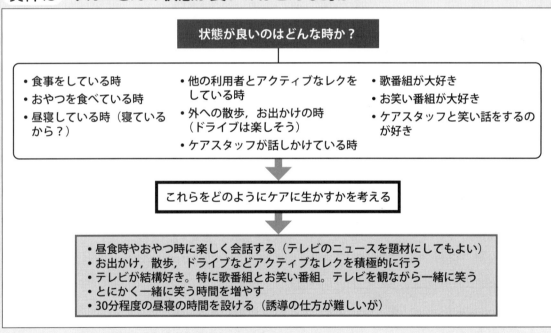

天川SV：なるほど。サカエさんの「状態が悪くなる」ことにつながる原因や背景をあらかじめ把握して，その原因や背景に対処することで，少しでもサカエさんの心身の安定を図ろうという考えですね。

隼くん：そうです。さらに，その分類した項目から，どのようなケアが考えられるかを話し合ってみました。そこで注意したこととして，援助者が困っている現象への対策にな

らないよう,「本人の思いに沿った形で」ということを意識して考えていきました。

「身体的な課題」では,空腹時,眠たい時,便秘が続いている時に機嫌が悪くなるのではないかということで,昼食後の眠気に関してはサカエさんの睡眠不足が考えられるので,上手にソファへ誘導し,軽く昼寝をしてもらうことにしました。便秘に関しては,家族や主治医との情報交換を行うことになりました。空腹への対処については,ただでさえ体重過多の状況なので,その都度食べ物を渡すのは適切ではないとの意見が出て,妙案が出ずに保留になりました。

「ケアスタッフとの関係」については,ケアスタッフが他の利用者や業務にかかわり,サカエさんにかかわっていない時に,サカエさんが「自分は放置されている」と感じて機嫌が悪くなるのではないかという分析がされました。しかし,ずっとサカエさんにかかわっていることは到底難しいことなので,別のアプローチを考えることにしました。

「ケア内容の課題」については,明らかにケアスタッフ側の対応の悪さがあり,他の利用者に危険が及ばない限り,強引なことはしないこととし,伝えたいことはゆっくりと繰り返し言うことを心がけようということになりました。

天川SV:サカエさんの「状態が良い時」についてはいかがでしたか?

隼くん:「状態が良い時」については,9個の意見が出されました。「状態が悪くなる時」は3つに分けましたが,「状態が良い時」は明確な分類がしにくかったので,出された意見を統括的に見て,この「状態が良い時」をどのようにケアに生かすかを考えてみました。出てきた意見はサカエさんが好きなこと,快いと思うようなことが多く,サカエさんの思いに沿う形でケアを検討してみました。その結果,楽しく会話する時間を持つことや,アクティブなレクリエーションを実施することが挙がりました。

天川SV:良い話し合いができましたね。このように,本来はケアスタッフが見えたり,感じたりしていることでも,BPSDへの対応に気を取られてしまって分からなくなっていることが多いので,**「状態が良い時」を意識して「見える化」する**ことは大事な作業ですね。

次に,**資料41～43**の情報を一括に整理して,具体的なケア内容の実践へと結び付けていきましょう。

> **ポイント**
>
> **本人の「状態が悪くなる時」は見つけやすいですが,「状態が良い時」については意識しないとなかなか見つけられません。両方の視点で意識的に情報収集し,「見える化」していきましょう。**

援助者の課題と目標をまとめ道しるべを示す

天川SV：これまでに浮かび上がってきたサカエさん「本人の思い」で実行できることについて，具体的なケア内容を考えてみましょう。
　ちなみに，これらの一連の作業はケアマネジャーによるアセスメントの領域にもなりますが，ここではケアマネジャーがケアプランを作成するため作業ではなく，あくまでも事業所単位で個別援助計画を策定していくためのものとしてとらえてください。

隼くん：資料44のようにまとめてみましたが，いかがでしょうか？

天川SV：15個もの実行すべきことがリストアップされていますね。それまでは「どうしたらよいか分からない」ということでしたが，これほど多くのことが浮かんできたのはすごいことです。

資料44　サカエさんの不安に寄り添って実行することとその具体的な方法

実行すること（本人の不安に寄り添って）	具体的な方法
つらい思いを受け止めるためのコミュニケーション法を学ぶ	「バリデーション」などのコミュニケーション技術，「バイスティックの7原則」などの研修を受講する
夫を含めた援助者で統一したケアを考える	ケアマネジャーを通じ，サービス担当者会議により援助者が統一したケアを行う
昼食時やおやつ時に楽しく会話する	テレビのニュースや新聞記事などを題材にして話しかける
お出かけ，散歩，ドライブなどアクティブなレクを積極的に行う	これまであまり外出することがなかったので，計画的にお出かけやドライブを実施していく
テレビが結構好き。特に歌番組とお笑い番組。テレビを観ながら一緒に笑う	テレビ任せ，テレビ三昧にならないよう気をつけながら，観る時は一緒に楽しむ
楽しい雰囲気が好き。とにかく一緒に笑う時間を増やす	本人へ声かけする場合は笑顔で。ただし，不穏時は真剣に受け止める
30分程度の昼寝の時間を設ける	昼食後，いすからソファに誘導。ゆったりと座ってもらい，昼寝を誘う
カラオケをする時間を設ける	雨天時など外出できない場合は，カラオケを実施。好きな曲を探し出す
生活リズムを徐々に整える	デイサービスの開始時間を遅めにリセットし，徐々に通常の時間に戻していく。サービス担当者会議を通じて家族と協力する
家族・医療との連携により排便コントロールを行う	緩下剤などによるコントロールについて，サービス担当者会議を通じて家族や医師と連携していく
気分を害するような体調不良がほかにないか確認する。医療との連携も必要	サービス担当者会議を通じて医師に確認する
単語でゆっくり少しずつ繰り返し伝える	本人に少しでも理解してもらうために，一言ずつゆっくりと繰り返し伝えることを各ケアスタッフが実践する
強引なことはしない	時間がなくても，無理に引っ張ったりしない。反発されて余計に時間がかかるため
放置されていると感じさせないようにかかわる	忘れられたと感じさせないよう，常に声かけやアイコンタクトを心がける
家族，医師，ケアマネジャーの意思や状況を確認する	サービス担当者会議を通じて共通認識する

隼くん：困惑しかなかった状態でしたが，これで方向性が見いだされたと思います。ただ，具体的なケア内容については，さらに詳細に詰めなければならない項目や，家族や他の援助者との連携が必要な項目などがあり，もっと考えていかなければならないと思います。

天川SV：確かに，家族や他の援助者と連携することで決められる項目や，ケアスタッフがさらに勉強していかなければならない項目もありますね。例えば，お出かけやドライブの場合は，具体的な実行計画まで策定しておく必要があります。援助者との連携については，サービス担当者会議などを通じて，さらに全体で支える体制の中でケアを決定していく必要があるので，ケアマネジャーとの相談が必要です。さらに，ケアスタッフのスキルアップにつながるコミュニケーション法などは，これからしっかりと身に着けていかなければならないものですが，その方法を具体化させていかなければなりませんね。

隼くん：やっと方向性が見えたような気がします。ここまでくれば，サカエさんを支えるための体制がかなり整ったと言えます。ケアマネジャーも私たちのかかわり方に関心を持ってくれるとよいのですが…。

天川SV：サカエさん「本人の視点」を中心にしたケアの考え方をサービス担当者会議で提案してみるとよいでしょう。デイサービスの皆さんだけが頑張っても，各援助者の協力がないと本当の成果は出ないと思います。方向性を合わせられるとよいですね。

隼くん：ケアマネジャーの意向もあって，サカエさん「本人の思い」を中心に据えて，援助者の課題や悩みとそれぞれの望みや目標を一つに見ることができるものとして，以前天川SVから提案のあった「利用者と援助者の課題と望みの図」（**資料45**）に集約してみました。

天川SV：**資料45**は在宅の援助者を中心に作られていますが，利用者本人が施設入所者の場合は，生活相談員，担当介護職，医務（医療関係者），管理栄養士など施設が持つ機能に関連する部署の人たちを入れれば活用でき，周囲の援助者の枠は増やすこともできます。家族の枠は必ず作るようにします。そして，必ず**本人の「思い」や「望み」をセンターに置いて，この部分を中心に考える**ということが大切です。

　サカエさんの場合，ここに書き込む要素はこれまでの作業で明らかとなりましたが，例えば「ひもときシート」を活用するなどして，「本人の思い」に接近するなどの作業を行って書き込んでいってもよいでしょう。

隼くん：分かりました。

天川SV：隼くんが工夫している点は，BPSDをサカエさんの「感情表現」として書き込んだことです。単にBPSDの状況を並べるだけでなく，その行動がどのような感情表現なのかを書き足し，BPSDを「問題のある行動」としてだけでとらえなかったことで，

資料45　サカエさんと援助者の課題と望みをまとめよう

家族（夫）
〈課題・悩み〉
- ショートステイを利用してたまにはゆっくりしたいが，このような状態では迷惑がかかるので預けられない
- もう少し話ができるといいのに
- できれば施設入所は避けたいが…

〈望み〉
- ゆとりをもってケアを行いたい
- 進行がもう少し遅ければ…
- 好きなことや楽しいことをさせてやりたい

ケアマネジャー
〈課題・困惑〉
- 夫の介護疲労を何とか軽減したいが，夫はショートステイの利用に消極的
- 本人にどうかかわったらよいか分からない
- 施設入所の方向で考えたいが…

〈望み〉
- まずは夫の介護疲労を何とかしたい
- 本人が落ち着いてくれれば何より。デイサービスが気に入っているので日数を増やしたい

サカエさん
〈BPSD（感情表現）〉
- 突然猛烈に怒り出す，周囲にあるものを投げ付ける，大声でわめく（どうしようもない怒り，苦しみ，分かってほしいという思いの表現）
- 激怒することが続き，言葉かけに応じてくれない（言葉が分からないこと，伝えられない苦しみの表現）。いら立ちや，不安，混乱が強く，暴れる行動につながる（もがき苦しんでいることの表現）

〈望み〉
- このいら立ちや不安を何とかしてほしい
- 自分をこのつらさから救ってほしい。この思いを受け止めてほしい
- ケアスタッフの言葉が分からない。分かるように伝えて
- 朝はもっとゆっくり寝ていたい
- 体を動かして，楽しいことをもっとやりたい。アクティブなことをやりたい
- 夫とずっと一緒だと過度に甘えてしまうので，夫にも休息を与えたい

主治医
〈課題・迷い〉
- 家族のしんどさを思うと，もう少し強い薬が必要かと思うが，薬で身体機能を落としたくない。介護の力で何とかならないか
- 最悪，入院を考えるが…

〈望み〉
- できれば薬を使わず，周囲のかかわり方の工夫で落ち着いた生活を送ってもらいたい
- 便秘以外は大きな病気は見当たらない。便秘の薬は継続実施

デイサービス
〈課題・悩み〉
- 突然怒り出すので，どうしたらよいか分からなかった
- 他の利用者をサカエさんの興奮状態から守らなければならないが，その方法が分からなかった
- デイサービスの日数を増やすのは対応上難しい

〈望み〉
- 本人の視点に立ったケアが徐々にできれば
- 生活リズムを整えて，本人が楽しめるデイサービスであればと思う
- みんなと連携してサカエさんと夫の生活全体が良い方向へ行くよう考えていく

「BPSDへの対処を考える」という目先のことへの対応を考える会議にならず，「サカエさんの思いに沿ったケアを考える」という方向性につながっていったと言えます。

隼くん：**資料45**により，デイサービスだけでなく，家族やケアマネジャー，主治医の悩みや望みが一目で把握できるようになりました。

天川SV：そうですね。夫の克彦さんは，できればサカエさんにショートステイを利用してもらって，ゆっくり休養する時間が欲しいという思いがある一方で，サカエさんの興奮状態が続く限り，施設に迷惑をかけてしまうので預けられないという悩みがあ

ることが分かります。そして，そのことにより，ゆとりを持ったケアをしたいという望みはあるものの，施設入所には消極的という状況が見て取れます。

隼くん：主治医はサカエさんの興奮状態の状況を把握していますが，投薬を増強するとサカエさんの身体機能が落ちてしまうので，ケアの力で何とかしたいと思っています。ケアマネジャーは，夫の克彦さんを何とか助けたいという思いが強く，デイサービスの日数増を望んでいます。サカエさんに対しては接し方が分からず困惑している状態で，主治医にしろケアマネジャーにしろ，デイサービスでのアプローチに頼っていると言えます。

天川SV：なるほど…。家族，主治医，ケアマネジャーが困惑する中，デイサービスの皆さんは，サカエさん「本人の思い」から考えるケアの方向性をしっかりと打ち出していると言えますね。この中心部の道しるべがなければ，自分たちのしんどさを解決するための方策ばかりを考えていたかもしれません。

ポイント
- 「本人の思い」を中心にしたケアの考え方をサービス担当者会議で提案しましょう。各援助者の協力がないと本当の成果は出ません。
- 本人の「思い」や「望み」を中心に置いた援助者の課題と望みを図に描いて見える化させましょう。

道を見失わない道しるべのあるサービス担当者会議に向けて

天川SV：サービス担当者会議は良い方向に進みましたか？

隼くん：お陰様で何とか…。**資料45**は全体の状況を把握しやすく，「本人の思い」にも立ちやすかったので，考えに行き詰まることもなく話し合えました。デイサービスのケア方針になる**資料44**も渡しました。15項目もの実行アプローチを提示したことで，夫の克彦さんも主治医もケアマネジャーも，私たちの取り組みに賛同してくれました。「本人の思い」から考えるという論点をしっかりと押さえていたからこそだと言えます。

天川SV：時間はかかりましたが，家族をはじめとして，皆さんの良い道しるべとなりましたね。

隼くん：はい。特にショートステイの利用に躊躇されていた克彦さんが，私たちの取り

資料46　サービス担当者会議で決定されたサカエさんへの具体的実践内容

アプローチ内容	各援助者の具体的な実践内容
いら立ち，不安，つらさを受け止める	（デ）ケア方針（**資料44**）に沿って，ゆっくりとかかわり，昼食時などに楽しく会話をする （家）できるだけ笑顔で接するようにする （ケ）話し相手として定期訪問する （医）A錠の副作用も考えられるので，一度薬をゼロにして，援助者の働きかけを見守る
コミュニケーション法を考える	（デ）対人援助研修や認知症コミュニケーション研修などに参加する。良い状態の時を活用する （家）どんな時に話が通じるか探ってみる （ケ）コミュニケーション法を工夫する
生活リズムの調整	（デ）当面，迎えの時間を一番遅い10時半とし，本人にはゆっくりと起きてもらう。慣れてきたら10時にする （家）デイサービスと歩調を合わせる。夜は少しずつ早く寝てもらうようアプローチする （ケ）ケアプランを修正する （医）睡眠導入剤は使わずに様子を見る
アクティブな面へのアプローチ	（デ）時間を調整して積極的な外出を試みる （ケ）時間が合えば，外出に同行し，信頼関係を構築していく
夫の介護負担の軽減	（デ）良い状態になるきっかけを家族やケアマネジャーなどに情報提供する （家）デイサービスの話を聞いて，ショートステイを少しばかり利用する気になってきた （ケ）ショートステイの利用を検討する （医）不穏状態が過度になるなら考えるが，当面は精神面の投薬抜きで様子を見てみる
体重コントロール	（デ）過度のおやつの摂取は避ける。繊維質のおかずをもう少し増やす。身体を動かすプログラムを増やす （家）機嫌が悪くなるとつい甘いものを渡してしまう。それは許してほしい （ケ）栄養士に相談し，良い方法を探る （医）便秘薬は投与する

（デ）デイサービス，（家）家族，（ケ）ケアマネジャー，（医）主治医

組みを聞いて，その取り組みをショートステイ担当に伝えれば，何とか外泊できるかもしれないと思われたのがうれしかったですね。まずは1泊2日で利用することになりましたが，私たちの情報が左右するので責任重大です。ただ，主治医まで私たちのケアに期待するみたいな雰囲気になり，ちょっと不安でしたが，いつでも往診に行くと言ってもらい安心しました。

天川SV：なるほど。**資料46**を見ると，アプローチ内容が6つに分けられ，それぞれの役割担当が行うことも明確になっていますね。今回は**資料44**や**資料45**をベースに実践内容がまとめられましたが，今後は地域住民や地域包括支援センターにも声をかけて，「地域ケア会議」を実施することもあると思います。

隼くん：まだまだ始めたところなので，これからどうなるか未知数ですが，道を見失わないための道しるべづくりになったのではないかと思います。

> **サービス担当者会議では，論点を間違わないようにして，それを道しるべとしながら検討しましょう。**

サカエさんへのアプローチとその後

天川SV：その後のサカエさんの様子はいかがですか？

隼くん：朝起きる時間がこれまでより1時間遅くなったこともあって，デイサービスのケアスタッフが迎えに行った時の不機嫌さは少なくなったとのことです。しかし，突然変容され，不穏状態が爆発して，ケアスタッフがその対応に追われることは今でもありますが…。でも，以前ほどケアスタッフがパニックになることはなく，ゆったりとかかわることで比較的早く落ち着かれるようになりました。

　どんな取り組みが特に効果があったというものはないのですが，当初は成すすべなく困り果てていたケアスタッフが，さまざまなアプローチというすべを持ったことで精神的なゆとりができたと思います。特にBPSDをサカエさんの感情表現としてとらえて，その感情の背景を探り，受け止めようとする姿勢が少しずつケアスタッフに芽生えてきたことが一番の収穫だったと思います。それに，私たちの言葉がどのようにしたらサカエさんに伝わるのかを考えていく中で，ゆっくりと一言一言繰り返し伝えることで，少し理解してもらえているということも分かりました。

天川SV：ショートステイの利用についてはいかがでしたか？

隼くん：当初は受け入れ側が困惑するほどの不穏や興奮があったのですが，デイサービスから渡した情報を基に，スキンシップを交えながら積極的に話しかけたり，アクティブ活動に参加してもらったりすることで，少しずつ慣れてきたようです。現在は，月2回，2泊3日のショートステイを利用されるまでになりました。

　そのため，夫の克彦さんにも少し心の余裕ができ，今までは気難しい顔ばかりでサカエさんに接していましたが，最近は笑顔で接する時間が増えたように思います。

天川SV：当初は困惑しかなかったケアスタッフが，サカエさんの思いに接近することで，進むべき方向への道しるべを自ら立て，その道しるべを基にサカエさんを支援する人たちも進むことができた事例と言えます。何となく感じていることをしっかりと「意識化」「見える化」し，BPSDを「感情表現」としてとらえ，あくまでも「本人の思い」からケアを組み立てていったことが良い効果につながったと言えるのではないでしょうか。

カンファレンスルーム❻

ケアの時間を有効に使おう
◆仕事に追われ，時間に追われる毎日

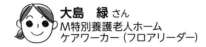
大島　緑さん
M特別養護老人ホーム
ケアワーカー（フロアリーダー）

緑さん：はあ〜。

天川SV：どうしたんですか？　ため息なんてついちゃって。

緑さん：実は先日，同じ法人の在宅のケアマネジャーから「あなたのフロアの職員はあたふたと動き回っているだけで，入居者と向き合っていない。だから，入居を勧めたくても躊躇してしまう」と言われてしまったのです。正直，かなりショックな言葉でした。

天川SV：そうですか。それはつらい言葉でしたね。

緑さん：余裕のある人員を確保できているわけではないので，どうしてもルーティンワークに追われてしまいます。忙しくてなかなか入居者とゆっくりとかかわる時間が取れないと言うと，「忙しいのはどこも同じ。在宅の職員だってそうだし，他の施設は人員が少ない中でも工夫をしながら入居者とかかわっている」とさらに厳しく言われてしまいました。言われても仕方がないのですが…。

天川SV：なるほど。確かに，分かっていてもどうしたらよいか分からない現状のことを厳しく言われたら，本当につらいですね。

緑さん：でも，何とかしたいと思う気持ちはありますし，ケアスタッフたちもそう思っています。みんな入居者とかかわる時間をしっかりと取りたいと思っているのですが，どうやったら仕事をうまく回せるか，考えても，目先の業務をこなす方法しか浮かんでこないのです。

天川SV：自分たちの業務が優先されて，入居者の思いに近づけていないという状況というわけですね。

緑さん：普段の業務をこなすこと自体は，入居者の生活を支えることにつながると思ってやっているのですが，間違っているのでしょうか？

天川SV：そうですね。ルーティンワークも入居者の生活を支える大切な仕事だということは間違っていないですね。さらに，ケアスタッフの皆さんも何とかもっと入居者とのかかわりを増やしていきたいと思っているのなら，変えていけるのではないでしょうか？

緑さん：とにかく，今は時間に追われているという感じです。入居者とかかわる時間をどのように持てばよいか分かりません。

天川SV：時間に追われる毎日なのですね。いつの間にか時間が王様になってしまっていて，王様の様子ばかりうかがっているような感じですか？

緑さん：まさしくそんな感じの毎日です。いつも時間ばかり気にしています。仕事に追われる，イコール時間に追われているという感じです。

天川SV：では，少し時間の使い方を考えてみましょう。そのためには現在行っている業務の整理が必要です。

◆最も大切なことのために時間を使う

緑さん：何から手をつけたらよいでしょうか？

天川SV：最初に，今行っている業務をすべて洗い出してください。とにかく一日の仕事時間は8時間しかありません。残業などは考えず，アクシデントがない限り，その8時間という決められた枠の中で必要な仕事を行っていかなければなりません。そのために，まず一度，すべての業務を書き出してください。

緑さん：それは，みんな分かっているのですぐにできると思います。

天川SV：次に，その一つひとつの業務にかかる時間を書き出してください。そして，職員の必要数と1人当たりの時間も出してください。さらに，各業務の優先度を3段階に分けてみてください。

緑さん：業務の洗い直しですね。これまでやろうとしてできていませんでした。

天川SV：思い切ってその洗い直しの時間を取ってください。それができなかったことも，時間に支配されてしまうこれまでの悪しき習慣を表していると思います。

緑さん：はい。絶対見直すという決意が今までなかったように思います。

天川SV：ここで絶対に忘れてはならないことがあります。**入居者とかかわる時間を必ず確保**するということです。つまり，書き出した一日の業務の中に入居者としっかりとかかわる時間を入れるということです。決められたスケジュールの中にこれを入れようとしたらなかなかできません。ですから，スケジュールを組み立て直す段階で，初めから入れておくのです。

緑さん：最初から組み込んでおけば，確かに動きやすいですね。でも，何分取れるかな…。

天川SV：だからこそ，すべての業務を見つめ直して，余計な時間を使っている業務はないか，1人でできることを2人で行っていないかなど，再確認していってください。そして，最も大切なことはどのようなことなのか，皆さんで今一度話し合って，その時間を確保してください。

◆時間を濃く使う

――その後，緑さんはフロアのケアスタッフと業務内容を洗い直し，再び天川SVを訪ねた。

緑さん：業務をすべて洗い直してみて，日々漫然とやっていたことが意外と多いことに気づきました。それに，業務と業務の間のすき間時間がたびたびあるのです。それなのに，入居者とじっくり向き合う時間が10分ほどしか取れていなかったのです。

天川SV：人員が少ない中で，またケアに時間を要する人が多い中で，それでもよく時間を確保されたと思いますよ。

緑さん：それでも業務の洗い直しをしたお陰で，改めて全体的に仕事を把握できたので，コントロールしやすくなったように思います。

天川SV：そうですね。時間に支配されるのではなく，皆さんが時間をコントロールするという意識を持つことです。それと，時間は単に長さだけではありません。

緑さん：えっと，時間は…，とにかく矢のように過ぎ去ってしまいます。

天川SV：だからこそ，短い時間を有効に使うという意識が必要なのです。特に入居者とのかかわりはとても大切なことですから，**短い時間であってもグッと集中してかかわり，中身の濃い時間にする**ということです。慌ただしくルーティンワークに追われる毎日でも，入居者との濃い時間が少しでもあれば，全くかかわる時間がないよりはるかに意味があります。

緑さん：そうですね。漫然と時間が過ぎるに任せるのではなく，その時間は入居者の心の声にじっくりと耳を傾けることが大切ですね。でも，その時間をおやつの時間として確保したのですが，入居者の状況によっては，その時間以外にも話を聴かなければならない場合が出てくるのですが…。

天川SV：それは，最初から一日のスケジュールの中に入居者とのコミュニケーションの時間を確保しているわけですから，その一日の中でコントロールできるのではないでしょうか？　何が何でもおやつの時間にかかわるのではなく，本当に必要な時にかかわってください。また，10分では到底済まないこともあると思います。その時のためにも，その日の業務を調整できるようにしてください。全体が把握できていれば，調整しやすいでしょう。

緑さん：分かりました。全体の流れをもう少し効率よく実施していけば，入居者との時間はもっと取れると思います。

天川SV：当然，入居者の人数が多いので，一日の中で濃い時間を取ることができるのは限られた人になるかもしれませんが，ケアスタッフが3人いれば，合わせて30分は入居者のどなたかとかかわっていることになります。「濃い時間」を複数で使えば「太い時間」にもなります。総量が限られた時間枠を大切なことに有効に使う。それだけでも現場は変わっていくと思いますよ。

緑さん：そうですね。時間に流されるだけの仕事はしないように頑張ります。

天川SV：それに，業務と業務の間にあるちょっとしたすきま時間，これを活用するのもよいですね。ひと声をかけるということも，積み重ねていけば大きな時間になります。でも，休憩時間はしっかりと取ってくださいね。

緑さん：はい，分かりました！

7 背景要因から探る認知症の人の行動の意味

認知症の人の行動に戸惑い，「困った」「どうしよう」といった状況になることもしばしば。しかし，少し立ち止まって，その「行動」の意味を考えてみたことはあるでしょうか？ 認知症の人の「行動」には必ず原因や理由があります。それを詳細に分析してみると，目からウロコの解決法が見えてくるのかもしれません。

天川SV

登場人物

大野　茜さん
Aグループホーム
ケアワーカー

吉川　幸さん
Aグループホーム
ケアワーカー

穂高　宏くん
Aグループホーム
ケアマネジャー

急に食事を食べてくれなくなった利用者

　Aグループホームに入居して2カ月の伊吹マスミさん（仮名）は，身体的には特に問題ないが，この2週間ほど食事を拒否し，あまり食べてくれない。また，ケアスタッフが声かけをするも，あまり応じてくれず，無口になってきた。同時に，歩行も不安定になり，不活発な状況が続いている。排泄は何とか自力で可能だが，入浴は介助が必要になった。

利用者の異変はいつから？

茜さん：伊吹さんは，自宅におられた時は火の不始末や家に戻れなくなるなどの出来事が続き，一人暮らしが困難となった方なのですが，当ホームに来られた時は，比較的すぐに入居者の皆さんやケアスタッフになじまれ，トイレ，入浴，食事とすべて自分でできていました。何度も同じことを聞かれるなどの物忘れは頻繁にありましたが，当ホームにおける日常生活上は特に困ったことはなかったんです。

天川SV：入居当初に心配されていたリロケーションダメージは少なかったのですね。

茜さん：はい。むしろ安心されたような様子でした。一人暮らしにかなり不安を感じていたのだと思います。

天川SV：いつごろ伊吹さんの異変に気づきましたか？

茜さん：ここ2週間ほどですが，実際には1カ月くらい前から様子の変化があったのだと思います。入居後落ち着いておられたことと，一過性のものではないかという思いから，伊吹さんの観察に油断があったのかもしれません。

天川SV：入居当初は伊吹さんも緊張していたところがあったのでしょうが，徐々にこれまでの生活からの変化に対するダメージが出てきたのかもしれませんね。異変に気づいて，まずどのようなアプローチを行いましたか？

茜さん：とにかく食事をされなくなったことで生活機能全般が低下してきたので，まずは主治医に診ていただきました。私たちは，先日勉強した「ひもときシート」をやってみようということになりました。

天川SV：なるほど…。「ひもときシート」を使って何を理解しようと思いましたか？

茜さん：伊吹さんの現状の原因や理由とか，伊吹さんの思いが少しでも理解できればと思いました。そこから伊吹さんへのアプローチを考えられるのではないかと…。

天川SV：そうですね。まずは現在の状況をしっかりと把握した上で，伊吹さんのことをもっと知っておく必要がありますね。では，ここからは考え方のポイントを確認していきたいと思います。

茜さん：分かりました。

利用者のその「行動」には意味がある

天川SV：最初に皆さんの困り事を一度分析してみましょう。私たちは利用者とのかかわりで特に課題を感じなければ立ち止まることはあまりないのですが，ひとたび利用者のことで困ったことが起きると，それだけで「○○さんの行動に困った！　どうしよう！？」と動揺してしまいます。その具体的状況を書き込むのが「ひもときシート」のA欄やC欄になるのですが，実はこの「○○さんの行動に困った！　どうしよう！？」という短い文章の中に，この後のケアの見直しに向けてのさまざまな「押さえどころ」が入っているのです。

茜さん：「押さえどころ」…。う〜ん，よく分からないので，詳しく教えてください。

天川SV：この短い文章の中には「行動」と「困った！」と「どうしよう！？」の3つの言葉がありますが，それぞれに意味があることが分かりますか？

茜さん：え〜っと，「行動」は，まさしくBPSDそのもののことを言うのではないでしょうか？

天川SV：なるほど…。確かにBPSDの状況を的確に把握することは大切なことですが，この「行動」がどのような理由で出てきたのかという「行動」の原因や理由を考えることが必要です。**今私たちが見ている利用者の行動は結果の姿であって，「なぜその行動になったのか」という原因や理由がある**はずです。

茜さん：つまり，私たちがトイレに行くという行動を起こすのは，おしっこがしたいからということと同じですね。

天川SV：そういうことです。大声で叫ぶ認知症の人がいた場合，ケアスタッフはその行動に困ると思いますが，もしかしたらその行動の理由はトイレに行きたいというものかもしれませんよね。つまり，「行動」と一言に言っても，私たちはその行動の奥にあるものを見つけなければならないということです。

茜さん：今の本人の行動を的確に把握することと，その行動の背景，原因，理由を考えるということですね。

天川SV：ところが，「行動」の意味するところはそれだけではないのです。まだ大事な点がありますよ。

茜さん：まだあるのですか？　何でしょう？

天川SV：本人とかかわる人たち，つまり**私たち援助者側の「行動」もチェック**しなければなりません。

茜さん：確かにそうですね。私たちの「行動」一つひとつが認知症の人の生活を左右す

ると言えますもんね。

天川SV：ここで押さえておいてほしいのは，本人の置かれている状況をできるだけ理解するということと，援助者のこともしっかりと振り返るということ。これらはこの後もずっと大切なポイントになってきます。

茜さん：理解できました。

> **ポイント**
> 「行動」を見る
> ①的確に今の利用者の状況を把握する。
> ②利用者の「行動」につながる原因・理由を探る。
> ③援助者の「行動」についてもチェックする。

「困った！」「どうしよう!?」は私たちの困り事

天川SV：次に「困った！」について考えてみましょう。「どうしよう!?」と似たところがありますが，「困った」は現状についての気持ち，「どうしよう!?」はこれからどうしたらよいのかという「行動」についての思いというように分けて考えてみてください。

茜さん：やはり最初に思い浮かぶのは，どうしても「私たちにとって困ったこと」ということです。でも，ここでも「本人の視点」に立って考えるということですよね？

天川SV：例えば，怒り出した認知症の人がいたら，ケアスタッフは「困った！　どうしよう!?」と思うわけですが，これはあくまでも私たちにとっての困り事ということですよね。しかし，実は認知症の人こそが本当に困っている状態にあり，どうしたらよいのか分からない状況なのですよね。当然，茜さんが言うように，本人の立場になって困り事を考え，どうあるべきかを考えていかなければなりません。逆に言えば，援助者の困り事はいったいどういうものなのかをはっきりとさせておく必要もあるということです。

茜さん：私たちの，いわゆる「自己覚知」も大切だということですね。「どうしよう!?」という思いについても同じように考えるということですね？

天川SV：そうですね。ただ，認知症の人の「どうしよう!?」とケアスタッフの「どうしよう!?」は，ニュアンスが少し違ってきます。

茜さん：私たちが認知症の人に対してどうしたらよいか分からないと思っているように，本人もどうしたらよいのか分からないと思っているという解釈ではだめですか？

天川SV：確かに，本人にとってどう行動したらよいか分からないといった状況は，「行動」そのものが混乱していると言えますね。一方，ケアスタッフもどう行動したらよいのか分からないという状況ですが，お互いに「分からない」では考えが前へ進むことはありません。ケアスタッフは「どうしよう！?」でとどまるのではなく，「どうしたらよいのか」「どうあるべきなのか」を考え，一歩前へ進む形で準備を始めておかないと，次のステップに進むことができないでしょう。ケアスタッフが「どうしよう！?」と思うところからケアの見直しに向けた作業が始まっていると言えます。

ポイント

「困った！」を見る
　①利用者の困っていることを利用者の立場で考える。
　②援助者の「困った！」の意味をはっきりさせておく。

「どうしよう！?」を見る
　①利用者も「どうしよう！?」と思っている。
　②「どうしよう！?」の状況からケアの見直しが始まる。

事実を積み上げて想像力を働かせよう

茜さん：「事例概要シート」（**資料47**）を基に「ひもときシート」を使って伊吹さんの背景や心理状況に近づくことを試みました。天川SVがおっしゃられていた私たちの自己覚知の必要性と共に，伊吹さん本人の視点で考えることを念頭に置きながら，なぜ伊吹さんが食事をしなくなったのか，その背景を考えてみました（**資料48**：P.158〜159）。

天川SV：うん。なかなかよくできているじゃないですか。

茜さん：これに先立ち，医療的な面で何か問題が生じているのではないかと考えて，伊吹さんの主治医を受診しています。診察の結果，主治医からは「特に内科的には問題は見当たらない。MRIを取らなければならない顕著な異変もない。たとえMRIで脳の萎縮の進行が見られたとしても，あとは援助者がいかにかかわるかがポイント」ということでした。また，これ以上身体の機能を悪くするのも逆効果ということで，認知症改善薬と睡眠導入剤（以下，眠剤）の投与も中止されました。ただし，脱水や栄養状態が悪くなることが十分考えられるので，栄養価の高いものを摂り，水分補給を怠らないよう注意し，身体状況を十分に観察するよう指示がありました。

資料47　伊吹さんの事例概要シート

事例概要シート					○年　○月　○日現在	
事業所名（種別）	Aグループホーム			担当者名	大野　茜	
本人氏名	伊吹マスミさん	年齢	71歳	性別　男・⦅女⦆	要介護度	介2
日常生活自立度	障がい高齢者自立度　B2			認知症高齢者自立度	Ⅲa	
ADLの状況	食事	自立・一部介助・⦅全介助⦆		排泄	⦅自立⦆・一部介助・全介助	
	移動	⦅自立⦆・一部介助・全介助		着脱	自立・⦅一部介助⦆・全介助	
	入浴	自立・⦅一部介助⦆・全介助		整容	⦅自立⦆・一部介助・全介助	
パーソン・センタード・ケアから見る認知症にかかわる要因						
認知症の診断名 （脳の器質性疾患）	アルツハイマー病　HDS-R14点					
生活歴 （学歴・職歴）	学歴は不詳。夫は30年前に亡くなり，以降ずっとスーパーで働いていた。					
生活スタイル （趣味・習慣） （経済状況）	早寝早起きの生活リズムを続け，質素な生活をしていたとのこと。趣味はクラシック音楽を聴くことと写真撮影と思われる。 経済状況は年金だけでは厳しく，本人がコツコツとためた貯金から支出している。					
パーソナリティ （性格・個性）	穏やかで，どちらかと言うと無口。集団の中で楽しむと言うより，一人で過ごす方が落ち着く感じ。					
社会的立場 （地位・役職）	特に何かの役職に就いたことはない。町内会でも目立ったことはしなかった。					
現病・既往歴 （認知症以外）	血圧が少し高めであること以外は，特に顕著なものはない。					
認知症にかかわるその他の重要な要因						
現在の生活環境 （居室・リビング）	個室使用。自室はいつもカーテンを閉めきっており，昼夜が分かりづらい。しかし，閉じこもるわけではなく，明るいリビングでも過ごしている。					
本人にかかわる人たち （家族・職員）	ホームの全職員，娘夫婦。孫は高校生で，姿を見せない。ただ，元の家に帰りたい（家はもうない）と思わないように，面会は避けている。					
生活上の規則 （施設の決まり）	基本的にホームの日課（スケジュール）の下で生活しており，本人独自のものがない。					
その他気がかりなこと	不活発なところ。身体的に問題がないか，認知症が著しく進んでいないか気がかり。					
事例のBPSDにかかわる概要（簡潔に）						
ここ2週間ほど，食事を拒否し，あまり食べてくれない。また，無口になってきた。同時に歩行も不安定になり，不活発な状況が続いている。排泄は何とか自力で可能だが，入浴は介助が必要になった。						

　　天川SV：分かりました。では，この「ひもときシート」から見えてきたものをどう生かしていくか考えていきましょう。まずは「ひもときシート」の共感的理解から見ていきましょう。

　　茜さん：伊吹さんについて，ひと通り「ひもときシート」を記載して思ったのですが，確かに思考展開エリアを分析していく過程で，今まで私たちが気づいていなかったことに気づけてよかったと思います。ただ，伊吹さんの視点に立った想像が本当に正しいのかどうか，ちょっと自信のないところもあります。

天川SV：なるほど。思考展開エリアの分析で事実証拠を積み上げていったとしても，最終的に「本人の思い」については想像力を働かせるしかないので，茜さんの不安は当然だと思います。しかし，事実証拠を積み上げた上での想像ですから，空想ではないのです。むしろ，**事実を基に想像力を働かせるという「感性」こそが大切**なのだと思いますよ。

茜さん：対人援助技術もしっかりと身に着けた上で「感性」を磨いていくということも，私たちの大切な仕事の一つですね。

天川SV：そのとおりです。ここでは詳しく説明しませんが，「バイスティックの7原則」はしっかりと理解し，専門職としてトレーニングを積んでいかなければならない技術です。

　それと，「感性」と言えばもう一つ，認知症の人の感性についても，もっと考えていく必要があります。

茜さん：認知症の人の感性ですか…。分かるような，分からないような…。

天川SV：それでは「ひもときシート」を振り返りながら，そのことについても考えていきましょう。

- 「バイスティックの7原則」などの対人援助技術を身に着けるための勉強は，ケアの仕事をする上で必要不可欠なものです。
- 利用者本人の視点で，根拠に基づいたイマジネーションができるよう，日頃から「感性」を育む努力をしましょう。

事実を振り返ると見えてくるものがある

天川SV：「ひもときシート」のE欄を見てみると，事実証拠を積み上げた上で，伊吹さん「本人の思い」に接近して書いたものですね。ここで分かるのは，「これまでのライフスタイルに合っていない」もどかしさに加え，「家族に会えず寂しい」「ケアスタッフがよそよそしい」など，感情面がネガティブにならざるを得ない状況に伊吹さんがいるのではないかということですね。

茜さん：はい。食欲が失われたのはそのためではないかというのはあくまでも推測でしかないのですが，身体的に問題がなければ，精神面にかかわるような生活環境が影響しているのではないかと思いました。

資料48　伊吹さんのひもときシート

Ⓐ　課題の整理Ⅰ　あなた（援助者）が感じている課題

事例にあげた課題に対して，あなた自身が困っていること，負担に感じていることを具体的に書いてください。

最近，食事を促しても自ら食べようとせず，食事介助を行おうとしても手で払いのけてくるので，なかなか食事が終わらない。もっと食べてもらわなければと思う半面，食事介助に時間がかかることで，ついイライラしてしまって，伊吹さんを放置して他の入居者のところへ行ってしまう。
元々無口だったが，最近は特に話をしてくれない。

Ⓑ　課題の整理Ⅱ　あなた（援助者）が考える対応方法

①あなたは本人にどんな「姿」や「状態」になってほしいですか。

今まで自力で食事をしていたので，何とかまた自分で食べてほしいし，しっかりと栄養を摂ってほしい。

②そのために，当面どのようなことに取り組んでいこうと考えていますか？あるいは，取り組んでいますか。

時々口の中に少しずつ入れてはくれるが，ケアスタッフがつきっきりというわけにはいかないので，他の仕事をしながら，様子を見て食事介助するようにしている。そのため，ある程度の量を食べてもらうまで1時間半くらいかかってしまう。現在のところ，他の取り組みは浮かばない。

（1）病気の影響や，飲んでいる薬の副作用について考えてみましょう。

大きな病気はないので，飲んでいる薬も認知症改善薬のA錠と眠剤くらいだったが，それも今は中止されている。
入居当時は自力で食事をしていたので，2カ月たって認知症が進んでしまったのだろうか？
最近主治医の診察を受けたが，特に変わりはなく，あとはケアスタッフの問題と言われた。

（4）音・光・味・におい・寒暖等の五感への刺激や，苦痛を与えていそうな環境について，考えてみましょう。

特にないと思うが，部屋のカーテンはいつも閉めっぱなしである。朝になっても昼間でも閉めっぱなしで，ケアスタッフが開けても閉めてしまう。明るいリビングにはいるので，明るいのが嫌というわけではなさそう。部屋の中にいると昼夜の生活リズムが崩れてしまいそう。

（6）住まい・器具・物品等の物的環境により生じる居心地の悪さや影響について考えてみましょう。

在宅ではそれなりに料理や洗濯をしていたらしい。鍋を焦がしたり，何回も同じものを洗濯したりしていたようだが，グループホームに来てからは，台所に立つことも，洗濯することもなかった。今までとは勝手が違うということもあるのだろうが，何かを触る，動かすということ自体がなくなったように思う。

STEP 1　評価的理解　援助者として感じている課題を，まずはあなたの視点で評価します。

STEP 2　分析的理解（思考展開エリア）

（2）身体的痛み，便秘・不眠・空腹などの不調による影響を考えてみましょう。

特に身体的に痛みを訴えていることはない。歩行も入居時とあまり変わらない。夜間もよく休んでいるように思う。
しかし，入居時と比べてかなり食事量が減った。だからと言って，空腹を訴えることもない。ただ，自力で食事している時から食事をするスピードは遅かった。

（3）悲しみ・怒り・寂しさなどの精神的苦痛や性格等の心理的背景による影響を考えてみましょう。

精神的苦痛を何か訴えるということは特にない。しかし，入居当時はそれなりに話ができたが，最近はふさぎ込んでいることが多く，声をかけてもあまりしゃべってもらえない。寂しそうな表情の日が多くなっている。ただ，声をかければ部屋から出てくるので，うつ症状に陥っているとは思わない。

Ⓓ 課題の背景や原因を整理してみましょう

思考展開エリアに記入した内容を使って，この課題の背景や原因を本人の立場から考えてみましょう。

これまでの伊吹さんの生活スタイルや性格をあまり重要視していなかったのではないか。
身体的には大きな問題はないので，精神的なことが食事をしないことにつながっていると思われる。
もっと積極的に伊吹さんにかかわる必要がある。

課題に関連しそうな本人の言葉や行動を書き出してみましょう

あなたが困っている場面（Aに記載した内容）で，本人が口にしていた言葉，表情やしぐさ，行動等をありのままに書いてください。

自力で食べようとせず，食事介助にも時間がかかる。最近はほとんどしゃべってくれないし，どちらかというと，動きがなく，じっと座っているだけといった状況。時には食事介助者の手を払いのけることもある。入居当時はしっかりと自力で食事をしていたのに。

（5）家族や援助者など，周囲の人の関わり方や態度による影響を考えてみましょう。

ホームシックにならないようにと，入居後娘夫婦の面会は月1回程度。
口には出さないが，グループホームという新しい生活の場に来て，寂しさが増しているのではないか。その寂しさに対し，私たちケアスタッフもあまりサポートしていなかったのかもしれない。激しいBPSDもなく，そこそこ自立されていたので，他の入居者への対応に追われる中で，あまりかかわりを持っていなかったのも事実。

Ⓔ 「A課題の整理Ⅰ」に書いた課題を本人の立場から考えてみましょう

「D課題の背景や原因の整理」を踏まえて，あなたが困っている場面で，本人自身の「困り事」「悩み」「求めていること」は，どのようなことだと思いますか。

グループホームでの生活は自分のこれまでの生活スタイルと合っていない，家族に会えず寂しい，ケアスタッフがどこかよそよそしいなど孤独を感じているのでは。そのために食欲が失われたのだろうか。
身体的には異常がないので，精神的・環境的影響が大きいと思われる。

（7）要望・障害程度・能力の発揮と，アクティビティ（活動）とのズレについて考えてみましょう。

入居間もないころは，歌に誘えば一緒に手拍子をして歌ってくれたが，どこか合わせている感じだった。体操の時もそれほど楽しそうではなかった。
しかし，少し前に伊吹さんがリビングに一人でいる時に，ケアスタッフがモーツアルトの音楽を流すと，楽しそうにリズムに合わせて身体を動かしていたという。大勢で何かやるよりも，一人で音楽を聴いている方が合うのかもしれない。

（8）生活歴・習慣・なじみのある暮らし方と，現状とのズレについて考えてみましょう。

夫を早くに亡くし，スーパーで働きながら一人娘を育てたらしい。娘は結婚後仕事と家庭に忙しく，長年伊吹さんは一人暮らしだった。
趣味は，夫が好きだったという写真撮影に一緒に付き合っていたとのこと。また，クラシック音楽を聴くことも好きだったようだが，ホームにはカメラも撮った写真も，そしてラジカセやCDも持参していない。
食事については，元々質素だったとのこと。

Ⓕ 本人にとっての課題解決に向けてできそうなことをいくつでも書いてみましょう

このワークシートを通じて気づいた本人の気持ちにそって㋐今できそうなことや㋑試せそうなこと㋒再度の事実確認が必要なこと等をいくつでも書いてみましょう。

援助者主体の考え方が問題なので，適切なケアを考える。もっと伊吹さんの気持ちをくんだケアを再検討する。例えば，会話や活動の時間を増やす，伊吹さんの興味があることをやってもらう，生活リズムを整えるなど。また，家族とのかかわりが増えるよう方策を考える。

根本的な課題解決に向けて，多面的な事実の確認や情報を整理します。　　**STEP 3　共感的理解**　　本人の視点から課題の解決を考えられるように，援助者の思考展開を行います。

天川SV：伊吹さんのつらい思いに少しでも近づこうとしているのですね。ただ，伊吹さんの心の中には，他にもいろんな感情が入り交じっているようにも思います。少し引き出せば，前向きになれるヒントとなる感情も出てくるかもしれません。
　　　伊吹さんは全くしゃべられませんか？　何か訴えを聞いたことはありませんか？
茜さん：そもそも，伊吹さんと向き合って話をする時間をあまり取っていなくて…。伊吹さんがほとんど話されないので，ケアスタッフもあまり話しかけないというところがありました。
天川SV：伊吹さんの状態にいつの間にかケアスタッフが同化してしまい，伊吹さんの思いに近づけていなかったということでしょうか。「ひもときシート」にはそこまでは書かれていませんでしたが，進めていくうちに気づいたのですか？
茜さん：思考展開エリアを進めていくうちに気づきました。そう言えば，伊吹さんと会話をしていない，伊吹さんとの会話の記憶がないなと。ちょっとショックでした。だから，「ひもときシート」に書くのが恥ずかしかったのです。
天川SV：良い気づきがありましたね。事実証拠を積み上げて「本人の思い」を想像することは「ひもときシート」の展開でとても大切なことですが，その積み上げた事実証拠の中に，その人とのコミュニケーションがしっかりと取り入れられているかということも「ひもときシート」のD～Fの各欄では押さえておいてください。
　　　伊吹さん自身，本当は豊かな感情を持っておられるのに，かかわる私たちがそれを封印してしまっていることがあるかもしれませんね。
茜さん：食事を拒否する原因が私たちの想像したことと合っているかどうかは別として，私たちの対応が伊吹さんの生活に対して不適切であったという実情がよく分かりました。

◆漠然とした言葉で終わらせない

天川SV：では，F欄に書かれた内容から，大切なポイントを押さえておきたいと思います。Eの欄に書かれたことを前提に，F欄では前向きな言葉が並んでいますが，ここで注意する必要があるのは，前向きな言葉ではあるけれど，漠然としたあいまいな言葉で終わっていて，具体的な実施内容が決まっていないということです。
茜さん：前向きだけど，あいまいな言葉というのはどのようなことなのでしょうか？
天川SV：F欄を見ると，例えば「ケアを再検討する」「方策を考える」と書かれていますが，「ひもときシート」を展開する上で本当に大切なことは，ここをどのように具体化させるかということです。この点について次の段階を考えていますか？
茜さん：時間がなかったこともあり，次回また考えようということになっています。でも，正直「再検討する」「方策を考える」というところまで到達したことに満足し，この先のことはもやもやとしていて，何となく先延ばししただけという状況です。

天川SV：カンファレンスでもよくあるのですが，せっかく前向きな言葉が出てきたのに，そのまま具体的な行動が示されずに終わってしまうことがあります。よく使われる言葉に「見守り」というものがありますね。

茜さん：「見守り」という言葉は私たちもよく使います。「○○さんの見守りをよろしくお願いします」など，申し送り時には多用していますね。ただ，あまりにも漠然としていて，実際には今までと変わらない状況が続くということがあると思います。

天川SV：そうですね。ポイントは，ケアスタッフに何が問題で，どうしなければならないのかということを明確に分かってもらうことと，**ケアの見直しの中身を漠然とした言葉で終わらせるのではなく，具体的にする作業が必要**ということです。

茜さん：何が問題なのかという点は，「ひもときシート」のD欄やE欄をしっかりとケアスタッフに説明するということですね。

天川SV：「援助者主体の考え方が問題」という文言がありますが，具体的にどのようなことなのかをしっかりと伝えるようにしてください。

茜さん：何が問題なのかが分かっていないケアスタッフも多いので，しっかりと伝えるようにします。

天川SV：次に，「適切なケア」とは具体的にどういうものなのか，この言葉だけでディスカッションできる項目ですね。これは伊吹さんだけの問題ではないでしょう。「再検討する」「方策を考える」は先ほどお話ししたように，より具体化させていくことが必要です。

茜さん：分かりました。

◆「ひもときシート」に出てこない部分も押さえる

天川SV：「ひもときシート」は，認知症の人の思いに接近し，その思いを理解した上でケアの展開を再度組み立てていくことができるツールですが，これですべてが分かるわけではありません。例えば，医師から「脱水や栄養状態が悪くなることも十分考えられるので，栄養価の高いものを摂り，水分補給を怠らないよう注意し，身体状況を十分に観察すること」という指示がありましたね。確かに本人の思いを大切にしたケアの見直しは重要ですが，当然それだけで生活の安定につながるとは言えません。身体状況や生活環境など，利用者を包括的に見てかかわらなければなりません。この場合も，根拠を理解し，具体的実践を明確化するという作業が必要になります。医師からの指示を聞き流さないようにして，具体的にどのように実践するのかまで決めてください。「十分に観察すること」という医師の言葉も，具体的にどのように観察するのかを決めなければなりません。「ひもときシート」は本人の視点からケアを組み立てるヒントになるツールですが，これ自体が介護計画になるものではないということを理解しておいてください。

資料49 伊吹さんのチェックポイントフロー図

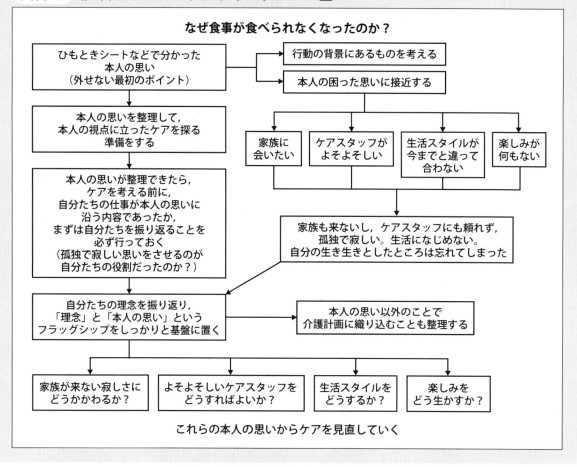

茜さん：「ひもときシート」を使って得た情報を基にして，ケアプランと共に，詳細を記した個別援助計画の見直しを行うということですね。ここからが本当に大切な部分と言えるかもしれませんね。あいまいなまま終わらせないように気をつけなくては。

天川SV：そのためにも，この後，**資料49**のチェックポイントフロー図を確認しながら進めていきましょう。

- 認知症の人の行動の背景・原因をケアスタッフ全員が理解できるよう伝えましょう。
- 漠然とした言葉で満足せず，より明確に具体化したケア内容を考えましょう。
- 本人の思いだけでなく，医療面や生活面などを多角的に確認して介護計画を組み立てるよう留意しましょう。

私たちに「気づき」がないと前へ進めない

天川SV：最初のポイントとして，伊吹さんの行動の背景にあるものを考え，本人の困った思いに接近しました。次に，バラバラに出てきた「本人の思い」を整理して，いったんまとめてみましょう。「本人の視点」に立ったケアを探る準備を始めます。援助者の反省点がしっかりと見えてくるはずです。

茜さん：私たちに気づきがないと先に進めないということですね？

天川SV：そのとおりです。私たちの不適切なかかわり方で伊吹さんの生活が崩れているのなら，それは大きな責任が問われることです。一人の人の人生のエンディングのカギを握っているとも言えます。ちょっと厳しいようですが，**自らを振り返ることを忘れない**でください。

茜さん：私たちの仕事の意味も問われるということですね。やはり，仕事の理念をしっかりと押さえておかなければならないですね。

天川SV：皆さん自身の仕事の理念と本人の思いは，フラッグシップ（最上位のもの）としてしっかりとケアのスタートラインに置かなければなりません。同時に，先ほども言いましたが，「本人の思い」だけでなく，**専門職としての観察ポイントも整理**しておいてください。

茜さん：日頃の忙しさや目の前に立ちふさがる大きな問題があると，介護職としての重要な観察事項を含めて，すぐにこのフラッグシップが忘れられてしまいますね。これを忘れると，結局，私たちの成長にもつながらないということですね。

天川SV：当然ながら，認知症の人本人の成長にもつながりません。

茜さん：認知症の人の成長ですか…。私たちは，認知症になれば，減衰はあっても成長はないと思ってしまいますが，そうではないということですね？

天川SV：これについては，難しいことかもしれないけれど，とても重要なことだと思います。簡単に言えば，「**残存機能を生かす**」ということになります。しかし，単に機能ではなく，豊かな感情を引き出すということです。皆さんと一緒に考えてみましょう。

茜さん：分かりました。何だか新しい世界を見るようでワクワクします。個別ケースについて考える上で，ケアそのものの在り方を考えていくことも必要ですね。

◆家族の思いも傾聴する

茜さん：私たちの理念を見直し，伊吹さんの思いに接近した後の展開はどうすればよいでしょうか？

天川SV：せっかく伊吹さんの思いを出してもらっているので，一度まとめたものをもう1回分解してみましょう。そして，その一つひとつの思いに対して，どうかかわっ

資料50　伊吹さんの思いからケアを見直そう①

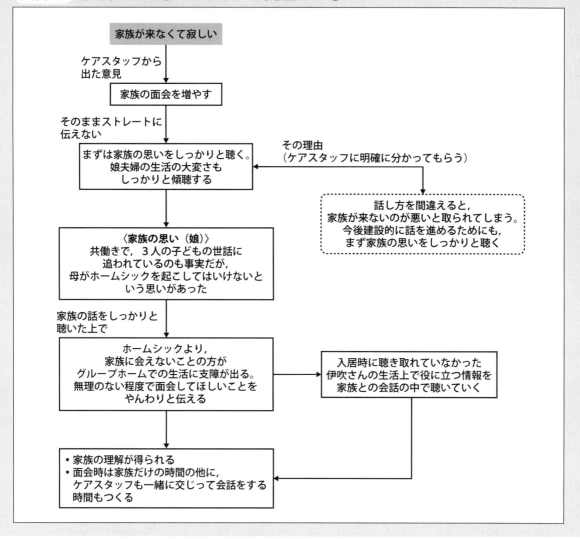

ていくかということを考えていきましょう。

茜さん：例えば，「家族が来なくて寂しい」という項目が1つの項目になるということですか？

天川SV：そうですね。皆さんがこれから考えるのは，その「家族が来なくて寂しい」という本人の思いに対して，どのようなケアを実践するかということになります。**資料50**を見ながら考えていきましょう。

茜さん：まずは「家族に来てもらう回数を増やす」などでしょうか？

天川SV：簡単に言えばそうなりますが，家族には家族の思いや抱えている悩みがあるでしょうから，いきなり「お母さんが寂しがっていますから，もっと面会に来てください！」などとは言わずに，まずは家族の状況も確認しながら話を進めていきましょう。相手の視点で考えることを常に忘れてはなりません。そのためにも，なぜそうしなければならないのかという理由をケアスタッフにも分かってもらうことが大切です。

茜さん：私だけが理解していてもだめだということですね。家族の立場でも考えるということを他のケアスタッフが理解しないまま発言してしまう場合もありますものね。下手をすると，ケアスタッフとの信頼関係が崩れかねないですね。

天川SV：はい。家族もいろいろな思いを抱えています。その点をしっかりと聴いた上で，伊吹さんの現状打開のために協力を求めてみましょう。間違っても，強引に押しつけるようなことはしないでください。家族とじっくりと話せるようになると，今までケアスタッフが知らなかった情報も得ることができるかもしれません。

茜さん：分かりました。ただ，次の「ケアスタッフがよそよそしい」という課題と関係するのですが，家族の面会時に私たちケアスタッフも一緒に加わる時間があれば，伊吹さんとの溝を少しでも埋められると思うのですが…。

天川SV：もちろん，家族の了解が取れればそれもよいでしょう。ただ，家族だけの時間も必要だと思いますので，そこは配慮をお願いします。

茜さん：分かりました。

ポイント

- 自らを見つめ直すことがなければ，専門職としての成長にはつながりません。自分自身と認知症の人の成長にかかわる仕事をしていることを自覚しましょう。
- 専門職としての必要な観察事項もしっかりとチェックしましょう。
- 思いついたケア内容を安易に実施せず，常に本人の視点で考えて実行することが大切です。

ケアスタッフが本人にとって困った存在になっていないか

茜さん：ケアスタッフをよそよそしく感じているという「本人の思い」については，私たちケアの仕事に携わる者の存在価値にも関係することですね。

天川SV：そのとおりです。先ほどもお話ししたように，皆さんの人間的成長に関係するだけでなく，認知症の人の生活の質，あるいは人生のフィナーレの質に大いにかかわることであり，私たちは決して利用者を不幸にするために存在しているのではありません。私たちが変わることによって「本人の思い」に寄り添っていくことになるの

資料51　伊吹さんの思いからケアを見直そう②

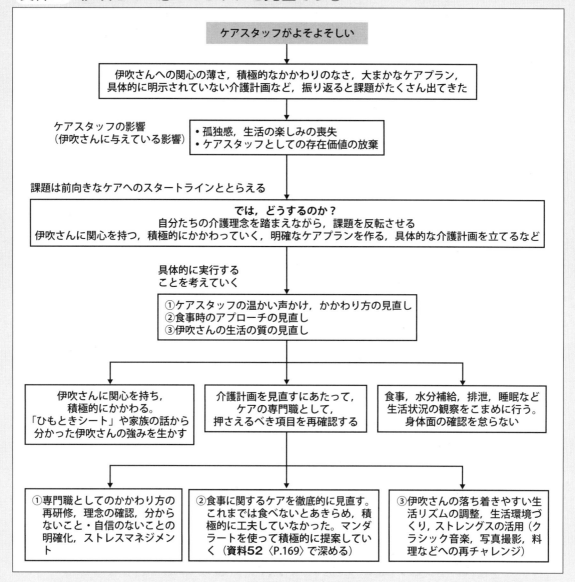

で，しっかりと自分たちの現状を振り返りながら伊吹さんへのかかわり方を組み直していきましょう。この点についてもフロー図を作りながら考えていくと分かりやすくなります（**資料51**）。

茜さん：分かりました。入居者の生活をより良いものにするということは，私たちの人間的成長にもつながるので，反省しつつ，前向きに考えていくようにします。

天川SV：まずは，伊吹さんが「ケアスタッフがよそよそしい」と感じているのではないかと考えた背景にあるものをまとめてみましょう。

茜さん：なぜそう思ったのかということを話し合ったら，各ケアスタッフから，伊吹さんへの関心が薄く，あまりかかわっていないという意見が出ました。また，ケアプランや介護計画を見直すと大雑把にしか書かれておらず，細かい観察もできていないこ

とが分かりました。それと，食事介助時に本人が拒否すると，簡単にあきらめてしまっているケアスタッフの姿が浮き彫りになり，自分自身もその一人だったと思い，本当に情けない限りです。

天川SV：なるほど。自らの振り返りは絶対必要ですね。これをやらないと前へ進めないことは前にもお話ししましたね。また，ケアプランと介護計画は書かれていても，読まれていなかったり，そのとおりに実行されていなかったりすることがよくありますね。

　では，このようなケアスタッフの態度が伊吹さんにどのような影響を与えているのか，次にそのような行動を取る私たちはどういう存在なのかを考えてみましょう。

茜さん：伊吹さんからすれば，信頼できない人たちに囲まれて，一人ぼっちという孤独感や，生活そのものに対する喪失感があると思います。

天川SV：私たちからすると，伊吹さんは食事を拒否する困った入居者に見えていたかもしれませんが，**伊吹さんからすれば私たちが困った人たちだったわけです。**

茜さん：そうですね。私たちがどのような存在だったかというと，ケアの専門職としての専門性を忘れていたのかもしれません。

天川SV：確かに，知識の希薄さや人員不足などから来るストレスは多かれ少なかれあるでしょうし，ストレスマネジメントも大切なことです。しかし，「本人の視点」から見て私たちが困った存在ならば，考え方を根本的に変えていかなければなりません。

専門性を忘れてしまった私たちケアスタッフは，本人からすれば困った存在でしかありません。

振り返りは前へ進むためのスタートライン

天川SV：自分たちを見つめ直すと，そこで立ち止まってしまい，どう動いて，どう考えたらよいか分からなくなり，途方に暮れてしまうケアスタッフもいるかもしれませんね。

茜さん：そうなんです。本当に考えるということが苦手なようです。一人ひとりのケアスタッフはみんな優しいのですが，考える前に困惑の表情を浮かべるだけなんです。

天川SV：ここまで振り返ることができたということをまず評価してあげてください。そして，自分たちの介護理念もしっかりと振り返ることをまず押さえておいてください。

茜さん：自分たちの存在価値にも影響することですね。

天川SV：そのとおりです。その次に，せっかく出た振り返りの言葉を活用してみましょう。

茜さん：と言うと，例えば，伊吹さんへの関心の薄さや積極的なかかわりのなさという点がありますが…。

天川SV：その**自分たちの課題をケアのスタートラインとして活用する**のです。伊吹さんへの関心が薄いのならば，伊吹さんへの関心を深めるケアを考えるのです。積極的なかかわりがないのなら，積極的なかかわりが行えるケアを考えるのです。課題を反転して考えたら，やるべきこと，考える方向性がすぐに出せますね。

茜さん：目標が漠然としたケアプランならば，目標をはっきりと明確化させたケアプランを作る，ケア内容が具体的に書かれていない介護計画ならば，具体的な介護計画を立てる。なんだ，当たり前のことですね。

天川SV：そうですよ。難しいことではありません。しっかりと振り返りができたら，その課題，つまり「できてないことをできるようにしていくためのケアを考える」という視点に反転するのです。ここまで来たら，いつまでも振り返ってドギマギしていないで，前へ進んでいくことだけに集中して考えてみましょう。振り返りは前へ進むためにあるのです。

茜さん：簡単な発想の転換すらできていませんでした。具体的な介護計画を立てるのにはどうしたらよいのだろう？というところで，「分からない」を理由にして立ち止まっていたと思います。

天川SV：では一度，皆さんと具体的な実行案を考えてケアを見直していきましょう。

◆思考展開の方法として「マンダラート」「6W2Hシート」を活用する

──Ａグループホームのケアスタッフは再度話し合いの時間を持ち，伊吹さんへのケアについて具体的に実行していく内容を検討した。このカンファレンスには，茜さんの他，時間の取れたケアワーカーの幸さんとケアマネジャーの宏くんが参加した。

茜さん：私自身の振り返りから，伊吹さんへのアプローチは，ケアスタッフの温かい声かけの実践や対人援助技術の見直しを行うことにしたいと思います。つまり，私たちのスキルアップも行わなければならないということです。それと，食事時のアプローチの見直しと，伊吹さんの生活の質の見直しを軸に考えていきたいと思っています。

天川SV：スキルアップについては，苦にならないよう，いろいろなことが分かっていくことが楽しく感じられるようにしましょう。そのためには，誰かに指摘されるのではなく，自らが振り返ることが大切です。これにより前向きな姿勢につながると思います。

茜さん：私は自分を振り返って，本当に情けない思いをしました。でも，その情けなさが逆に前向きに考えるパワーにつながりました。

資料52　伊吹さんへの食事時のアプローチをマンダラートにまとめよう

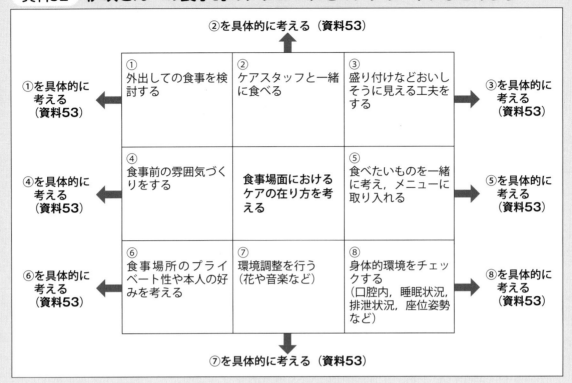

宏くん：「ひもときシート」をもう一度見直したり，家族との交流の中で情報を得たりして，積極的に考えていこうと思うのですが，どこから考えていけばよいでしょうか？

天川SV：食事時のアプローチから考えてみてはどうでしょうか？

幸さん：食事をされないと，何の工夫もせずにあきらめてしまっていたので，きちんと見直していきたいです。

天川SV：食事時のアプローチについて「マンダラート」を使って考えてみましょう。まずは，「どうせ無理」とは思わないで，とにかく「こんなことが必要ではないか」とか「あんなことができるのではないか」というアイデアを出してみましょう。無理とかできないとかが前提になると，考えられるものも考えられなくなるので，必ず建設的な発想力を活用してアイデアを出してください。

茜さん：思考を展開させるテーマを「食事場面におけるケアの在り方を考える」として，皆にアイデアを出してもらったところ，**資料52**のように8つの意見が出てきました。

天川SV：これまであいまいだった皆さんの頭の中がすっきりとしてきた感じですね。

茜さん：どうしてこのような考えが今まで出なかったのかと思ってしまいます。

天川SV：それは，ケアスタッフの困り事しか考えられなくて，本人の困り事を真剣に考えていこうという姿勢がなかったからでしょう。

幸さん：そうですね。確かに私たちの困り事の解決しか考えていなかったかも。本当に伊吹さんの立場になって考えていなかったかもしれませんね。

天川SV：そのような気づきが本当に大切です。その気づきがあったからこそ，建設的な意見の発想へとつながっていくのですね。

茜さん：もう少し意見が出るとは思いますが，問題はこの出た意見をどのように具体化させていくかですね。

天川SV：**資料52**で出た8つの意見の中で，例えば，④⑥⑦などは共通点が多いのでまとめて考えてもよいでしょう。これらの意見をより具体的なケアにしていけるように，それぞれ「6W2H」を考えてみましょう。まずは「本人の視点」になって，本人はケアスタッフの提案に対してどのような思いになるかというところを想像し，もし本人に判断能力があるのならば，本人に直接聴くことも忘れてはなりません。

――茜さんをはじめとしたケアスタッフは，順番に検討を進め，6W2Hシートを書き上げた（**資料53**）。そこで今一度，天川SVと確認を行った。

茜さん：ケアスタッフの視点にならないよう，「本人の視点」から書き込んで，実践するケアが「本人の思い」に合致しているかどうか確認しながら組み立てていきました。

天川SV：外出しての食事では，「家族と一緒に回転すし店に行く」というところまで考え出されていますが，これは家族との面会へのアプローチがしっかりとできた上でのことになりますね。その点はどうでしたか？

茜さん：あれから宏くんと共に娘さんとお話ししました。すると，娘さんも気にされていたようで，「忙しいのは事実だけど，できるだけ面会に来ます」と言ってくれました。私たちもですが，娘さんも言い出せないところがあったようで，お互いにホッとしたような感じでした。

天川SV：お互いが心の中に引っかかりを持ったまま，遠慮し合っていたのですね。やはり，話をして打ち解け合うということは大切な仕事の一つですね。

宏くん：ちょっと判断がつきかねたのですが，外食時に私たちが一緒についていくべきかどうかで意見が分かれたんです。家族任せにしないことと，家族と共に一緒に食べることで，私たちと伊吹さんとの信頼関係が深まるのではないかという意見と，その半面，せっかくの親子水入らずの時間を邪魔したらいけないのではないかという意見とがありました。

天川SV：そのように意見を出し合うこと自体に意味があります。娘さんや何よりも本人に聴いてみればよいですね。対話の力をもっと大切にしましょう。

宏くん：あ，本人の意思確認を忘れていました！

天川SV：ケアマネジャーは特に本人の代弁者になるべき存在ですから，コミュニケーションが難しくなってきている人であっても必ず声かけをし，本人の意思確認を行ってください。

資料53　6W2Hシートを使って伊吹さんのケアを具体化しよう

	ケアスタッフの提案	本人の思い	実践するケアの内容	その方法、手段	誰と協力するのか	時間	場所	期間予算	担当者
①外出しての食事を検討する	当面は家族と一緒に出かける	家族(娘、孫)とはー緒にいたい	回転ずしを家族と一緒に食べに行く	回転ずし店まで車で5分。送迎する	娘夫婦ケアマネジャー	月1回程度昼食時	近所のA回転ずし店	当分の間実費	リーダーケアマネジャー
	すしが好きとの情報が家族よりあり	好きなものを食べたい							
②ケアスタッフと一緒に食べる	食事介助役から一緒に食事を頼む人へ	一方通行だと心が開けない	隣で同じものをかけをしながら食べる	食事介助担当者が自らも食べる	ユニットケアスタッフ	毎日昼食時	できるだけ他の入居者が干渉しない場所で	当分の間	待機者が対応
③盛り付けなどおいしそうに思えるエ夫をする	伊吹さんだけでなく、お客様に出すという感覚で盛り付けをやり直す	おいしそうと思えるものなら食べられるかも	毎回盛り付けにも気を配る	複数のケアスタッフで話し合いながら盛り付ける	ユニットケアスタッフ	毎日昼食時	伊吹さんが落ち着ける食事場所	期限なし	日勤者
④食事前の雰囲気づくりをする	食事前にケアスタッフとの回らんの時間をつくる	待つだけの時間なら、食事への楽しみな気持ちはわかない	食事前に他の入居者と共に会話の時間を持つ	ある程度食事の段取りがついたら、季節の会話などをする	ユニットケアスタッフ	毎日昼食時	食事前は複数の入居者の入居する場所	期限なし	日勤者
	おいしそうにおいや調理する音を感じてもらう	においや音が食事が待ちどおしくなるかも	できれば、台所に近い場所に着座			毎日食事ごと	落ち着いて食事できる場所の確保が優先	当分の間	日勤者
⑤食べたいものを一緒に考え、メニューに取り入れる	メニューを相談する	自分の好きなものを選べる	伊吹さんと一緒に考える	言葉が少ないが、根気よく話しかけ	ユニットケアスタッフ	毎日食間	本人がいる場所	当分の間	日勤者
			食材を一緒に買いに行き、相談する	一緒に出かけることのものにも意味あり	ユニットケアスタッフケアマネジャー	午後の買い出し時	Bスーパー	当面、週1回程度	日勤者ケアマネジャー
⑥食事場所のブライベートや本人の好みを考える	多人数がいる場所ではなく、周囲を気にせずに食べられる場所づくりをする	周りを気にせず落ち着いて食べたい	台所に近い所で、一番落ち着くリビングの角付近での食事	・テーブルのレイアウトの変更 ・背の高い観葉植物の利用	ユニットケアスタッフケアマネジャー	毎日食事ごと	リビング	当分の間	リーダーケアマネジャー
⑦環境調整を行う	・伊吹さんのところだけでなく、各テーブルに小さな花を置く ・伊吹さんが好きなクラシック音楽を流す	心地よい雰囲気の中で食事をしたい	見た目、聴いた感じの心地良い雰囲気の中で食事を気持ちよく	・CDラジカセを伊吹さんのテーブルに設置。音量は小さく ・かわいい花を置く	ユニットケアスタッフケアマネジャー	毎日食事ごと	リビング	期限なし	リーダーケアマネジャー
⑧身体的環境をチェックする	口腔内、睡眠状況、排泄状況など、今までに上にこまめな観察を記録を行う	私にはわからないことをちゃんと見てください	チェックの確認を朝食後にケアスタッフ行い、その記録を基にケアスタッフ同士で情報共有	記録用紙を再度作成し、その記録を同士で情報共有	ユニットケアスタッフケアマネジャー	9時の申し送り時	詰め所	期限なし	日勤者ケアマネジャー
	疲れるような座位姿勢でないか確認する	同じ姿勢で座らせないで	座位姿勢、座位時間の確認	本人の意向を必ず確認	ユニットケアスタッフ	座っている時	本人がいる場所	期限なし	日勤者

- 振り返って分かった課題は，ケアの見直しに向けたスタートラインになります。
- 「どうせ無理」と思ってしまったら，何の発想も生まれません。自分たちの気づきがあって，初めて建設的な発想につながります。
- どのような状況であっても，認知症の人本人の意思確認を忘れてはいけません。打ち解けて話し合う，対話の力を信じましょう。

「やらない」より「チャレンジする」

天川SV：今回の具体案では，環境づくりにも皆さんの関心が出ていました。**資料53**の④⑥⑦がそれに該当しますが，実際に始めてみてどうですか？

茜さん：食事前の雰囲気づくりについては，**資料53**には示していませんが，昔，伊吹さんが撮影した写真を娘さんに持ってきてもらい，それを題材にして声をかけると，伊吹さんに笑顔が浮かびました。これまで見たことのなかった表情だったので，良い意味で驚きました。

天川SV：それはよかった！　このようなことの積み重ねが大切です。本人の緊張が少しでもほぐれていけばよいですね。

幸さん：環境については，伊吹さんだけの問題ではないと思いますが，今までは単に食事をする場所でしかなかったですよね。花や観葉植物を飾った場合，それらをちぎったり，場合によっては食べてしまったりすることがないか心配していました。私たちには初めから，認知症の人は「何かをやってしまう人」という意識があって，豊かな生活空間のために何かをつくり上げるということよりは，とにかく安全に生活してもらうということしか考えていなかったと思います。

茜さん：だから，前向きに考えること自体ができなかったのかもしれません。

天川SV：前向きに考え出すと，皆さん自身の気持ちも豊かになっていっていることを感じることができます。

幸さん：伊吹さんよりも認知症が進んだ人がおられて，「お花，きれいだね」と話しながら置いたら，笑顔で眺めることはあっても，引きちぎることはなかったですよ。ドキドキしましたけど。

天川SV：すべてがうまくいくとは限らないでしょうけど、「どうせ無理」と最初からあきらめるより、チャレンジしている方が、皆さん輝いて見えますよ。

> **ポイント**
> 「認知症の人は何かをやってしまう人」という先入観を捨てましょう。

ケアプラン・介護計画をしっかりと立てないと道に迷ってしまう

天川SV：**資料53**の②「ケアスタッフと一緒に食べる」や、⑤「食べたいものを一緒に考え、メニューに取り入れる」には、ケアプランや介護計画、モニタリング、再アセスメントがかかわってきます。大切なのは、一度や二度うまくいかなくても、頑張ってアプローチを続ける、あるいは少し方法を変えてみるなどして、継続的にチャレンジすることです。

幸さん：忙しさに追われると、一番やらなくなってしまう項目かもしれません。

宏くん：時々モニタリングをしなければ忘れてしまうかもしれません。

天川SV：そうですね。時々現状確認をしてみましょう。長く続けられなければ、それはそれで無理がある項目ということかもしれません。あるいは、忙しさに紛れて、いつの間にか忘れ去られてしまうということもあります。

茜さん：今までにもそうやって、うやむやになって終わってしまうことがありました。どうやればうやむやにならずに済むのでしょうか？

天川SV：それは、伊吹さんのケアカンファレンスの都度、行うのもよいですし、ケアマネジャーは定期的にモニタリングや本人の状況確認を行わなければなりませんから、ここはケアマネジャーの宏くんの責任において実施していきましょう。

宏くん：はい、分かりました。**資料53**は、そのままケアプランとして使ってもよいのでしょうか？

天川SV：**資料53**はケアプランと様式が異なるので、ケアプランの様式に転記する必要があります。

茜さん：ケアプランと介護計画はどう違うのでしょうか？

天川SV：例えば、山登りに例えると、登山計画や地図、コンパスがケアプランになります。登山計画では、1日目はどこまで登り、どこに泊まって、そして最終的にどの山の頂に立つのかをしっかりと明記します。そして、どのような交通機関を使って、

どの登山道を使うのかも必要になります。また，登山中，道に迷わないために地図とコンパスを活用します。つまり，ケアプランは，ケアを実践する上で，計画や目標，ルートを示し，誤った道に行かないための羅針盤のような存在ということになりますね。

茜さん：ケアプランだけで登れそうな感じもしますが…。

天川SV：山へはそれだけでは登れません。実際に山へ登るために必要なことがありますよね？

幸さん：登山靴とか…。

天川SV：そうですね。山へ登るための服装はもちろんのこと，具体的な道具の選定と準備が必要です。食料は何をどのくらい持っていくのか，山頂が寒い場合に備えての上着，雨が降った場合の雨具など，実際に登る上で必要なものを準備しますよね？　介護計画はそれと同じで，実際にケアを行うにあたっての必要な事項を明記するものとなります。つまり，ケアプランに提示されたものをどのように具体的に実践していくかを決めたものが介護計画になのです。いくら立派な登山計画があっても，実際に行動するためのリストがないと山へ登れないのと同じことです。

茜さん：と言うことは，ケアプランは当然のことですが，介護計画もとても重要なのですね。**資料53**は介護計画に近いものということですね。

天川SV：はい。ただ，**資料53**の①〜⑧の項目は多分にケアプランと連動しています。それに，⑧に挙がっているような身体上のこまめな観察記録も必要になるので，**資料53**だけで介護計画にするのではなく，身体状況をアセスメントした上で作成してください。

ケアプランはケアの指針が示されたもの，介護計画はケアの具体的な行動が示されたもの。これらがしっかり作成されていないと，不適切なケアに迷い込んでしまいます。

利用者，ケアスタッフ両者とも輝けるように

天川SV：それでは，全体を振り返って，2つの大切な点について確認してみましょう。

茜さん：一つは，「本人の視点」に立ち，「本人の思い」に寄り添ったケアになっているか，ということですね。

天川SV：はい。そのために，「ひもときシート」などを使って，できる限り「本人の思い」に近づくための努力をしてきましたね。ただそれだけでなく，「本人が納得する

ような，安心するようなケアであるか」ということを確認しなければなりません。その都度，本人の意思確認を行ってください。意思確認が難しいと思う人でも，必ず聴いてみてください。そして，その表情などから読み取ることが必要です。その際には，**「こうすれば本人は喜ぶはず，安心するはず」という援助者側の思い込みに注意**することが大切です。

幸さん：私たちは常に振り返りの時間を持たないと，つい私たち援助者主体で何でも考えてやってしまうことがあるということですね。

宏くん：もう一つの大切な視点が思い浮かばないのですが，何でしょうか？　ケアマネジメントに関することですか？

天川SV：確かにケアマネジメントにかかわることです。そして，先ほどの自分たちが振り返ることができるかどうかということにもつながります。もう一つの大切な視点は，「ケアスタッフ自身がそのケアの実践内容をしっかりと理解しているか」という点です。

宏くん：ケアプランや介護計画が重要になりますね。

天川SV：そのとおりです。**どうしてそのケアを実践するのか，あるいはしなければならないのかということを一人ひとりのケアスタッフが理解しなければなりません**。ケアプランや介護計画は，その理解を得るためのものとしてとても重要な役割を担うものです。

茜さん：私たちの仕事の理念も忘れてはならないということですね。

天川SV：私たちの豊かな感性を成長させると共に，認知症の人の豊かな感性も引き出していく，それができるのが私たちケアの専門職だと思います。認知症の人の輝きを失わせるのではなく，認知症の人に輝いてもらう存在であること。そのための努力を惜しまなければ，認知症の人から学ぶことも多いですし，皆さんも輝くことができると思います。結局，相互作用なのかもしれませんね。

茜さん：ありがとうございます。お互いが輝いていけるように，常に自分たちのケアを振り返りながら，本人が納得するケアを考え，実践していきたいと思います。

> **ポイント**
>
> ●本人が納得し，安心するようなケアであるかを，本人の表情を見ながら確認しましょう。
>
> ●ケアプランや介護計画を確認し，ケアスタッフ自身がケアの実践内容をしっかりと理解しておくことが大切です。

伊吹さんのその後

天川SV：その後の伊吹さんの様子はいかがですか？

茜さん：伊吹さんは，家族のサポートも受けながら6W2Hで示された事項を実践するうちに，硬かった表情も少しずつ和らいできました。食事量も少しずつ増えていき，歩行も回復してきました。

　娘さんが伊吹さんが愛用していたカメラを持ってきてくれたので，そのカメラを持って散歩に出られるようにもなりました。昔ながらのフィルムカメラは，ケアスタッフも操作が分からず，伊吹さんも使い方を忘れてしまっているようでしたが，時々ファインダーをのぞき込んでいました。

　身体的な観察を怠らず，医師を定期受診する中で，少し運動量も増え，排泄や入浴での介助も少なくなりました。

　また，食事時に流すクラシック音楽が心地良いのか，食事も拒否することがなくなり，ケアスタッフに笑顔を見せてくれるようになり，コミュニケーションを交わす時間がかなり増えました。

天川SV：これまで「困ったな」で立ち止まり，「どうしたものか」でさらに立ち止まっていた状況から，ケアプランや介護計画をしっかりと作り直し，前向きな考えでケアスタッフがかかわることによって，伊吹さんのみならず，他の入居者にも効果があるケアにつながった事例となりましたね。

8

「6W2H」で考えるパーソン・センタード・ケア

在宅では円滑に進んでいた支援が，介護施設やグループホームへの入居に切り替わることでうまくいかなくなることがあります。それは，環境変化の影響もありますが，かかわる専門職の意識の問題であることも少なくありません。なぜ支援がうまくいかないのか，自分たちのかかわりや在宅での支援の在り方を振り返ることが必要になってきます。

天川SV

登場人物

六甲　隆くん
G地域包括支援センター
相談員

激しい物盗られ妄想を表出する利用者

　在宅で介護保険サービスを利用していた時から激しい物盗られ妄想を表出していた内海ソラ（仮称）さんは，在宅スタッフの努力で妄想が落ち着いていたのだが，認知症の進行と共に在宅生活が厳しくなり，Bグループホームへ入居となった。しかし，Bグループホームで再び出現した内海さんの激しい物盗られ妄想への対応でケアスタッフ間の連携に亀裂が入り，ケアの崩壊につながってしまった。

天川SV：次に紹介するのは，物盗られ妄想のある利用者への対応からチームケアが崩壊寸前の危機に陥ったグループホームで私がスーパーバイズしたケースですが，このケースの利用者にかかわったG地域包括支援センターの六甲相談員にも加わってもらって事例の説明を行います。最初に在宅での支援経過を追い，その後にグループホームでの状況を説明します。

在宅での支援の過程とグループホーム入居後の状況

◆内海さんの生活歴

　内海さんは中規模企業の経理担当を長年務めていた女性です。その経理能力は長けており，会社は60歳の定年まで経理を任せていました。退職までは特に認知機能の低下から来るようなミスはなく，円満退社でした。退職後，いくつかの経理事務所のアルバイトなどを行っていましたが，これまでのキャリアに対するプライドから長続きせず，早々に仕事からは引退という形になりました。

　結婚はせず，独身で現在に至っていますが，20年間住んでいるマンションには高級な小物，バッグ，衣類があふれていました。また，趣味が競馬，競輪などの賭け事やパチンコで，休日は競馬場やパチンコに通っていたとのことです。厚生年金をもらっていますが，退職後は賭け事や高級品の購入などで年金はもらっただけ使い，貯蓄も減っていったようでした。

　さらに，65歳を過ぎたころから物忘れが目立つようになり，同じものを何回も買ってきたり，家賃の支払いを忘れたりするなどの症状が出てきたということです。

◆初期アプローチからサービス導入へ

　家賃が2カ月滞納されたため，家主が民生委員に相談，民生委員も独居世帯への定期訪問を行っている中で，室内が散らかっている内海さんのことが気になっていたとのことでした。そこで，民生委員はG地域包括支援センターに相談しました。

G地域包括支援センターの六甲相談員が内海さん宅を訪問し，内海さんの状況を確認しました。古いマンションの2DKは衣類や雑貨，テレビショッピングで購入したと思われる化粧品などが散在し，冷蔵庫の中も食べ残したコンビニ弁当の容器であふれている状況でした。

　六甲相談員は介護保険申請の手続きを取ると共に，日常生活自立支援事業や成年後見制度の導入も視野に入れ，また不適切な業者による侵害を受けていないかなど，さまざまな状況を確認していきました。さらに，六甲相談員が行政担当者と共に，本人に同意を得た上で，通帳や借金の状況を確認すると，家賃の滞納だけでなく，光熱水費やテレビショッピングへの支払いの滞納もあることが分かりました。

　受診について，長い間医師の診察を受けていなかったこともあり，一度診てもらっておきましょうと声をかけるとすぐに応じてくれ，1カ月後には「認知症有」との診断で要介護1の判定となり，F居宅介護支援事業所の昴ケアマネジャーに引き継ぐことになりました。

　退職後，さしたる友人もいない内海さんにとって，昴ケアマネジャーは生活上の困り事を相談できる心強い存在になり，週2回のデイサービスと訪問介護の導入を受け入れてくれました。G地域包括支援センターでは後見人の申請を進めていましたが，当面は日常生活自立支援事業を活用し，借金の返済や家賃などの支払いを行い，また地域ケア会議も実施していきました。このように，比較的スムーズにサービス導入へと進んでいったように思われたのでした。

◆物盗られ妄想の出現へ

　サービス利用開始から3カ月後，昴ケアマネジャーが訪問するたびに，「どうして好きなようにパチンコに行けないのか。競馬をやったらだめなのか。なぜあなたが私のお金を管理しているの？」と訴え出し，そのうちに市役所，G地域包括支援センター，警察に，昴ケアマネジャーが私のお金を勝手に使い込んでいると電話を何度も入れる事態になりました。

　また，内海さんはデイサービスに来ても，そのことをずっと訴え続けるという興奮した日が続き，ホームヘルパーが訪問しても，昴ケアマネジャーへの不満を訴え続け，ホームヘルパーがなかなか業務につけない状態に陥っていました。

　昴ケアマネジャーの訪問時には，「私は金銭管理を40年もやってきたのよ！　あなたがごまかしていることくらいすぐに分かるわ！　早く私のお金を返してください！」と激しく詰め寄るようになってしまったのです。

◆在宅サービス連携体制で内海さんの不安を受け止める

　昴ケアマネジャーからの相談もあり，ケアマネジャー支援で地域ケア会議を実施することになりました。単にケアマネジャーを変更することでは根本的解決にはならないこ

と，また昴ケアマネジャーも担当を続けたいという意向もあり，ここは内海さんの「大変な状況」に振り回されるのではなく，内海さんの心境に迫ることで解決策を見いだし，地域ケア会議を継続開催していくこととしたのでした。

地域ケア会議において，「ひもときシート」をベースにした本人の視点で考える検討の中で，次のような意見が出ました。

> ・内海さんは，これまで生活上のすべてを自分一人で賄い，仕事上も金銭管理を長年ミスなく行ってきた自負がある。そのため，金銭管理を他人にゆだねることは腹立たしいのではないか。
> ・その半面，独居生活の厳しさを肌で感じ，不安感もいっぱい感じているのではないか。
> ・これまで賭け事やショッピングなど自由に行ってきたことができなくなったことへの不満が高まっているのではないか。

これらの意見を受け，とにかくまずは本人が感じている不安を受け止めていくことを各援助者が統一して行うことになりました。デイサービスでは積極的に声かけを行うと共に，訴えに対しては傾聴するようにし，ホームヘルパーもまずは話を聴くという方針で統一されました。昴ケアマネジャーの訪問に際しては，地域包括支援センターの六甲相談員が同行することになりました。

◆みんなが関心を持ち，物盗られ妄想が落ち着く

内海さんは介護認定の更新で要介護2になり，本人の自宅での生活意欲も強かったため，在宅での支援を強化しました。支援の方策をまとめた上で，訪問介護の回数を増やし，地域ケア会議を通じて民生委員も訪問回数を増やし，本人が行き付けのコンビニにも協力を求めました。

また，普通は足が遠のくであろう昴ケアマネジャーも，ここで身を引けば何も得られないと，自宅訪問だけでなく，デイサービス利用時も訪問することにしました。相変わらず執拗な攻撃が内海さんより続いたのですが，昴ケアマネジャーは真摯に内海さんの生活上の心配事を聴き，誠意を何とか伝えようとしました。また，六甲相談員も後見人の申請を急ぎました。

デイサービスでも，当初は及び腰だったケアスタッフが，内海さんの好きな競馬，競輪の話などを積極的に持ちかけながら，会話の時間を増やすようにしました。また，ケアスタッフの中には，そろばんの使い方を内海さんに教えてもらう者もいて，内海さんの物盗られの訴えは少しずつ減っていきました。

昴ケアマネジャーや民生委員などによる声かけ，これまで及び腰だったデイサービスのケアスタッフが積極的な声かけや一緒に作業を行うことなどにより，内海さんの心境

にも変化が生じ,「みんなが自分のことを心配してくれているのが分かった」と内海さんはデイサービス利用時に話してくれたのでした。また,「あなた,私のこと,ちゃんと面倒見てよ」と突然昴ケアマネジャーに内海さんが声をかけ,それ以降は物盗られを訴えなくなり,昴ケアマネジャーが拍子抜けするくらいでした。ただし,あれをしてくれ,これをしてくれと,要求は激しくなりましたが,それは昴ケアマネジャーを頼ってのことでした。恐らくは,物盗られ妄想発症時も,心のどこかでは,結局一番頼れるのは昴ケアマネジャーだと感じていたのだと思います。

◆グループホーム入居へ

その後2年間,内海さんは比較的安定した日々が続いていましたが,徐々に物忘れが目立ち始め,そろばんを教えることも逆に負担と感じるのか,いつの間にか行われなくなりました。ケアスタッフの誘導がないと困っている様子も時々見られるようになりました。

生活支援においては,日常生活自立支援事業の活用により借金の返済が完了。年金額がそれなりにあったため,貯金ができるまでになりました。この間に後見人も決定し,念のため,グループホームへの入居依頼も行いました。

食事は宅配弁当か,ホームヘルパーが調理したものを食べ,ガスを使うことはなかったのですが,冷蔵庫の中に靴が入っていたり,ホームヘルパーより電気ストーブが要因と思われる焦げ跡など火の不始末が起きているとの報告があったりしました。さらに,買い物に出かけて家に帰れなくなり,警察に保護される事態も発生し,民生委員や見守りネットワークの人たちに不安が広がりました。

そこで再度,内海さんについての地域ケア会議が実施され,見守り体制が強化され,できる限り本人が現状で生活できるための方策が検討されました。ただ,後見人,昴ケアマネジャーと内海さんとの会話の中で,「私,施設に入った方が安心かな」という言葉が聞かれたため,後見人からはグループホーム入居への方向性も強めたいという意見が出ました。

それから半年の間に,道が分からなくなり警察に保護されることが2回も続き,自宅で転倒していた時もあり,空き室が出たBグループホームに入居するという経緯をたどることになったのでした。

六甲相談員:在宅での支援はうまくいったのですけどね…。

天川SV:そうですね。内海さんにかかわる専門職だけでなく,地域の支援関係者も逃げることなく積極的に内海さんにかかわる中で,内海さん自身の精神状況が不安から安心に変わっていったと言えるかもしれません。特にデイサービスで,そろばんを内海さんから習うケアスタッフが増え,利用者の中にも一緒に参加する人が出てきたことで,内海さん自身に自分の存在価値を自覚し,やりがいができたことが,生活の不

安から来る物盗られ妄想を減らすことにつながったと考えられます。ただ，大変だったのがここからです。

六甲相談員：グループホームに入居されてからですね。

◆再び物盗られ妄想が出現する

　Bグループホームへの入居については，内海さんに拒否もなく，比較的穏やかに進みました。あふれるほどあった衣類や小物にも執着を示さず，後見人や昴ケアマネジャーも安堵する中入居されました。入居後の金銭管理などは後見人が行い，本人はお金を持たないことになり，これまでの在宅支援の経過については昴ケアマネジャーから伝えられました。

　内海さんは入居後，落ち着いて過ごされていましたが，2週間を過ぎた辺りから落ち着きがなくなり，特に夕方になるとイライラした状態が顕著に現れるようになりました。「自分の家があるから，家に帰りたい」と訴え始めたのです。住んでいた家の処分については後見人から内海さんに伝えてはありましたが，本人はそのことを忘れており，ケアスタッフが「もう家は処分されたから，ここが内海さんの家ですよ」と説明しても，「そんなことはない。私の大切な物がいっぱい置いてある。誰がそんなことを言っているの？」とケアスタッフに詰め寄るようになりました。

　内海さんの不穏状態は徐々に攻撃的なものに変わり，入居1カ月後，「私がコツコツとためたお金をこの人が盗った」と，なぜか立山ケアワーカーに執拗に言うようになりました。内海さんが部屋に戻ってたんすの中をガサゴソと探した後，必ず「財布がなくなった。お金がなくなった。この人（立山ケアワーカー）が盗った」と訴えます。立山ケアワーカーが勤務の時は，執拗に「お金を返せ！」と立山ケアワーカーに詰め寄り，立山ケアワーカーが不在時には，他のケアスタッフに「あの人（立山ケアワーカー）が私のお金を盗った。何とかしてちょうだい！」と繰り返し訴えるのでした。

　また，ケアスタッフに対する厳しい口調に他の入居者が「やかましい！」と文句を言い，その入居者と口論になることもたびたび起きました。特に夕食の準備でケアスタッフが一番忙しくなる時間帯に多く，対応に苦慮するようになり，また立山ケアワーカーの出勤時には仕事ができなくなる状況になりました。そこで，内海さんに対するケアカンファレンスを開くことにしました。

◆否定的なケアカンファレンスがもたらすもの

　ケアカンファレンスには，内海さんのユニットで働くケアスタッフのうち，次の5人の常勤職員が参加しました。

- **金剛ユニットリーダー**：ケアマネジャー兼任の介護歴10年，30代後半の男性。リーダーになって半年。

- 浜地ケアワーカー：介護歴15年，40代後半の女性。このグループホームでは一番のベテラン。
- 立山ケアワーカー：介護歴3年，20代後半の男性。内海さんの物盗られ妄想の対象になっている。
- 小倉ケアワーカー：介護歴3年，20代後半の女性。
- 鹿島ケアワーカー：介護歴2年，30代前半の女性。

次は，このカンファレンスで話し合われた内容です。

金剛：内海さんは最近，物盗られ妄想が激しく，特に夕方や部屋に戻った後など不穏状態がかなり強くなります。立山さんへの攻撃も厳しいですし，他の入居者とのトラブルもあり，どうしたものかと思います。立山さんどうでしょうか？

立山：特に忙しい夕方の時間帯になると，どうしたらよいのか困っています。いわれのないことで攻撃されるのは正直つらいです。まあ，妄想が言わせていると思うようにしていますけど，仕事もできないし，私もイライラしてしまいます。
　私のことはともかく，他の入居者のこともあるのに，内海さんだけにつきっきりというわけにはいきません。いつも部屋に戻った後に物盗られ妄想が出るので，夕方の時間帯だけでも，部屋にかぎをかけて内海さんが部屋に入れないようにしてはだめでしょうか？

鹿島：そうですね。部屋に戻ると物盗られ妄想が出てきますからね。他の入居者とのトラブルを避けるためでもあるし，ケアスタッフも落ち着いて入居者と接することができるのでよいと思います。

小倉：私はかぎをかけることには反対です。内海さんの持っている不安を解消することが大切だと思います。かぎをかけて部屋に入れなくすることは，かえって不安を増長することになるのではないでしょうか。

浜地：だけど，このままでは立山さんの精神的疲労が増すだけでしょう。立山さんがいない時は，他のケアスタッフが対応に追われますし。在宅時に関係が良好だった昴ケアマネジャーに来てもらって，内海さんと話でもしてもらったらどうですかね。入居したら関係が切れるというのではおかしいと思います。

金剛：なるほど，それも一案ですね。昴ケアマネジャーだけでなく，運営推進会議に来てもらっているG地域包括支援センターの六甲さんにも来てもらって，話し相手になってもらいましょうか？

鹿島：ケアマネジャーは今は金剛さんですし，昴ケアマネジャーが来るのはどうなのでしょうか？　G地域包括支援センターとはかかわりがあるので，六甲相談員に声をかけるのはよいと思います。しかしそれよりも，もっとホームでのかかわり方を考えた

方がよいのではないでしょうか？　内海さんの気が紛れる何かで気持ちをそらすとか。あるいは，競馬中継なんかを録画して見てもらえばよいんじゃないですか？　とにかく内海さんの好きなことをさせておけば，気が紛れるのではないかと思うのですが。

浜地：いや，むしろ六甲さんや昴さん，後見人に来てもらって，私たちの大変さを見てもらった方がよいと思います。さっきも言ったように，入居させて終わりではないと思います。

立山：かぎをかけることがやむを得ないことを分かってもらうためにも，地域の支援関係者に来てもらうのはよいかもしれませんね。私もイライラしたくないですし。

　　正直，内海さんを部屋に閉じ込めておきたいくらいの気持ちです。

小倉：部屋に閉じ込めるのは絶対にしてはいけないと思います。それに，部屋に入れなくするのも拘束になるのではないでしょうか？

浜地：そんなことは分かっています！　でも，実際に人手が足りないし，他の入居者のこともあるし，内海さんのことばかりかまってはいられないので，どうしようもないと思います。私たちの大変さを分かってもらうためにも，在宅の担当者にも見てもらう必要はあると思います。何も好き好んで拘束するのではないです。仕方がないことだってあるのです。

金剛：拘束は良いことだとは決して思いませんが，確かに仕方がない場合もあると思います。立山さんがつらい状況にあるのも，業務に支障が出ているのも事実ですし。

　　では，鹿島さんが言うように，内海さんに好きな競馬を見てもらうなどして内海さんの気分を紛らわせ，同時に物盗られ妄想につながらないように，後見人に了解をもらい，夕方前から内海さんの部屋にかぎをかけて入れないようにしましょうか。そして，地域で内海さんにかかわった地域包括支援センターやケアマネジャーにも声をかけて，内海さんへの対応を頼みましょう。それでよいですか？

――小倉以外うなずく。

小倉：それでは本人の不安解消にはつながらないし，かえって状況が悪くなると思いますが…。

金剛：何事もやってみないと分かりません。うまくいかなければ，その時はまたケアカンファレンスを開いて考えましょう。

◆転がりだすと早いケアの崩壊

　この決定により，後見人に部屋のかぎをかける旨の了解をもらうことになりました。後見人は現場が困っているのなら仕方がないと，一定期間での施錠をしぶしぶ認めたのでした。

　Ｇ地域包括支援センターと昴ケアマネジャーにもＢグループホームから連絡がありましたが，Ｇ地域包括支援センターは運営推進会議の時に訪問する旨を伝え，昴ケアマネ

ジャーについては，既に担当外ということで訪問を断ることにするとG地域包括支援センターの六甲相談員と話し合って決めました。六甲相談員からは改めて在宅での支援のかかわり方を報告し，「本人の視点」で考えてほしい旨を金剛リーダーに伝えました。しかし，金剛リーダーがあまりにも険しい表情だったので，ケアマネジャーを支援するという形で六甲相談員がかかわることになりました。

内海さんに競馬のビデオなどを見せましたが，内海さんは関心を示さず，部屋は午後3時以降，かぎがかけられるようになりました。部屋に入れなくなった内海さんは，ドアを激しくたたき続け，立山ケアワーカー以外のケアスタッフにもドアを開けるよう激しく詰め寄り，うまく答えられないケアスタッフたちに対してさらに激怒する状況となりました。

極力内海さんの思いを受け止めようとしていた小倉ケアワーカーも，「なぜ自分の部屋に入れないのか」と詰め寄る内海さんに答えることができず，事態はこれまで以上に悪化したのでした。そして，内海さんはいすを振り上げてドアノブを壊してしまいました。何人かのケアスタッフからは「このような不穏な人をホームには置けない。他の入居者が危険だし，ケアスタッフにも危害が及ぶ。即刻後見人に来てもらい，退所を考えるか，精神科で安定剤を投与してもらうかしてほしい」と金剛リーダーに訴えたのでした。

金剛リーダーは管理者にこのことを報告しました。管理者は内海さんの状況を知ってはいましたが，これまでは金剛リーダーに任せきりだったので，ケアスタッフの意向を簡単に受け入れ，内海さんの退所を進めていくことにしたのです。

取りあえず，内海さんの激しい興奮の原因となった部屋の施錠は中止され，興奮状態は少し治まりましたが，後見人に対する退所要望は変わらず，仕方なく後見人はG地域包括支援センターの六甲相談員と相談の上，別のグループホームを探すことにしました。

数日後，小倉ケアワーカーと，カンファレンスには参加していませんでしたが，その決定に納得していなかった鈴木ケアワーカーから退職届が出されました。その要因が内海さんへのホームの対応であることを聞いて，慌てた金剛リーダーは再度管理者に相談し，管理者はG地域包括支援センターに相談することになりました。

小倉ケアワーカーと，鈴木ケアワーカーに対しては，管理者より退職を慰留されました。しかし，小倉ケアワーカーは退職届を出した後も，適切な対応ができなかったことで自分を責め，何か方策はなかったのか自問自答の日々が続いていました。

六甲相談員：認知症の人の状態が悪化しただけでなく，職員関係にもひびが入り，一番利用者の視点に立っていたケアスタッフまで失うかもしれない状況になってしまったということで，私だけでなく，天川SVにも協力を依頼したというわけです。

天川SV：Bグループホームの管理者は，G地域包括支援センターからの紹介で，当認知症相談支援・研修センターにケアの体制を根本的に見直したいと相談しに来られま

した。退職届を提出した小倉ケアワーカーと共に当センターを訪れ，相談と検証が開始されました。私は，ひと通りの経緯を小倉ケアワーカーから聴き取ることにし，小倉ケアワーカーが特に何に悩んでいるのかも聴いてみることにしました。

前へ進むために検証する

小倉：私はどうしたらよかったのでしょうか。それが分からなかった自分がとても情けなく思いました。当ホームを非難するというより，認知症の人へのかかわり方や組織としてのあるべき姿，根本的なことを言うと，ケアに携わる者としての在り方と言うか，ここが解決できないと働き続けることはできないと思って，退職届を出したのです。

天川SV：分かりました。内海さんの件を今一度振り返りながら，どのような視点を持てばよかったのか，大切なことはどういうことなのか，組織としてあるべき姿はどういうものなのかなどについて考えていきましょう。振り返ることは，前へ進むためのとても大切な作業になります。批判ではなく，前進するための検証を行いましょう。
　最初に，ホームに内海さんが来られた時に，在宅スタッフから申し送りを受けていたと思うのですが…。

小倉：ユニットリーダーである金剛さんがケアマネジャーも兼ねているので，すべての情報は金剛さんが持っていましたが，今から思えば，あまり私たちには情報が伝わっていなかったと思います。入居前に簡単な説明があっただけで，私たちからも聞かなかったし，入居当日から内海さんが落ち着いておられたので，安心と油断が私たちにもあったのだと思います。

天川SV：内海さんにとっては新しい場所での新しい生活になるのですが，内海さんの人生はここから始まったわけではなく，それまでの生活がどのような状況だったのか，在宅スタッフが内海さんとどうかかわってきたかを把握しておくことは必要不可欠です。入居は内海さんの人生が継続的に続いている中での出来事ですからね。

小倉：そうですね。人生や生活の継続性をあまり考えず，とにかくホームでの新しい生活になじんでいただければとしか考えていませんでした。

天川SV：そこは，私たち援助者側からの視点しかありませんでしたね。もう少し，内海さんがホームに来られたころのことについて振り返ってみましょう。

小倉：内海さんは，しばらくの間はケアスタッフの指示にもしっかりと従っておられました。リビングにいる時も，他の入居者に内海さんから声をかけるような積極性もあったと思います。

天川SV：ホームに来たばかりで不安でいっぱいで，ケアスタッフの指示には素直に従い，他の入居者とも何とか仲良くなろうと，内海さんなりに必死だったのかもしれま

せんね。

小倉：あ，そうか。ケアスタッフの指示に素直に従っているからと言っても，それが落ち着いている状況とは言えないですね。不安だから従っていたのだし，不安だから他の入居者に自ら声をかけていた…ということですね。

天川SV：そうだと思います。ケアスタッフからすれば一見落ち着いているように見えますが，内心はたくさんの不安と闘っておられたのかもしれません。

小倉：私たちの物差しで判断していたのですね。私たちからすれば，本人が落ち着いておられるのが一番ですから。私たちでも新しい場所に来た時は緊張と不安が強くなるのに，内海さんの場合はなおさらだったと思います。その緊張と不安を和らげるための工夫や信頼関係づくりを怠っていました。あ，このようなことへのアプローチこそが，私たちケアの専門職がやらなければならないことなのですね！

天川SV：良い気づきが出てきましたね。素晴らしいです！　では，どうして内海さんは立山ケアワーカーに対して被害妄想を表出させたのでしょうか。何か心当たりはありますか？

> **ポイント**
> - 利用者のこれまでの生活を把握し，人生の流れを大切にしましょう。
> - 援助者の視点からだけの一方的な考えで判断してはいけません。

小倉：立山さんに聞いてみたことがあるのですが，思い当たることとして，内海さんの部屋の掃除をしている時に，内海さんが部屋に戻ってきて，「あなた，ここで何をしてるんですか？」と聞かれたそうです。立山さんはごく普通に「部屋の掃除ですよ」と答えたそうなのですが，内海さんの表情が険しかったとのことで，この出来事しか思い浮かばないと話していました。

天川SV：立山ケアワーカーは内海さんとコミュニケーションをよく取っていたのでしょうか？

小倉：あまり話をしているところは見なかったです。自分で言うのも恥ずかしいですが，私が内海さんとは一番お話ししていたかもしれません。

天川SV：分かりました。内海さんの被害妄想が，その出来事が原因かどうかは分かりませんが，いずれにせよ，その被害妄想だけにとらわれるのではなく，広い視点から内海さんの行動の背景に迫ってみる必要がありますね。もちろん，小倉さんだけでで

きるものではなく，他のケアスタッフやユニットリーダー，そして管理者にも理解してもらわなければなりません。管理者からは訪問の許可を得ているので，みんなで一緒に考えていきましょう。

ケアスタッフ一人ひとりの思い

六甲相談員：小倉ケアワーカーの話を聴かれて，天川SVはその後どうされたのですか？

天川SV：今後のBグループホームのケアを考える上で，ユニットリーダーの金剛さん，内海さんの被害妄想の対象になっている立山ケアワーカー，発言力の強いベテランの浜地ケアワーカー，小倉ケアワーカーと共に退職届を出した鈴木ケアワーカーにも入ってもらって，話し合いの時間を持つことにしました。まずはそれぞれの思いを聴きました。

六甲相談員：面談の際に特に留意されたことはありましたか？

天川SV：誰ができていないとか，間違っているとか指摘するのではなく，これまでの状況や各ケアスタッフの思いを把握しながら，少しでも前進できる道を探るようにしました。

◆金剛リーダーとの面談について

六甲相談員：金剛リーダーは何とおっしゃっていましたか？

天川SV：金剛リーダーは，ケアマネジャーであり，ユニットリーダーである自分の状況にいつもプレッシャーを感じているという心理面の課題がまずあるようでした。内海さんについては当初落ち着いていたため安心してしまい，忙しさから在宅スタッフからもらった情報を整理せず，ケアスタッフにもあまり伝えていなかったことを認めました。また，リーダーとしてできるだけもめずにやっていきたいという思いが強く，つい発言力のあるケアスタッフの意見に同調してしまうとのことでした。

しかし，少なくとも金剛リーダーは自分を振り返り，自分が抱えているストレスや課題をとらえて話すことができているので，リーダーとして変われる要素は十分あると感じました。

六甲相談員：金剛リーダーのように，管理的立場にあり，上司や部下からのプレッシャーを常に感じ，できるだけ普段から波風を立てたくないと思っているリーダーは少なくはないでしょうね。

天川SV：ここで，このようなリーダーを責めるのは簡単ですが，ポイントは「批判するのではなく，前へ少しでも進むための方策を考える」ことです。暗中模索の暗さをぼやいていても仕方がありません。とにかく少しでも良い方向に向かうことを考え，積み上げていけるような議論をしていくことが大切です。

◆立山ケアワーカーとの面談について

六甲相談員：内海さんの被害妄想の対象になっている立山ケアワーカーはどうでしたか？

天川SV：基本的には，認知症の基礎知識は持っていて，少人数によるゆっくりとしたケアに理解は示しているのですが，こなさなければならない業務のことを考え，それに追われると余裕がなくなる時があるとのことでした。そのような中で，自分が敵視され執拗に攻撃を受け，犯人扱いされるので，最初はひどく落ち込んだようでしたが，それが繰り返されていくうちにイライラするようになり，つい強い口調で反論したこともあったそうです。

今は内海さんとはできるだけかかわらないようにしているとのことですが，狭いフロアゆえにそれもできず，相変わらず内海さんからは攻撃を受けているそうです。そのため，今は余裕を持って考えられないし，内海さんの立場で考えることもできないということでした。その思いも大切なので，検討会に参加してもらうよう促しました。

六甲相談員：攻撃を受けている当の本人からすれば，内海さんのことを理解できないというのは当然の思いだと言えます。その思いもくみながら，一人で抱え込まないよう，組織として良い方向を考えていかなければなりませんよね。

◆浜地ケアワーカーとの面談について

天川SV：浜地ケアワーカーはホームの中では一番のベテランで，金剛リーダーがあまり意見を言わないタイプなので，余計に自分が意見を出さないといけないと思って自己主張することが多いとのことでした。しかし，自分の意見が正しいのかそうでないのか，いつも不安を抱えているし，忙しさのあまり，よくイライラしてしまうそうです。

内海さんの件では，こんなにしんどい思いをしていることを在宅スタッフにも分かってほしかった，要するに，自分たちのしんどさを誰かに分かってほしかったという思いだったようです。ベテランのケアワーカーとして答えを出さなければならないが答えが出せない場合，仕方がないという言葉で逃げるしかなかったとおっしゃっていました。

六甲相談員：確かに，明確な方向性が見いだせないと，どうしようもない，仕方がないという言葉で逃げてしまうこともあるでしょうね。

天川SV：ベテランとしてのプレッシャーもかなりあったようですが，自分たちのしんどさを誰かに分かってほしいという思いが強かったので，これらの思いを受け止めた上ならば前向きな検討ができるのではないかと思いました。

ベテランのケアワーカーほど答えを出せないと，「どうせ無理」と逃げようとすることがあります。ただし，何らかの方法を考え出すヒントさえもらえれば，ベテランの味を出すことにもつながります。職員関係においてもかかわりが一番難しいかもしれませんが，ベテランほど実は不安と自信とが背中合わせの中で仕事をしていると言えます。プライドを傷つけず活用するには，第三者の介入が必要かもしれません。

◆**鈴木ケアワーカーとの面談について**

六甲相談員：退職届を出したもう一人のケアワーカーがいましたよね。

天川SV：最後に話をしたのが鈴木ケアワーカーで，小倉ケアワーカーと同じ介護歴3年の20代の女性です。このホームでも経験1年の一番若いスタッフでした。

　鈴木ケアワーカーは，自分自身まだまだ勉強不足で，認知症ケアについても自信がないのが現状ですが，本人が不快になるようなことがどのようなことなのかは自分でも分かるし，小倉ケアワーカーの主張も十分理解できたので，理解しようとしないユニットリーダーや先輩，無関心な管理者がいる職場では先が見えないと思い，小倉ケアワーカーに同調して退職届を提出したとのことでした。

　しかし，小倉ケアワーカーと一緒に今後の方向性をポジティブに考えていきましょうと働きかけると，「それならばやります」と積極的に参加してくれることになりました。

　小倉ケアワーカーが深刻に悩んだ上で退職届を提出したのに対して，鈴木ケアワーカーの場合は，ここでは働けないという思いからあっさりと退職届を提出したという感じでした。若いスタッフにもさまざまな考え方を持った人がいます。鈴木ケアワーカーの場合は，小倉ケアワーカーとは反対に，ポジティブ思考の働きかけが強みを生かすことにつながったと言えます。

「ひもときシート」を使って本人の理解に迫る

六甲相談員：今回はどんなツールを用いて展開していったのですか？

天川SV：内海さんの行動に振り回されているケアスタッフの視点の変換を目指し，最初の段階として「ひもときシート」（**資料54**：P.192～193）を利用して考えていくことにしました。ここでは個人による書き込みではなく，5人の話し合いの中でシートを埋めていきました。皆で意見を出し合い，私がアドバイスをするという形で取り組みました。

六甲相談員：「ひもときシート」のA欄とB欄については，ありのままに書いてもらっていますね。ケアスタッフたちの困惑した思いが浮かび上がっています。

天川SV：思考展開エリアの（1）と（2）でケアスタッフが気づいたのが，「睡眠導入剤（以下，眠剤）の影響」と「良質の睡眠が取れていないのではないか」ということでした。生活リズムの乱れが見て取れます。この2つで，ケアスタッフたちは「〜ではないか」「〜が疑問」というように課題提起にまで迫ることができています。

六甲相談員：そういった発想が全くなかった時とは違い，考え方の前進と言えますね。

天川SV：ケアスタッフたちの考え方が大きく前進したのが（3）でした。この項目を考える際，私は5人のケアスタッフたちに，頭の中から自分たちの大変さを追い払い，内海さんの立場で徹底的に考えるよう提言しました。しかし，彼らの中には，内海さ

んになったつもりで考えようとしても，どう考えてよいか分からない人もいました。しかし，立山ケアワーカーが「私は遠くの故郷から出てきて一人暮らしをしているが，こちらでは友人が多いわけでもなく，高熱を出して寝込んだ時は不安で孤独だった。高齢になってからの一人暮らしは，なおさら不安がつきまとうのではないか。まして認知症で理解できないことが多くなると，ますます不安になるのではないか」と意見を述べてくれたのでした。

六甲相談員：なるほど。自分の体験から内海さんに近づいたのですね。

天川SV：この立山ケアワーカーの意見に，内海さんの立場になって考えるということがどうしても理解できなかった浜地ケアワーカーが，「内海さんの立場で考えるというのは，どういうことなのか今ひとつ分からなかったが，立山さんの意見を聴いて，自分自身に置き換えて考えてみたらよく分かる」と発言し，「私がもし一人ぼっちなら，頼れるものはお金しかない。お金への依存がより一層強くなる。お金への執着が強くなるというのはよく分かる。内海さんもそうなのかもしれない」と答えたのです。

六甲相談員：何やら少し進展が見えてきましたね。

天川SV：ポイントは，いきなり**「認知症の人の立場で考えてみなさい」と言われてもうまく考えられない場合，まずは「自分ならばどうなのか」と置き換えて考えてみると分かりやすい**ということです。そして，次の段階として，「認知症の人もそんな心境なのかもしれない」ともう一度置き換えてみることです。2つのステップを踏むことになりますが，認知症の人の思いに近づきやすい方法と言えます。

六甲相談員：「自分ならばどうなのか」という視点で考えてみることは重要ですね。

天川SV：その他にも，「ホームに来たこと自体も不安や苦痛を伴っているのではないだろうか」という意見も出ました。思考展開エリアの（3）での話し合いをきっかけに，以降の項目については内海さんの視点に立った意見が比較的スムーズに出てきました。これまで内海さんの話し合いでこれほど意見が出たことはありませんし，話し合いのポイントは内海さんのBPSDに関するものでした。しかし，思考展開エリアを通じて，かなり内海さんの状況を理解した意見が出ました。

　ここでは，以降の思考展開エリアでの話し合いの詳細を省き，D欄にまとめられた内容をどのように生かすのかを話しますね。

認知症の人の立場になって考えるということがうまくできない場合は，自分自身に置き換えて考えてみるとよいでしょう。その上で，今度は認知症の人に置き換えて考えてみましょう。

資料54　内海さんのひもときシート

Ⓐ　課題の整理Ⅰ　あなた（援助者）が感じている課題

事例にあげた課題に対して，あなた自身が困っていること，負担に感じていることを具体的に書いてください。

夕食前になると，部屋に入って探しものをした後に出てきて，盗ったものを返してほしいと立山ケアワーカーに執拗に迫る。夕食の準備もできないし，かなり攻撃的に言われるし，他の入居者とトラブルになることもあるので，対応に困っている。立山ケアワーカーは特に疲労しているが，他のケアスタッフも対応に困惑している。

Ⓑ　課題の整理Ⅱ　あなた（援助者）が考える対応方法

①あなたは本人にどんな「姿」や「状態」になってほしいですか。

とにかく静かに座ってくれていれば助かる。本当は，落ち着いていて笑顔が出る状態ならよいのだが。

②そのために，当面どのようなことに取り組んでいこうと考えていますか？あるいは，取り組んでいますか。

他のケアスタッフに割って入ってもらって，そのケアスタッフに内海さんをなだめてもらっている。しかし，2人でしなければならない夕食の準備を1人ですることになるので大変。
内海さんが部屋へ入ると物盗られ妄想が強く出るので，部屋にかぎをかけるという対応をしたが，部屋に入れないことで逆に不穏状態が激しくなってしまった。

（1）病気の影響や，飲んでいる薬の副作用について考えてみましょう。

認知症改善剤を飲んでいるが，その効能のほどは入居後の短い期間ではよく分からない。ただ，入居時より同じことを何度も言うことが多くなったので，物忘れが進んできているのではないか。副作用があるかどうかは分からない。
眠剤の影響からか，午前中はあまり活動的ではなく，午後からは感情が高ぶってきているように思う。

（4）音・光・味・におい・寒暖等の五感への刺激や，苦痛を与えていそうな環境について，考えてみましょう。

リビングでテレビとステレオがついていて，音が入り混じっていると，いら立った顔をしてリビングから部屋へ戻ることが多いように思う。あまりにぎやかなのは好きではないのでは。

（6）住まい・器具・物品等の物的環境により生じる居心地の悪さや影響について考えてみましょう。

在宅時はキッチンやトイレ，お風呂を自分なりに触っていたと思うが，今はそれらにかかわることをやってもらっていないので，自分らしく動くことができないのかもしれない。

STEP 1　評価的理解　援助者として感じている課題を，まずはあなたの視点で評価します。

STEP 2　分析的理解（思考展開エリア）

（2）身体的痛み，便秘・不眠・空腹などの不調による影響を考えてみましょう。

便秘については，正直どこまで排便状況を把握できているかが課題になっている。
夕方からの不穏状態の影響からか，眠剤を飲んでいても眠りに就くのが遅いようで，さらに夜間も2度ほどトイレに起きるので，良質の睡眠が取れているかは疑問。

（3）悲しみ・怒り・寂しさなどの精神的苦痛や性格等の心理的背景による影響を考えてみましょう。

内海さんの立場になって考えてみれば，家族もなく一人で生活する孤独感があるだろうし，その上認知症症状によって精神的に混乱してしまうのだと思う。特に一人だったということで，お金や自分の物への思いが強いのかなと。お金が自分が一番頼れるものと思っているのかもしれない。
慣れ親しんだ家を離れてホームへ来たこと自体も不安や苦痛を伴っているのではないだろうか。

Ⓓ 課題の背景や原因を整理してみましょう

思考展開エリアに記入した内容を使って，この課題の背景や原因を本人の立場から考えてみましょう。

- 良質な睡眠が取れていない
- 眠剤の調整が必要
- 一人という孤独感や認知症症状による精神的不安定がある
- 内海さんが落ち着ける場所がない
- ゆっくり内海さんにかかわっている人がいない
- これまでの生活で行われていたことがやれていない
- これまでの生活スタイルが崩れている

Ⓒ 課題に関連しそうな本人の言葉や行動を書き出してみましょう

あなたが困っている場面（Aに記載した内容）で，本人が口にしていた言葉，表情やしぐさ，行動等をありのままに書いてください。

部屋に置いていたものがない，財布も見つからない。立山ケアワーカーが盗った。
私のものを返してほしい。
お金もないので，これからどう生活していけばよいか分からない。
かなりきつい表情で訴えてくる。

（5）家族や援助者など，周囲の人の関わり方や態度による影響を考えてみましょう。

地域でかかわってくれた在宅スタッフとのつながりは入居に伴って薄れてきている。後見人が一番来るが，あまり頼ってはいないよう。
入居直後は落ち着いていたので，私たちケアスタッフもあまりかかわりを持たなかった。
今は特に物盗られ妄想が激しいので，腫れ物に触る感じで，どのケアスタッフも積極的にかかわっていないと思う。

Ⓔ 「A課題の整理Ⅰ」に書いた課題を本人の立場から考えてみましょう

「D課題の背景や原因の整理」を踏まえて，あなたが困っている場面で，本人自身の「困り事」「悩み」「求めていること」は，どのようなことだと思いますか。

内海さんの思いを代弁する形で書くと，「私が生きていく上で大切なお金が手元にないのでとても不安。この場所と人にもなじめないし，何をしたらよいかも分からないし，楽しみもない。私の話も真剣に聴いてもらえず，夜も眠れないからイライラする。とにかく安心して暮らせるようになりたい」という感じだろうか。

（7）要望・障害程度・能力の発揮と，アクティビティ（活動）とのズレについて考えてみましょう。

自分の好きな活動ができていないし，内海さんも自分の好きなことを忘れていると思う。私たちもそのことを考えていなかったのかもしれない。もう少し内海さんのことを知って，能力を生かすことを考えなければ。

（8）生活歴・習慣・なじみのある暮らし方と，現状とのズレについて考えてみましょう。

これまでの内海さんの生活歴から，長年の会社勤めやパチンコ，競馬などの趣味のことなど，内海さんがリフレッシュできる部分をあまり考えてこなかった。
また，生活スタイルがどんなものであったのかもあまり把握できていない。
在宅では遅くまでテレビを観ていて，朝は9時過ぎにしか起きてこないと聴いていたはずなのに，それらの情報を生かせていなかった。

Ⓕ 本人にとっての課題解決に向けてできそうなことをいくつでも書いてみましょう

このワークシートを通じて気づいた本人の気持ちにそって㋐今できそうなことや㋑試せそうなこと㋒再度の事実確認が必要なこと等をいくつでも書いてみましょう。

内海さんの立場で考えたケアの見直しを行う。私たち援助者の問題の解決ではなく，内海さんにとっての問題の解決，あるいは内海さんの望む生活をスタートラインにしてケアの再検討を行う（**資料56～61**：P.198, 200～202, 204）。

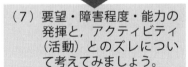

根本的な課題解決に向けて，多面的な事実の確認や情報を整理します。　**STEP 3**　共感的理解　本人の視点から課題の解決を考えられるように，援助者の思考展開を行います。

六甲相談員：D欄を見ると，思考展開エリアで出た意見の「良質な睡眠が取れていない」「眠剤の調整が必要」「これまでの生活で行われていたことがやれていない」「これまでの生活スタイルが崩れている」などの薬，睡眠，生活リズムの問題，「一人という孤独感や認知症症状による精神的不安定がある」「内海さんが落ち着ける場所がない」「ゆっくりと内海さんにかかわっている人がいない」などの精神的フォローが必要なことなどがまとめられていますね。

天川SV：そのD欄のまとめを基に，私は立山ケアワーカーに，内海さんの思いを代弁する形でE欄に表してほしいと伝えました。立山ケアワーカーが内海さんの感じていることを内海さんの代弁者として書いてくれたものがE欄の内容になります。**当初は全く考えることもできなかった内海さんの心境を「ひもときシート」を通じて知ることになった**のです。

六甲相談員：ここでの大きな収穫は，ケアスタッフたちにとって「困った内海さんをどうするか」という意見が主流だったのが，ユニットリーダーを含めて「もっと本人の視点で考える必要がある」という考え方に変わっていったことですね。このことに大きな意味があると言えますよね。1人だけが理解していても，物事はなかなか進みませんから。

天川SV：そうですね。みんなで考え，みんなが本人の視点で考えること，これがなければ閉塞的な考え方からは脱却できないでしょう。そのため，今回「ひもときシート」をみんなで考えられたことが大きな強みになったと言えます。

六甲相談員：チームが分裂し，退職者を出し，現場の人手がさらに減るようなホームの危機的状況，また内海さん自身が加害者に仕立てられ，追い出されるという惨憺たる事態に陥る寸前で踏みとどまることができたと言えますね。

天川SV：しかし，本当に重要なのはこれからの作業です。ここではようやく「ケアの見直し」のスタートラインに立ったに過ぎません。ここからの作業が「変われる」かどうかのポイントになります。

六甲相談員：確かに。この後，どのようにしていけばよいかということが大事ですものね。

天川SV：「ひもときシート」のF欄において，立山ケアワーカーは，「私たち援助者の問題の解決ではなく，内海さんにとっての問題の解決，あるいは内海さんの望む生活をスタートラインにしてケアの見直しを行う」と書いています。何らかのアプローチを考えて「ケアの見直し」を図ろうというものでした。しかし，どのように具体化させていけばよいのか，すぐに妙案が浮かびませんでした。

六甲相談員：ここで，あの「樹木図」を展開していくわけですね。

> **ポイント**
>
> みんなで考えていくこと，みんなが本人の視点で考えることで，よいケアの見直しにつながります。

「樹木図」を使って考え方を広げていく

◆グループホームでの話し合いの場面

天川SV：在宅スタッフがどのように内海さんへのかかわり方をまとめていったのか，何か実践されたことなどを聴かれましたか？

金剛：内海さんのことはいろいろと聴いたように思いますが，どうやって落ち着いていかれたかまでは，時間もなくあまり聴けていませんでした。あ，そういえば，「目標達成に向けた樹木図」（**資料55**）というのをもらいました。在宅時のアプローチだったのであまり関心がなく，しまい込んでいましたが，確か「本人の思い」からケアを考えていったようなものだったと思います。

天川SV：その樹木図を参照にして，私たちも内海さんの望みからケアを考えてみましょう。

浜地：在宅でのものを見るとかなりややこしそうですが。

天川SV：在宅では多くの人とのかかわりが出てきますから，いろいろと広がっていくのでしょう。ホーム内ならば，もっとシンプルにできると思いますよ。

　ここで必ず押さえておかなければならないのは，樹木図の一番上に来るもので，「私たちにとって一番大切な理念」や「本人にとっての最高の目標になるもの」を掲げた上で，本人の望みに対するケアを考え出していきます。誰のためにどのように働いているのか，そして利用者の思いにはどのようなものか，それをトップに置いて考え始めていくことが大切です。

金剛：一番大切なことを旗印として掲げて，そこから発展させていくのですね。

天川SV：そういうことです。では，まずはその旗印になる言葉を考えてみましょう。

金剛：私たちの事業所の理念は「利用者様の安心・安全な生活を保障する」です。

小倉：「ひもときシート」から分かることとして，内海さんはとにかく落ち着いた生活がしたいと思っているのではないでしょうか？

天川SV：では，「内海さんの安心・安全な生活を保障し，落ち着いた生活ができる」という言葉を旗印として掲げましょう。

資料55 内海さんの目標達成に向けた樹木図（在宅版）

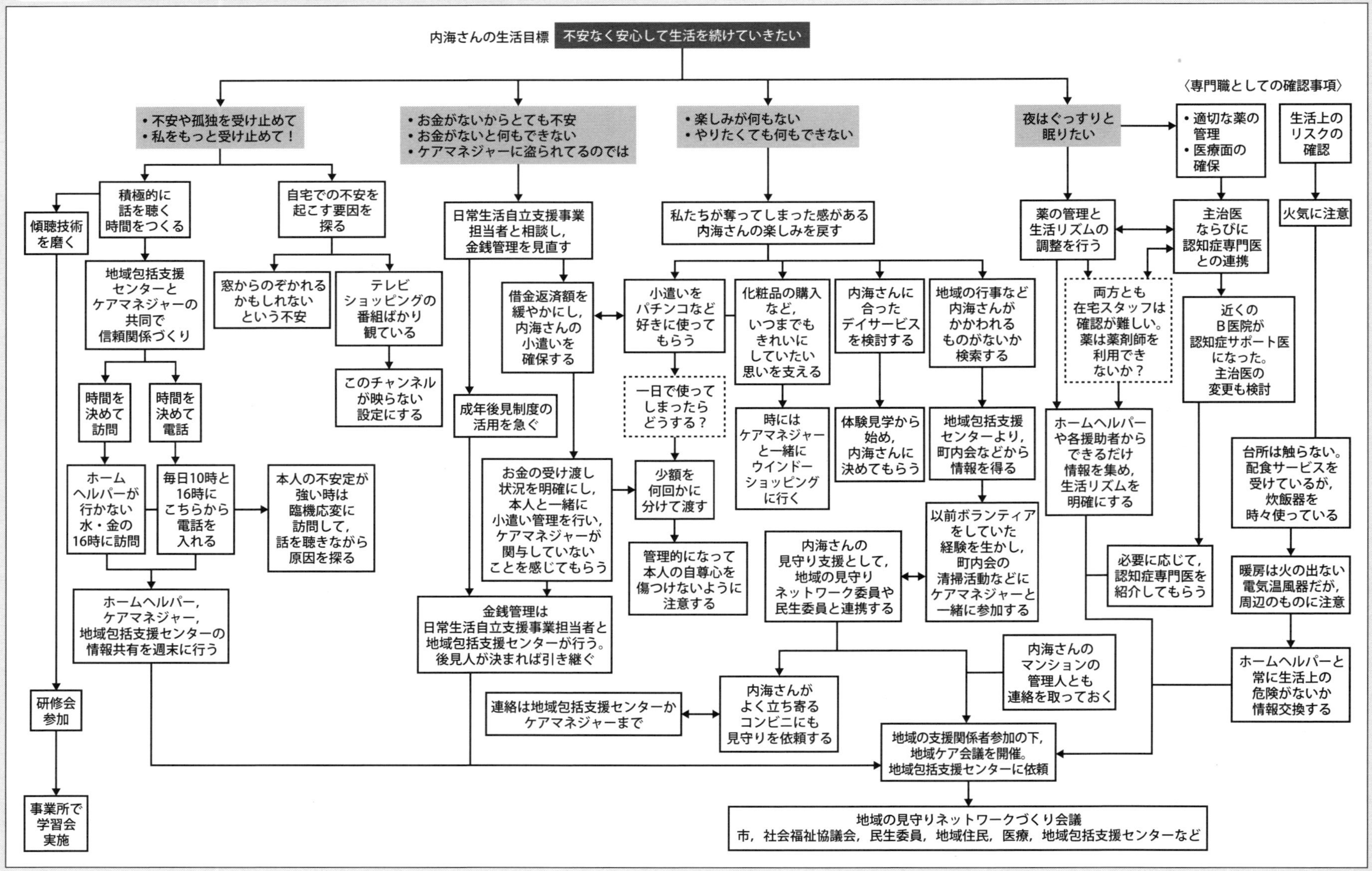

ケアを見直すためのスタートラインを設定する

天川SV：次に，ケアの見直しをするためのスタートラインになる「内海さんの感じていること」を整理したいと思いますが，それについては立山ケアワーカーが「ひもときシート」（**資料54**）のE欄でまとめてくれていますね。

立山：内海さんの代弁者として書きました。「私が生きていく上で大切なお金が手元にないのでとても不安。この場所と人にもなじめないし，何をしたらよいかも分からないし，楽しみもない。私の話も真剣に聴いてもらえず，夜も眠れないからイライラする。とにかく安心して暮らせるようになりたい」という感じでしょうか。でも，本当はここに，「私にお金を盗られて腹が立つ」ということも書きたかったのですけどね。

天川SV：では，この立山ケアワーカーがまとめてくれた内海さんの思いから，ケアを考えていくことにしましょう。大まかにでも分けてみると，次に進みやすいですね。

鈴木：え～と，「お金がなくて不安」。立山ケアワーカーへの物盗られ妄想に関係しているかもしれません。それから，「ケアスタッフになじめない」「話を真剣に聴いてもらえない」でしょうか？

小倉：「楽しみもなく，何をしたらよいか分からない」というのもあるのではないでしょうか？

天川SV：あまり細かくすると考えていくのが大変なので，今出てきた3つほどに絞って考えてみましょう。

金剛：「お金がなくて不安で仕方がない」と「何も楽しみがない」と「もっと話を聴いてほしい」の3つですかね。

天川SV：まずはその3つからケア内容を展開していきましょう。分かりやすいように図式化していってください（**資料56**）。

◆疑問に思ったことはしっかりと話し合う

――ここまで話し合う中で，一人けげんな顔をしていた浜地ケアワーカーに，これまでの状況を理解できているかを確認した。

浜地：内海さんが思い悩んでいることを想像してみるというのは分かりました。でも，内海さんのBPSDへの対応法が「ひもときシート」ですぐに見つかると思ってやったのですが，そうではないのですね。現実的には，内海さんのBPSDに対する対応が分からず困っているわけで，内海さんの気持ちは分かっても，私たちのしんどさはなくならないし，私はどう気持ちを整理したらよいのか悩んでしまいます。

天川SV：なるほど。他の皆さんはどうですか？

鈴木：BPSDの原因になっていることが何なのか，内海さんのどんな心境がBPSDにつながっているのかが分かれば，対応法が見えてくると思います。

資料56　樹木図による内海さんへのケア内容の展開①

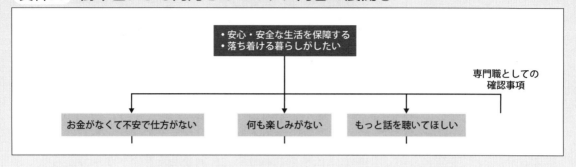

金剛：例えば，熱が出たら解熱剤で熱を下げるのと，その熱が一体どこから来ているものなのかといった熱の発生源を探って対処するのとの違いでしょうか。

小倉：熱を下げることを目的とすることと，その発熱の原因を探って対処することの違いですよね。内海さんのBPSDそのものへの対症療法なのか，原因をしっかりと確認して，根本的にBPSDを軽減するアプローチを行うのか，今私たちはその根本的な部分に対応する方法を探っているのだと思います。

浜地：対症療法ではなく，根本的な部分にアプローチ…。そのニュアンスの違いは分かった気がします。でも，BPSDを軽減する根本的な部分へのアプローチをなぜ本人の思いから考えるのか，もう一つ釈然としないのです。正直，早く何とかしたいという思いの方が強いからでしょうか？

立山：浜地さんの話はよく分かります。私も「ひもときシート」をやりながら疑問はありました。でも，内海さんの気持ちに近づくにつれて，ここにケアを見直す突破口があるのかなと感じています。

天川SV：皆さん，ありがとうございます。浜地ケアワーカーのように釈然としなかったり，疑問に思ったりすることがあったら，そのままにしないで話し合うことは大切なことです。その方がより良い「ケアの見直し」につながっていきます。

　「本人の視点」からケアを考えていくというのは，これまでのような「被害妄想が激しく，ケアスタッフに食ってかかる内海さんをどうするか」ではなく，「本人の望みと思われることに対して，どのようなケアが考えられるか」に焦点を当てていく，つまり，内海さんの生活の質そのものにアプローチしていく，対症療法とは根本的に違うものですね。もう少し進めていけば理解できると思うので，前へ進めていきましょう。今はちょっと我慢，「急がば回れ」の時間帯です。

BPSDそのものへの対応ではなく，利用者の生活の質そのものにアプローチすることを検討しましょう。

次に進むことができる肯定的な意見を積み重ねていく

——資料56で提示された「お金がなくて不安で仕方がない」「何も楽しみがない」「もっと話を聴いてほしい」という内海さんの3つの思いに対して，どのようなかかわりが持てるか発案していった。

天川SV：いきなり具体的なことを考えるのではなく，まずは大雑把でよいので，私たちがかかわれることを出してみましょう。

鈴木：お金がなくて不安なのは当たり前だと思います。私たちだって，お金がないと落ち着かないし不安です。少しでも持ってもらったらどうですか？

浜地：そんなことして，お金がなくなったらまた大騒ぎになります。第一，お金を持っていたって使うことがないですし。

金剛：ああ，そうですね。お金を渡すと，かえって大変なことになるかな…。

立山：あの，すみません。ここは「お金がなくて不安」という本人の思いにどう応えるかということを考えるところなのかなと思います。

小倉：お金がなくて不安なら，財布を持つということは意味があると思います。確かに浜地さんの心配も分かります。でも，それこそ金剛リーダーがよく言われるように，やってみないと分からないと思います。不安を解消する方法が少しでも手元にお金があることならば，試してみてもよいのではないでしょうか。

天川SV：では，一度お金を持ってもらうことにして，具体的にどうしていくかということを考えていきましょう。図を下に広げていきましょう（**資料57**）。

金剛：内海さんの金銭管理は後見人がされていますから，まずは後見人と相談する必要がありますね。

天川SV：それでは，後見人に理由を説明した上で小遣い金を交渉してみましょう。

金剛：私が小遣い簿を作成し，確認して，後見人と連絡を取り合うようにします。

天川SV：**資料58**を見ていただくと分かるように，下へ行くほど具体的になっていきます。具体案は，後で6W2Hシートにまとめることにします。

鈴木：せっかく小遣いが持てるのなら，それを自分のことに使ってみたらどうでしょう？

天川SV：いいですね。そこは，もう一つの「何も楽しみがない」の項目につながりそうですね。ここも深めてみましょう。

鈴木：内海さんが元々好きだったこと，私たち何も知りません。でも，好きだったことがあるのなら，それを復活させてみたらどうでしょう？　そこに小遣いを使えばよいのではないですか？

金剛：え～と，確か，地域包括支援センターの六甲さんから聞いた情報によると，内海

資料57　樹木図による内海さんへのケア内容の展開②

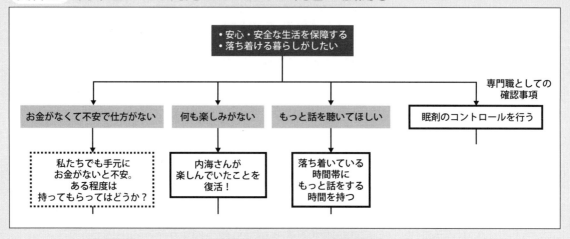

資料58　樹木図による内海さんへのケア内容の展開③

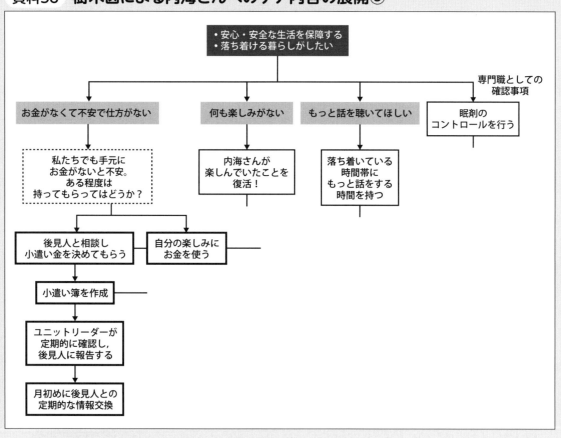

さんは競馬, 競輪, パチンコ, おしゃれが大好きだったそうです。

鈴木：わ, どうしよう。お金のかかることばかり。

天川SV：どうしよう？と思ったことも書き込んでおきましょう。悩んでいる過程を記しておくことも大切です。これは前進するために必要な悩みですね。

小倉：小遣いの額がいくらになるか分かりませんが, 使える範囲で楽しんでもらうとい

資料59　樹木図における内海さんへのケア内容の展開④

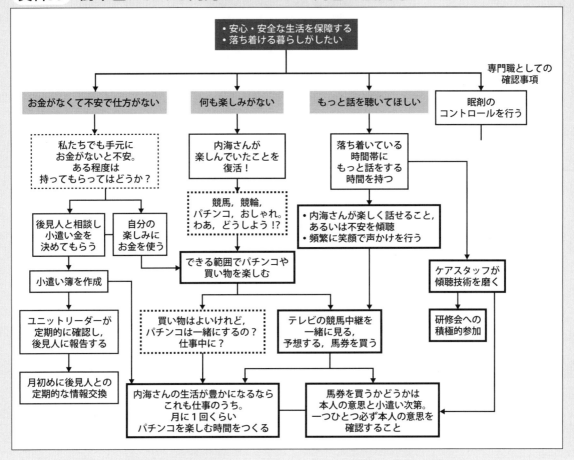

うことはできると思います。

立山：それに，パチンコを楽しむと言っても，誰かがついていかなければならないし，仕事中にそんなことできるのかな？　馬券も一緒に買うの？

浜地：それこそ，内海さんがパチンコ好きで，パチンコに行くことによって生活に潤いが生まれるのなら，ケアスタッフが一緒にパチンコに行くのも仕事のうちでしょう。私はそんなこと苦手だから行きませんし，ボランティアで行くなんてのも嫌ですけどね（**資料59**）。

> **ポイント**
>
> 悩みがあってこそ，前へ進むための新たな意見が出てきます。
> あきらめるのではなく，少しでもできることをとことん考えましょう。

資料60　樹木図による内海さんへのケア内容の展開⑤

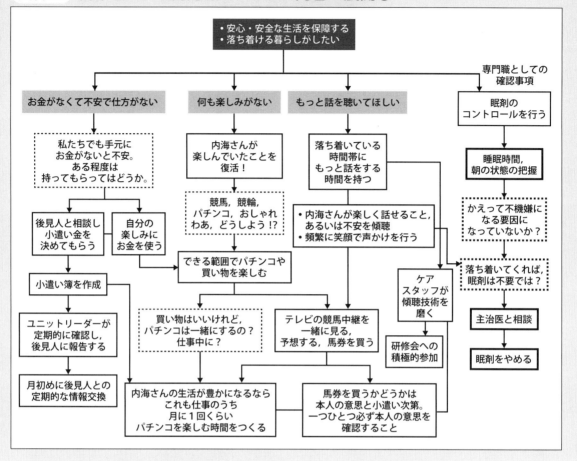

◆専門職としての確認事項も明記しておく

六甲相談員：皆さんからいろいろな意見が出たのですね。

天川SV：樹木図を展開する上で大切なことは，肯定的で，次に進められるような意見を出すということです。途中で「できない」「やれない」「どうせ無理」と思ったら，何の発展もなく，そこで議論は終わってしまいます。「どうせ無理」ではなく，**「何かできる方法はないか」というように，少しでも前向きな意見を出す**ことがポイントです。

六甲相談員：本人の思いからケアを組み立てていくことは大切ですが，すべてのケアをそれだけで組み立てるのではなく，専門職の視点でチェックしておかなければならない点もありますよね。

天川SV：「眠剤のコントロール」については樹木図の右端に書かれました（**資料60**）。議論は続けられ，内海さんが感じているであろう思いに対して，自分たちができることを順々に考え出していきました。その中でも，特に「本人の楽しみを何とか活性化していきたい」という思いがケアスタッフからがにじみ出てくるようになりましたね。

六甲相談員：浜地ケアワーカーのように，辛口な意見を出していても，当初のようなケ

アスタッフからの一方的な視点ではなく，内海さん「本人の視点」で考えるようになってきましたね。

天川SV：ここでのポイントは，やはり「肯定的な意見を出し続ける」，つまり「次に進められる意見」を出すこと，そしてそのような議論に慣れていくことです。

普段はどうしても目の前の困った状況に追われ，その時点で閉塞的な意見しか出なくなってしまいます。さらに，「今の困り事」を早く解決したいがゆえに，すぐに答えを求めがちです。そのため，援助者側の都合を押し付けるようなケアをするか，何とか本人の状況を確認した上でのケアを行おうと思っても，「そんな時間もないし，人もいない。どうせ無理」で片づけ，誰かのせいにして，本人の思いに反した不適切なケアを続けようとしてしまいます。

「どうせ無理」だと思ってしまったら，ケアの質の向上も，利用者の生活の質の向上も，何よりもケアスタッフ自身の成長も，その時点でストップしてしまうのです。時間をどう活用するのか，人の動きやかかわり方をどうするのか，少しでもできること，やれること，何とかなりそうなことを考えること。それができなければ，不適切なケアの泥沼から抜け出すことはできないでしょう。

◆出てきた意見を整理し，ケアの全体を見直す

六甲相談員：これまでの話し合いで出てきた具体的な意見をまとめていく必要がありますね。

天川SV：「6W2Hシート」（P.25参照）に時期や時間，場所，担当者，実践するケア内容などを具体的に書き出していきます。また，その手段，方法も明記します。この具体的ケアの根拠となるのが，「Why」で示される「ひもときシート」などを通じて分かった本人の思いの部分になります。さらに，「Whom」のように，必ず誰かとの協力や連携が必要になるので，これも明記します。そして，「How much」も当然伴うものなので，これも書くようにします。

六甲相談員：具体的に出てきたものをしっかりと書き留めておかないと，せっかくの素晴らしい意見もすぐに忘れ去られてしまいますしね。

天川SV：樹木図の展開で出てきた意見を整理し，「6W2Hシート」に具体的なケアを書き込んでいきました（**資料61**）。一番上の欄は樹木図のスタート地点にあった「本人の思い」と同じです。この場合の「Why」は，本人の行動の意味するところでもあり，望みでもあるわけです。何度も繰り返しますが，内海さんのBPSDをどうするかということではなく，内海さんの生活の質をどのように高めていくかというのが主目的になります。

それぞれの「本人の思い」に対して，具体的にケアの内容や方法，時間，場所，期間・予算，協力者，そして担当者まで入れ込んでいます。単に「パチンコに行く」と

資料61　樹木図を整理し，6W2Hで具体的ケアの実践まで落とし込もう

本人の思い	お金がなくて不安	何も楽しみがない		もっと話を聴いて	
実践するケアの内容	小遣いをある程度持つ	パチンコに行く	買い物に行く	話をする時間を持つ	傾聴技術を学ぶ
その方法，手段	小遣い簿を作成	年金が出た月に限度を決めて	決めた限度額の範囲内で	常に声かけを行う	外部研修会に参加
誰と協力するのか	後見人	Aパチンコ店の店員	他の入居者と一緒に		管理者に依頼
時間	毎月1日	年金支給月の20日前後の午前	パチンコに行く月と別の月に	特におやつの時間に	
場所		Aパチンコ店	B商店街	リビングもしくは自室	
期間，予算	期間不定 5,000円	本人の意向による 3,000円	本人の意向による 2,000円	不定	早い時期に
担当者	ユニットリーダー	ユニット職員	ユニット職員	ユニット職員	まず中堅職員から

| 自分らしくありたい | 結び付きたい | 携わりたい | くつろぎたい | 共にありたい |

パーソン・センタード・ケアでの認知症の人が望む5つの心理的ニーズに合致しているかを確認する。

言っても，どのように実践するのかを書き込んでおかないと，ケアスタッフが変わるたびに迷ってしまいます。やるべきことを書き込んでおくため，**「6W2Hシート」は介護計画と連動する**ものになります。

六甲相談員：「何も楽しみがない」のところでは，協力者にパチンコ店の店員が出てきていますね。

天川SV：新型のパチンコ台は内海さんでは要領を得ないし，隣にケアスタッフがつくので，店員さんの理解を得る必要があるからです。

　「もっと話を聴いて」のところでは，内海さんへの直接的なかかわり方以外に，「傾聴技術を学ぶ」というケアスタッフの教育についても書かれています。このように直接的なケアの方法だけでなく，必要なことは行えるよう明記するとよいでしょう。

　この「6W2Hシート」の下段は，パーソン・センタード・ケアでの「認知症の人が望む5つの心理的ニーズ」が書かれています。どの項目と結び付いているか線を引いてみると，自分たちのケアが認知症の人が望む心理的ニーズと合致しているかどうかを確認することができます。

六甲相談員：特に線が多くつながっている項目を見ると，内海さんが「くつろぎたい」という思いが強かったのではないかということが見えてきますね。逆に言えば，「くつろげない」生活であったと言えます。

天川SV：このように，自分たちが行うケアが本人にとってどのような意味を持っているものなのかを意識すること，そして本人の思いに沿ったケアの実践を自分たちの仕事の自信につなげることを必ず行っておきましょう。うぬぼれるのではなく，自信を持つこと。その経験の積み重ねが「感性」を高めていきます。

> **ポイント**
>
> ● 誰もが分かるよう，
>   ケアの内容を具体化して書き込みましょう。
> ● やるべき正しいケアには自信を持ち，
>   正しいケアを行った経験を次のケアに生かすことが，
>   認知症の人にとっても，ケアスタッフにとっても
>   互いの人間的成長につながります。

モニタリング論議にて～内海さんのその後

――「ケアの見直し」を目的として樹木図を展開し，「6W2H」でまとめられた具体的なケアの実践を通じて，その後どうなったか，モニタリングを兼ねて，再びBグループホームを訪れ，各ケアスタッフから話を聴きました。

天川SV：あれから，2カ月がたちましたが，その後の内海さんの状況はどうですか？

立山：それが，あの執拗な私への被害妄想の訴えは何だったのかと思うくらい，ここ数日，私を見ても全く攻撃してこなくなったのです。

天川SV：それは内海さんが体調を崩されたか何かですか？

立山：いえ，この1カ月，内海さんに体調の変化はありません。ほんと，数日前からです。以前より激しさはなくなってはいましたけど，「財布が見つからんのやけど，一緒に探してくれる？」ってお願いされた時にはびっくりしました。「えっ？」と思ってしまいましたが，一緒に探して財布が出てくると，満面の笑みで「よかった！　ありがとう！」って言ってくれたんです。何だか訳が分からないです。

天川SV：なるほど。立山ケアワーカーはどうして突然，内海さんの被害妄想の訴えがなくなったのか不思議で仕方がないのですね。
　　　　実際，新しい取り組みを行ってみてどうでしたか？

金剛：小遣いを持つことに関しては，後見人も協力的で，本人には長年使っておられた大きめの財布を持ってもらいました。財布をなくすことはありましたが，大概部屋の

中ですぐに見つかりました。財布を渡した時は「持っているのが当たり前。あんたたちが隠していることがおかしい」と怒られましたけど，今は特に問題はないです。
立山：買い物には他の入居者と一緒に出かけましたよ。とても楽しそうでした。何とか小遣いの範囲で買える気に入ったスカーフがあったので，すぐに買っちゃいました。今も身に着けておられます。怖い人というイメージはなくなりました。
天川SV：順調ですね。パチンコには行ったのですか？
金剛：2回ほど行きました。最初は私が，2回目は立山さんが頑張って一緒に行ってくれました。1回目はすぐに終わってしまい，内海さんも寂しそうでしたが，使える金額に限度があるので，あっけなく帰ってきました。しかし，2回目はパチンコ店の店員さんが気を利かせてくれたのか，少しだけもうけることができたそうです。
立山：思えば，あの時に一緒に楽しんで，少しだけでしたが小遣いも増えて，お互い笑顔だったと思います。これが1週間前のことですから，これがきっかけで私に対する訴えがなくなったのかもしれません。
天川SV：そうですね。パチンコが功を奏したのかもしれませんね。何よりも，立山ケアワーカーが一緒に行ったことがすごいと思います。内海さんは嫌がらなかったのですか？
立山：私もダメモトで声をかけたんです。逆に怒られるんじゃないかと。でも，財布と少しばかしのお金を持っておられたからでしょうか。「行きましょう！」ってすんなりと立ち上がられたのでびっくりしました。ホームへ帰るまではドキドキでしたが。
天川SV：財布のこともあるでしょうが，元々内海さんは立山ケアワーカーに頼りたかったのかもしれませんね。でも，逃げずによく前向きに頑張られたと思います。
立山：よくは分かりませんが，確かにちょっと頑張った感はありますね。
天川SV：まとめると，この2カ月の間に内海さんはかなり落ち着かれたということですね？
浜地：大騒ぎして，他の入居者に迷惑がかかるようなことがなければいいんです。私は立場上，ケアスタッフたちにしんどい思いをさせたくないという気持ちの方が強かったですけど。私たちにだって限界がありますから。でも，今回は皆さんが頑張ったから内海さんが落ち着いてきたんじゃないですか？
小倉：浜地さんも頑張っておられたと思いますけど。
浜地：私は競馬や競輪，パチンコが嫌いだし，外に買い物に一緒に行くなんてのも嫌です。とにかく一日が平穏無事に終わればいい，そう思っていただけです。何もしていません。
小倉：そんなことはないです。今回一番内海さんに効果があったのは，ケアスタッフ全員がいつでもどこでも内海さんに気軽に声かけをしたことだと思います。特に浜地さ

んの「内海さん，おはよう，元気？　しんどくない？」などの声かけがよかったのではないかと思います。

浜地：そんなことしかできないから，私は。

天川SV：確かに最もベーシックなことかもしれませんが，ケアスタッフ全員がたとえ一言でも内海さんに声をかける，そのことによって内海さんも「皆が私のことを心配してくれている。見守ってくれている」という思いになったのかもしれませんね。浜地さんのほんの数秒の働きかけが積もり積もって，効果として表れたのかもしれません。特別なことができなくても，明るい声かけは大切な大きな仕事ですね。

鈴木：あ，大事なこと言うのを忘れていました！　この前買い物に行った時に，内海さんが話してくれたんです。「あんたたちがいてくれてうれしかった」って！

小倉：そんな大切な言葉，早くみんなに伝えなくちゃ！

天川SV：本当にそうですね。「やった！」「よかった！」と思ったことはフィードバックして，皆さんの頑張りを褒めること。反省や悩みばかりでは気持ちも萎縮してしまいます。頑張れたことは，素直に次へのやる気につなげていきましょう。そして，きっと内海さんもそう思ったからこそ，被害妄想がなくなったのかもしれません。確か，在宅時に被害妄想が消えたのも「信頼関係が築けたから」でしたね。思えば，大切なヒントだったのですね。
　　　　研修は進んでいますか？

金剛：研修は管理者がいろいろと探してくれて，順次受講できるよう配慮してくれました。認知症介護実践者研修も，時間はかかりますが，順番に受講します。

天川SV：事業所を挙げてケアの質を上げる努力をする。当たり前のことですが，やるべきことですね。内海さんの退所の話と，小倉さんと鈴木さんの退職の話はどうなりましたか？

金剛：内海さんの移れるホームがすぐに見つからなかったということもあるのですが，最近は落ち着いてこられたので棚上げになりました。小倉さんも鈴木さんもまだ仕事を続けてくれているので…。

小倉：今回，みんなが頑張ってくれたし，私もとても良い勉強になりました。だから，仕事を続けたいと思います。

鈴木：金剛リーダーはまだ頼りないけどね。私も続けて頑張ります。

天川SV：皆さんは内海さんからいろいろなことを学ばせてもらったと言えるかもしれませんね。目の前の人のことを一生懸命に心配する。ベタな言葉ですが，どんな薬よりも皆さんのケアへの情熱が一番効果があり，そんな皆さんは認知症の人にとって頼れる存在となります。そのような存在の人が近くにいれば，認知症の人も安心して自分の力を発揮できるかもしれませんね。

> **ポイント**
>
> ちょっとした声かけでも，積み重ねていけば大きな力になります。自分のことを心配してくれる人がいると感じられると，安心感が生活を支えるようになるでしょう。頼れる存在がいれば，しっかりと生活していけるのです。

天川SV：今回の内海さんの事例は，一時はホームの運営そのものが難しくなるような状態に陥りました。実際，多くの事業所が認知症の人への対応に苦慮し，その場しのぎの対応でやり繰りしているうちにケアスタッフが疲弊する，あるいは不適切なケアの蔓延から逃れられなくなるという状況にあるかもしれません。

六甲相談員：今回の場合は，認知症介護指導者である天川SVの存在があって，何とか危機的状況から脱出したと言えますね。実際，事業所内部だけの力ではうまくいかない場合も多いでしょう。

天川SV：外部の専門家，特に認知症介護指導者にスーパーバイザーとして（多くの場合はコンサルテーション的な役割になる）かかわってもらうことも有用ではないかと思います（2015年末現在で全国の認知症介護指導者数は2,000人になっている）。特に管理的立場にある人は，認知症の人の生活は当然のことながら，ケアスタッフを守り育てていくことについても，あらゆる手段を考えていかなければならないということを忘れてはならないでしょう。

カンファレンスルーム❼

「セキュアベース（安全基地）」という アイテムを持とう

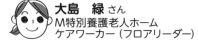
大島　緑さん
M特別養護老人ホーム
ケアワーカー（フロアリーダー）

緑さん：認知症の入居者へのケアは身体的にも精神的にもつらくて…。

天川SV：ケアの現場で働くということは，身体的なつらさと共に，いわゆる「気を遣う」ということを連日行うことにもなり，精神的なつらさがあります。知識や技術，感性を生かすことで，「気を遣う」状態から専門性を持ってかかわることができるようになっていきますが，それでもやはり精神的に疲れてしまうことは厳しい課題があるほど多くなりますし，逆に他の人から見たら些細なことでも気になって仕方がないということも生じてきます。身体的疲労感と相まって精神的疲労感を強く感じ出す

と，セルフケアでは対処できなくなってきます。そこで，仕事による消耗状態から再び立ち上がるための必須アイテムとして，「**セキュアベース**」を持つことが必要です。

緑さん：「セキュアベース」って何ですか？　とにかく今は，私の悩みをたくさん話したいので，聴いてもらってもよいですか？

天川SV：なるほど。緑さんは今，悩みがたくさん蓄積されている状態なのですね。分かりました。話してみてください。

緑さん：カンファレンスで私は「入居者の生活リズムに合わせてサポートしていかなければ，入居者の状態はもっと悪化する」と話しているのですが，他のケアスタッフは，みんな「忙しいし，人員も少ないし，そんなことはできない」って言うんです。施設長までもが「リーダーはケアスタッフに無理をさせてはだめだ。入居者にも施設に入居したからには，これまでの生活とは違うのだということを理解してもらわなければならない」と言って，私の意見には耳を傾けてくれないのです。

天川SV：そうですか。緑さんは孤立無援という感じなんでしょうか？

緑さん：はい。あ，いえ，賛同してくれるケアスタッフがいることにはいるんです。でも，施設長からしてこんな考えですから，みんな「どうせ言っても無駄」というようなあきらめムードになってるんです。

――その後も緑さんは，心の中に鬱積していた思いをいろいろと話した。その鬱積を天川SVは評価せず，しっかりと聴いていた。

緑さん：すみません，たくさん愚痴を聴いてもらって。ちょっと心の中がすっきりしました。

天川SV：そうですね。心の中のストレスを吐き出すのが一番ですね。

緑さん：いろいろと聴いてもらっているうちに，何だか頭の中のごちゃごちゃも整理できました。ちょっと前を向いて考える余裕ができた気がします。

天川SV：そこが大切なところで，単に愚痴を言って終わりでは，何も変わらないし，進歩もありません。最初は愚痴になるかもしれませんが，吐き出す中で客観的に自分のことや周囲のことが見えてくればよいと思います。

緑さん：またイライラしたら，話を聴いてもらってもよいですか？

天川SV：心がつらくなったら，いつでも来てください。

緑さん：あ，そういうことだったんですね？

天川SV：何ですか？

緑さん：さっき天川SVがおっしゃっていた「セキュアベース」の意味が分かりました。自分の中にストレスがたまった時に，そのストレスをしっかりと受け止めてくれて，そしてまた前進できるエネルギーを与えてくれる，そんな人のことを言うのですね。

天川SV：そうです。日本語にすると「安全基地」という意味になります。

私たちの仕事はいろいろと感情を酷使する仕事ですから，そのつらさをしっかりと受け止めてくれる存在をつくっておくと，安心感が生まれて，また頑張ろうという気になれます。ですから，夫や妻や恋人や友人，それから上司や先生など，一番心置きなく話せる人，つまり**自分を受け止め守ってくれる「セキュアベース（安全基地）」を必ず持つ**ことが大切です。

緑さん：ありがとうございます。私にとっての「セキュアベース（安全基地）」は天川SVです。これからもよろしくお願いします。

天川SV：人とかかわる仕事に携わる私たちは「感情労働」を常に行っており，それらに疲弊した現場の状況があります。その要因は，利用者，自分，組織，そして同僚など複雑多岐に及びます。援助者としての理念や「本人の視点」を突き詰めるほどストレスが強くなるとも言えるでしょう。

　認知症の人への「不適切なケア」から「適切なケア」への変換は，私たちにとってかなりのつらさが伴うと思いますが，「適切なケア」ができるようになると，利用者の不安も落ち着き，その結果，私たちのストレスも軽減されます。しかし，そこまでたどり着くには，やはり苦難の道を乗り越えていかなければなりません。そして，その時，一人で闘うことで，下手をすれば「バーンアウト」につながってしまいます。

　イギリスの心理学者ジョン・ボウルビィらは，「セキュアベース（安全基地）があることにより子どもたちが不確実な状況にも積極的に飛び込んでいき，新たなる挑戦を重ねる場合が多い」（茂木健一郎：挑戦する脳，P.91，集英社，2012.）と述べています。子どもの場合の「セキュアベース（安全基地）」とは保護者を指しますが，私たちのような複雑多岐な感情労働を行い，人の尊厳を守るという仕事に就く者にも，やはり「セキュアベース（安全基地）」が必要と言えるでしょう。

　利用者のために最前線で挑戦を続けるケアスタッフたちをサポートする「セキュアベース（安全基地）」の存在。ケアスタッフ一人ひとりが自分の「セキュアベース（安全基地）」を見つけておくことも必要ですが，やはり組織としてケアスタッフを支える体制がなければ，「ひもときシート」をはじめとした思考展開も思うように発揮できないでしょう。つまり，逆から考えると，「ひもときシート」などを実践するには，ケアスタッフが安心して利用者にかかわっていけるだけの「安全基地（セキュアベース）」の確立が事業所として重要となってくるということです。ケアスタッフがしっかりと理念を実践できる体制づくりがこれからの課題ではないでしょうか。

9 在宅サービスでの「ひもときシート」の活用

「ひもときシート」は施設でのケアを想定して作られていますが，パーソン・センタード・ケアの視点に立って少しアレンジすれば，在宅でのケアにも十分に活用することができます。今後，在宅でも認知症の人がますます増えてくることが予想されます。「ひもときシート」が在宅でのチームにおける支援の指針として活用されることを期待します。

天川SV

登場人物

山本 桜 さん
E訪問介護事業所
サービス提供責任者

不安を訴え続ける利用者

20年前に夫が亡くなってからずっと一人暮らし入江タミさん（仮名）は，週2回E訪問介護事業所の訪問介護を利用しているのだが，ホームヘルパーが訪問するや否や，「物がなくなった」「置いた場所が分からない」「お金がないので生活が不安」などと訴え続けるため，ホームヘルパーは家事の援助がなかなかできないという困った事態となっていた。

ホームヘルパーの困り事から見た「ひもときシート」の流れ

桜さん：入江さんは古い平屋の小さな一軒家に住んでいる独居の認知症の人ですが，ホームヘルパーが来訪すると待っていたかのように次々と話しかけてくるので，ホームヘルパーは毎回対応に苦労しているようです。ケアマネジャーは認知症の悪化から区分変更を考えており，認知症デイサービスなどの利用を検討しているようです。

天川SV：家族はいらっしゃらないのですか？

桜さん：息子さんが1人いらっしゃいますが，仲が悪いようで疎遠状態です。

天川SV：では，入江さんについて「ひもときシート」を活用しながら展開してみましょう。

桜さん：「ひもときシート」は在宅サービスの訪問介護でも使えるのでしょうか？

天川SV：「ひもときシート」は，もともと特養や老健，グループホームなどの施設のケアスタッフ向けに想定して作成されていますが，少しアレンジすれば**訪問介護でも十分活用できます**よ。

桜さん：訪問介護でも使えるのなら大歓迎です。

天川SV：理解しやすいように，**図6**に「ひもときシート」を展開していく上での流れを示します。ケアカンファレンスなどの場面で複数の人と「ひもときシート」を活用する場合は，前段階として「事例概要シート」（P.20参照）に利用者の基本情報を記入し，それらを共有した上で「ひもときシート」に取り組むとよいでしょう。

それでは，STEP 1の「評価的理解」から入江さんのケースを進めていきましょう。

ホームヘルパーの気持ちや現在の対応を課題につなげていく

天川SV：STEP 1（評価的理解）として，まずはホームヘルパー自身が認知症の利用者に対して困っていること，負担に感じていること，悩んでいることを具体的に挙げて

図6 「ひもときシート」展開の流れとホームヘルパーの困り事

STEP 1		STEP 2	STEP 3
評価的理解（A）課題の整理Ⅰ	評価的理解（B）課題の整理Ⅱ	分析的理解 思考展開エリア	共感的理解 本人の視点から
利用者の認知症症状によるホームヘルパーの困り事を書き出してみよう	現状の対応方法（とりあえずのケア）について書いてみよう	困り事の原因や背景にあるものは何なのかを考えていく	本人の心境について考えていく（事実検証と想像）

〈例〉
- 会話が通じない。うまく伝わらないためイライラしてしまう
- 本人に認知症の自覚がなく，ホームヘルパーを拒否し，仕事ができない時がある
- いつも何かを探している。探している間に探しものを忘れ，対応に追われる
- 物盗られ妄想からホームヘルパーが疑われ，名指しで攻撃してくる
- ケアの時間にいない（外出している）。逆に，いても出てきてくれない
- 同じことを何度も訪問中に聞いてきて仕事ができない。あるいは，何度も電話を事業所にしてくる
- 排泄の失敗があったり，汚物をたんすなどに隠したりしている。トイレを詰まらせている
- 食事を食べているのかどうか分からない。食べたのに食べていないと言う　など

もらいましょう。そしてさらに，利用者にどんな姿や状態になってほしいかということも挙げてもらいましょう。

桜さん：悩みを正直に挙げてよいのですね？

天川SV：はい。ホームヘルパーが利用者に対して感じていることを具体的に挙げることで，自身のストレスや負担感を吐き出しながら，自身の課題や現在の対応を整理していくことにつなげます。我慢して心に押し込んでおくのではなく，正直に気持ちを吐き出してもらいましょう。

桜さん：入江さんの場合，ホームヘルパーは「とにかく仕事の間は静かにしてくれたらよい」という思いが強いと思います。でも，もう少し本人の視点に立つならば，「不安がなく落ち着いてほしい」という思いになるでしょうか。人によって考え方の差異が大きいかもしれません。

天川SV：確かに考え方の違いはあるかと思います。しかし，入江さんの立場になって考えたという「不安がなく落ち着いてほしい」という思いも，一見本人の視点のようですが，これも援助者の主観と言えますね。

桜さん：そうですね。言われてみれば，私たち側からの考えですね。主観を挙げてはいけませんね。

天川SV：いいえ。ここでは，私たち援助者の課題を見いだしていくために，あえてその主観を挙げていきます。

　次に，利用者に対し，当面どのようなことに取り組んでいこうと考えているか，あ

るいは取り組んでいるかということを確認します。恐らく，どう取り組んでいくのかということよりも，実際にどのような対応をしているかといったことの方が考えやすいと思います。先の「利用者にどんな姿や状態になってほしいか」といった援助者の思いが，実際にどのような対応につながっているかを整理していきます。

桜さん：例えば，「とにかく仕事の間は静かにしてくれたらよい」といった思いから来る対応として，「利用者に別のことをしてもらって，何を言ってこようが構わず仕事をこなす」とか，事業所の対応としては「毎回ホームヘルパーを替えて，ホームヘルパー自身のストレスを軽減させる」といったことですね。

天川SV：そうですね。実際，入江さんの場合はどうですか？

桜さん：入江さんへの対応の現状は，「とりあえず，話しかけてくることにうなずいて聴いている姿勢を取りながら，部屋の清掃を行っている」というような感じで，入江さん本人の訴えに傾聴している状況とは言えません。

天川SV：「とりあえず行っている対応」とも言えるかもしれませんね。とにかく，対応そのものは，たとえその場しのぎであっても実践されているのです。ここでは，実際に対応していることをできるだけ具体的に出してみましょう。

> **ポイント**
> ● 自身の本心を吐き出すことで，自身が抱えている課題を明確化させていきましょう。
> ● その場しのぎのケアは，利用者，援助者ともに決して落ち着けるものではありません。

ホームヘルパーとして気づいた点を挙げてもらう

天川SV：「ひもときシート」では，現状の視点からの「転換」を図るために，STEP 2の分析的理解（思考展開エリア）へとつなげていきます。

　ホームヘルパーの場合は，担当がその日によって替わることもありますし，ケアの現場にも事業所にも常駐しているわけではないので，「思考展開エリア」の8つの項目のみを図7のように模造紙などに書き込んでおくとよいでしょう。一番上には「課題となる本人の行動や言葉」（「ひもときシート」のC欄に当たる）を書き込んでおきます。図7を貼っておく壁面があれば一番よいですが，ない場合はいつでも広げられる場所に置いておき，付箋をホームヘルパーに渡して「気づき」を書き込んでもらい，事業所に顔を出した時に書き込んだ付箋をまとめて貼り付けてもらうようにするとよ

図7　思考展開エリア

ⓒ ・ホームヘルパーが訪問すると，いつも「あれがない，これがない」と興奮した口調で訴えてくる ・ホームヘルパーが仕事している間，ずっとそばで同じ訴えを何度もしてくる			
（1）病気や薬の影響	（2）身体的な不調の影響	（3）精神的苦痛の影響	（4）五感の刺激に対する影響
（5）周囲の人の影響	（6）住環境の影響	（7）生活活動上の課題点	（8）暮らし方の課題点

いでしょう。

桜さん：入江さんについて，ホームヘルパーの意見や気づいたことを付箋に書いて，該当する項目に貼り付けるのですね。

天川SV：ホームヘルパーの訪問回数にもよりますが，担当のホームヘルパーには必ず伝え，2～3週間でまとめてください。こうすれば，長時間「ひもときシート」に向かって議論を行う必要がなくなり，気づいたことをさっと書いて貼り付ける作業だけで済みます。

桜さん：カンファレンスを開かなくとも，情報収集は行えるということですね。でも，そのためにはホームヘルパーがそれぞれの項目の意味やねらいを理解しておかなければなりませんよね。

天川SV：はい。そこだけは頑張って学習してもらう必要があります。また，付箋がある程度たまったころに「まとめ」を行うので，ホームヘルパーに時間を取ってもらわなければなりません。ホームヘルパーは非常勤の人も多く，常時事業所に顔を出すわけではない人も多いでしょうから，月に1度の全体会議や勉強会などの時間を活用して伝達してください。

桜さん：サービス提供責任者の役割も重要ですね。

天川SV：そうですね。「ひもときシート」に取り組む場合，準備やホームヘルパーへの伝達にはサービス提供責任者の活動が必要ですが，できればケアマネジャーと一緒に行うとよいでしょう。今後のケア方針を決定するにあたって，ケアマネジャーにもなぜこのようなことを実施するのかということをしっかりと理解してもらわなければなりません。

◆**病気や薬の影響**

桜さん：まずは「病気や薬の影響」についてですね。

天川SV：この項目では，利用者の病気や飲んでいる薬の副作用の影響について考えますが，特に認知症の人の場合，精神面に影響する薬を投与されていることが考えられるので，副作用と思われるような本人の状態変化にはかなり注意しなければなりません。また，在宅で暮らす人の場合，正しく薬が飲めていないことも多いのではないでしょうか？

桜さん：そうなんです。薬が正しく飲めていない人が多くて，いつもケアマネジャーと悩んでいます。本人の活動が著しく低下している場合や，精神状態がいつもより不安定になっている場合など，病気の進行や薬の影響が考えられるかもしれないので，気をつけなければなりませんね。

天川SV：ホームヘルパーは，特に認知症がある独居の人の場合，その人がどのような薬を飲んでいるかということも含め，病気の詳細な情報をあらかじめ得ておく必要があります。薬の飲み過ぎや飲み忘れなどは時に命にかかわるので，ケアマネジャーなどとしっかり情報や注意点を確認して，この辺りの観察力を持つことが大切です。

桜さん：私もこの点についてはホームヘルパーの研修会でも特に強調しています。

天川SV：この「病気や薬の影響」の項目は，次の「身体的な不調の影響」と同様，普段と比べて変調を感じ取ったら，すぐにケアマネジャーや医療関係者などに連絡をしなければならない項目と言えます。それだけ観察の視点が問われる項目でもあります。ですから，「ひもときシート」の場合，気づきの集約や検討は緊急性のないものが中心となります。緊急性のあるものとないものを分け，緊急性がなくても必ず本人に影響を与えているであろう気づきを貼り付けていってください。

◆**身体的な不調の影響**

桜さん：次は，その「身体の不調の影響」についてですね。

天川SV：痛み，便秘，不眠，空腹などの身体的不調が，本人の心の状態に影響を与え，BPSDを増幅させていないかを考えるところになります。この項目は，先ほどの「病気や薬の影響」の項目とオーバーラップしており，心身の状況を確認するという必要不可欠な視点です。ですから，状況によっては，早々に本人のケアに携わる援助者に情報を伝達しなければならない項目になります。

桜さん：ホームヘルパーは，薬の影響と併せて，本人の心身の変化を読み取って，必要に応じて事業所やケアマネジャーに連絡を取らなければなりませんね。

天川SV：この項目も「ひもときシート」でまとめる場合は，緊急性のない慢性的な状態について，その背景を探るために活用してください。

◆**精神的苦痛の影響**

桜さん：次は「精神的苦痛の影響」についてですね。

天川SV：この項目は、本人が感じている悲しみ、怒り、寂しさなどの精神的苦痛や、本人の性格などの心理的背景による影響について考えていくところです。この項目では、認知症の中核症状に伴う精神的苦痛に焦点を当てて、本人が中核症状のどの部分に一番困っているのかを考えてみましょう。

桜さん：物忘れや新しいことが覚えられない、あるいはこれまでできていたことができなくなった、そのような状況に対して本人が感じている不安や焦りなどの精神状況を考えるということですね？

天川SV：はい。例えば、思い出したくとも思い出せない、あるいは覚えたくとも覚えられない、何かを行おうとしてもできないなど、その時に本人が感じていることについて考えてみましょう。

桜さん：「もし自分がそのような状況になったなら」というように、自分の問題としてシミュレーションしながら、本人の気持ちに近づいていけばよいですね。

天川SV：「思い出せないことが多くてつらそう」とあったら、本人は何に対してどんな気持ちなのかということを想像して書き込むようにしてください。

◆**周囲の人の影響**

桜さん：次は「五感の刺激に対する影響」についてですね。

天川SV：4番目は「五感の刺激に対する影響」となっていますが、先の「精神的苦痛の影響」と関連ある5番目の「周囲の人の影響」から説明していきますね。思考展開エリアはどこから考えても構いませんが、最初に身体的な面を押さえるようになっています。シートの上では同類の項目をまとめるために、この項目が5番目に来ています。

桜さん：分かりました。

天川SV：「周囲の人の影響」については、本人を取り巻くあらゆる環境の中で、家族やホームヘルパーなど周囲の人のかかわり方や態度が本人に影響を与えていないかを確認します。

桜さん：例えば、家族がイライラして本人にきつく当たっている場合は、当然本人の不安感が増しますね。ホームヘルパーはほんの少しの時間しか本人や家族を見ることができませんが、家族は本人と一番密接にかかわっている存在であるだけに、本人と家族の姿を垣間見るだけでも、その不協和音を感じ取れるかもしれません。

天川SV：本人が独居の場合は、援助者との関係性を見てみます。在宅の場合は、ホームヘルパーをはじめとしたさまざまなサービスに携わる人が本人に接することになります。援助者が訪問することによって不安などが増長されるようであれば、援助者側に何らかの問題があることになります。その理由や背景まで明確にならなくても、私

たちがBPSDの一因になっているかもしれないと気づくことが大切ですね。

◆五感の刺激に対する影響

桜さん：次が「五感の刺激に対する影響」についてですか？

天川SV：そうですね。この項目では，音，光，味，におい，寒暖などの五感への刺激や，苦痛を与えていそうな環境など，本人を取り巻く人間関係以外の環境からの影響を考えます。ホームヘルパーの場合，次の「住環境の影響」の項目と併せて考えることができるでしょう。本人の住環境を見る中で，BPSDを悪化させるような音や光，感覚的刺激がないかを確認します。どのようなことが考えられると思いますか？

桜さん：例えば，さまざまな音が入り混じっている場合や，これまでは理解できていた車などの騒音も，認知症によって不快感を強めることになるかもしれません。また，カーテンを閉め切っているような人の場合，日中光を受けることがないために，生活のリズムが崩れてしまって，妄想や不安などの行動につながるかもしれませんね。以前，隣のビルの工事が始まって大きな騒音が聞こえだした途端，不穏状態になった認知症の人がいました。

天川SV：そうですね。感覚的刺激は生活リズムを崩し，不安を増長させ，BPSDの悪化につながる可能性もあるということですね。

◆住環境の影響

桜さん：次は，その「住環境の影響」についてですね。

天川SV：思考展開エリア（3）～（5）は感覚的な不都合についての確認でしたが，この項目では物理的環境において本人に押し寄せている不都合について確認していきます。認知症の人の場合，特に実行機能の障がいから生活上の混乱が生じてきます。例えば，私たちにとって便利に思える電子レンジも，ひとたび使い方が分からなくなると，入れてはいけないものを入れたり，長時間熱したりして，とんでもない結果につながり，本人のパニックを引き起こすことになります。

桜さん：この項目はホームヘルパーが気づくことの多い項目かもしれません。電子レンジに腐ったものが入っていたり，冷蔵庫にとんでもないものが入っていたりすることはよく経験します。

天川SV：ポイントは，今まで使えていたものが使えなくなることや，調理など簡単にできていたことができなくなることなどによる不安や焦燥感がないかを確認するということです。現象だけの報告に終わらないようにしてください。ただし，ガス調理器による火の不始末などを発見した場合は，「ひもときシート」の集計を待たず，すぐにサービス提供責任者に報告した上で，ケアマネジャーに連絡してください。「ひもときシート」を活用する上で，観察力と即応性を養うということも大事な要素です。

◆生活活動上の課題点

桜さん：次は「生活活動上の課題点」についてですね。

天川SV：この項目は，施設やデイサービスなどでは，本人へのアクティビティが本人の負担になっていないだろうかということを主に確認する項目になるので，ホームヘルパーの立場からだと理解しづらいかもしれません。ですので，ここではホームヘルパーの視点として，本人が自宅で日常生活において楽しめるようなことが何かあるか，そしてそれが行われているかを確認してください。

桜さん：本人の趣味とか，好きなこととかですかね。町内会や婦人会などへの参加も含まれるかもしれませんね。

天川SV：同時に，生活上で必要な行為において，戸惑っていることがないかどうかもチェックしてください。例えば，歯磨き，洗顔，身なりなどの整容行為に乱れがないか，それを気にしていないか，排泄，入浴，買い物などの生活上の行為で困っていること，不安なことがないかを観察することも，ホームヘルパーの重要な仕事になります。気づいたことを付箋に書き込んで貼り付けてください。

◆暮らし方の課題点

桜さん：最後が「暮らし方の課題点」についてですね。

天川SV：この項目は，本人の生活スタイルや生活歴にかかわるものとなります。生活歴，習慣，なじみのある暮らし方と現状とのズレについて考えてみます。施設のケアスタッフなら，この部分にじっくりとかかわることができるでしょうが，ホームヘルパーの場合，ケアマネジャーなどから集めた情報しかなく，短時間で行わなければならない業務の間に確認しなければならないため，難しさを感じるかもしれませんね。

桜さん：確かにそうですが，ホームヘルパーはダイレクトに本人の生活の中に入っていくので，逆に言えば，かかわる時間は短いかもしれませんが，施設のケアスタッフより本人の生活スタイルに直面しますし，その生活スタイルにつながる生活歴についても感じ取ることは比較的容易にできると思います。

天川SV：なるほど。ホームヘルパーの利点を生かすということですね。

桜さん：ホームヘルパーの場合は，本人が生活上で大切にしていることや守ってきた生活スタイル，あるいはこれまでの生活歴が表れていそうな事柄など，ありのままの生活を見る中で気づいたことをチェックして，情報を付箋に書き込んでシートに貼り付けていくようにすればよいですね。

天川SV：そのとおりです。つまり，ホームヘルパーにとってこの項目は，BPSDの背景を探るというより，BPSDをひも解いていくためのヒントを見つける項目と言えますね。

　以上，「ひもときシート」の思考展開エリアの説明を行いましたが，実際の「ひもときシート」をホームヘルパーが使おうとすると，合わない部分がいくつか出てきま

図8　ホームヘルパーにおける「ひもときシート」思考展開エリアのとらえ方

（1）病気や薬の影響	（2）身体的な不調の影響	（3）精神的苦痛の影響
・どのような病気で薬を飲んでいるか，あらかじめ情報を得ておく ・いつもと違う様子なら，すぐに事業所，ケアマネジャー，医療職など支援関係者に報告する ・漫然と続いている状況なら，BPSDの要因の一つとして付箋に書き込む	（1）と同様，観察の視点を持ちながら，必要時はすぐに支援関係者に連絡する。不眠，便秘などの影響が考えられる場合も支援関係者に情報を伝達しつつ，付箋にも書き込む	中核症状に伴う苦痛について，自分に置き換えて考えてみる。本人の行動の精神的背景が見えてくるかもしれない。その感じた思いを付箋に書き込む
（4）五感の刺激に対する影響	Ⓒ**本人の言動**	（5）周囲の人の影響
感覚的不快感がないか，訪問時にチェックする。特に騒音や日中でも暗い部屋はBPSDの要因になる。気づいたことがあれば，付箋に書き込む	ホームヘルパー訪問時の本人の言葉や行動をありのままに書く	家族や援助者などのかかわりが，本人のBPSDにつながっていないか確認する。ここでは，人という大きな環境要因について，自らも振り返りながらチェックする。他の援助者のことであっても，気づいたことは書き出す
（6）住環境の影響	（7）生活活動上の課題点	（8）暮らし方の課題点
・普段の生活の中で使っている器具などが問題なく使えているかどうか確認する。使えなくなったことが精神的不安定を引き起こしている場合もある。気づいたことを書き出す ・火の不始末を発見した時はすぐに支援関係者へ連絡する	生活活動上できなくなってしまったことなどがないか確認する。本人がやろうとしなかったり，ごまかそうとしたりするのは不安の表れ。見逃さないようにして付箋に書き込む	ありのままの暮らしぶりを見る中で，本人の望む暮らしについて考えてみる。BPSDの要因をひも解くためのヒントが隠れているかもしれない

す。**図8**を参考にして，付箋に書き込み，貼り付けるようにしてください。そして，貼り付けられた付箋を担当者がまとめ，シートに書き込んでいきます。この作業は，できれば複数人で行った方がよいでしょう。ここで書き込まれたことを基に，次の段階である共感的理解につなげていきます。

ホームヘルパーの視点から利用者本人の視点に置き換えて考える

天川SV：「ひもときシート」の活用を通じて利用者を理解するアプローチとして，分析的理解の段階である思考展開エリアの8つの項目で確認作業を行いました。さらに，これらを整理した情報を基に「本人の視点」で考え，本人の立場に沿ったケアを検討していきます（「ひもときシート」のD～F欄）。

◆課題の背景や原因を整理する（D）

桜さん：課題となっている事象（C）がなぜ起きたのかを考えるということですね。

天川SV：そうですね。ホームヘルパーによって一定期間に得られたさまざまな角度からの情報を分類します。

桜さん：皆で作業した方がよいですね。

天川SV：はい。まず，8つの思考展開エリアそれぞれにおける情報を似たような内容のものでまとめ，カテゴリー化します。そして，各カテゴリーを表す文章を考えます。その各カテゴリーに付いた文章が課題の分析結果となります。1つのエリアでカテゴリーがいくつも出る場合もあれば，1つしか出ない場合もあるでしょう。

桜さん：え〜っと，重複したり，似通ったりしている情報を同じカテゴリーとしてまとめ，さらにそのまとめたものに，その情報に見合った名前を付けるのですね。

天川SV：そうです。いずれにしても，8つの思考展開エリアから出てきたカテゴリーが課題の分析結果であり，利用者本人のBPSDの背景・原因に迫るためのものであるはずです。その文章を「本人の視点」で見やすいように個条書きでまとめておきましょう。

◆援助者の課題を本人の立場から考える（E）

桜さん：「本人の視点」での課題が見えてきたように思います。

天川SV：では，さらに「ひもときシート」のE欄で，最初にホームヘルパーが挙げた本人の行動に対する「援助者自身の困り事」（A）を「本人の立場や気持ちから考える」という視点の転換を行ってみましょう。つまり，ホームヘルパーが抱えている課題を「援助者自身の視点から本人の視点に置き換えて」考えていくということになります。

桜さん：ということは，ホームヘルパーから見ていた課題を利用者からの視点に置き換えて考えなければならないので，その置き換えた視点の根拠になることを示さなければなりませんね。

天川SV：何となく利用者はこんな気持ちだろうというように感覚的に「本人の視点」に立つのではなく，「〜という状況があるから」とか「〜のような背景が考えられるから」など，ある程度の仮定や根拠となるものを示さないと，誰もが納得できる「本人の視点」にはなりませんからね。

桜さん：その仮定や根拠になるものを8つの思考展開エリアから探ってまとめていくのですね。そして「本人の視点」に立つ。

天川SV：最初に掲げたホームヘルパーが感じた課題が，実は利用者本人からするととても大変な状況であったということを認識することができるのではないでしょうか。

桜さん：例えば，入江さんの場合，思考展開エリアを使ってその背景を探っていくと，日常生活上の今までできていたことができなくなり，その不安を抱えたままホームヘルパーが来るのを待ち，ホームヘルパーが訪問すると堰を切ったかのように不安を訴

えたなどと考えられるかもしれませんね。

天川SV：その時の本人の気持ちにしっかりと接近することがポイントになります。アドボカシーの機能をしっかりと働かせてください。

◆本人にとっての課題解決に向けてできそうなこと（F）

天川SV：「ひもときシート」のまとめに入りますが，実はここが「本人の視点」による利用者支援に向けたスタートラインとも言えるのです。本人の思いに「接近」し，そこから本人にとっての課題解決に向けたケアの「展開」を検討していくわけです。

桜さん：やっとここでスタートライン…。ケアの見直しの出発点ととらえたらよいですね。

天川SV：「ひもときシート」を通じて気づいた本人の思いに沿って解決策を見つけ出すことは，決してその場限りの対応などではなく，あるいは私たち援助者の課題から来る悩みを解決する方策を探るのでもなく，本人が安心して暮らすためのケアをあらゆる角度から考えていくということになります。

桜さん：本人のできそうなことや試せそうなことなど，本人の能力を生かすということも含まれてきますよね。

天川SV：そうですね。認知症の人へのケアの見直しを考えるにあっては，思考展開エリアなどで得た仮定や根拠がベースになります。それらの上に「想像力」と「創造力」を加味して「本人の視点」のケアの展開を図っていくのです。

　でも，実際には，援助者が頭を突き合わせて考え込むだけでは，なかなか良いアイデアは浮かんでこないと思います。

　入江さんに関する「ひもときシート」の完成品が**資料62**（P.224〜225）です。ここからは，本人の課題をひも解いたものを，今度は適切なケアに向けて新たに編み込んでいく作業を行っていかなければなりません。そこで，具体的な実践につなげられる方法をいくつか取り上げてみたいと思います。

ポイント

- ●「ひもときシート」は応用が可能なので，在宅スタッフも少し項目を調整すれば活用することができます。
- ●「ひもときシート」はケアの見直しのためのスタートラインに立つためのツールであり，これがゴールではありません。
- ●集められた情報は各ホームヘルパーの意見をまとめたものであり，思考展開エリアでは特に意味を持ちます。

一人の生活者としての視点でケアの実践方法を考える

天川SV：具体的なケアの実践方法を模索するにあたって，押さえておかなければならないことがあります。それは，私たち専門職としての「理念」を必ず基本に置かなければならないということです。しかし，私たちは大きな課題や難題を目の前にすると，利用者本人の困った状況を見る前に，私たち援助者側が困っていることに対する解決策を探ろうとします。この時点で主体が利用者ではなく，私たち援助者側となり，援助者側の視点や都合で結論を出そうとしてしまいがちです。

桜さん：主体はあくまでも利用者本人ということですね。本人が抱えている課題や難題を解決するための方策を探ることが重要であって，私たち援助者の課題や難題を解決するのではないということをしっかりと押さえておかなければならないということですね。

天川SV：そのためにも，「理念」を念頭に置くということに気をつけましょう。例えば，レストランのシェフはおいしい料理を出すために，具材や調味料，焼き加減などに妥協することなく調理します。おいしい料理を出すことがシェフのプロフェッショナル性だからです。しかし，そのシェフが忙しいからといって調理を手抜きすれば，私たちが満足するような料理は出てこず，その時点でこのレストランの評価は下がってしまいます。つまり，プロとしてのシェフの理念は「妥協することなくおいしい料理を作る」ということなのです。これをケアの世界に当てはめると，認知症の有無にかかわらず，**専門職としての理念は妥協することなく実行しなければならない**ということになりますよね。

桜さん：なるほど。他の職種で考えてみることも大切ですね。

天川SV：この基本を押さえた上で，具体的なケアの実践につなげる方法を考えていきましょう。具体的なケアの実践に向けたアプローチ法として，ここでは2つの方法を紹介しますね。一つは「マンダラート」を活用した方法です。「マンダラート」は，検討したいテーマを9つあるマスのうち中央部のマスに記入し，そこから連想するものを周囲の8つのマスに書き込んでいくものです。

桜さん：「ひもときシート」の思考展開エリアの形に似ていますね。

天川SV：そうですね。「マンダラート」を活用した整理法は，まず**利用者を「一人の生活者」として見る**ことに使います。

桜さん：認知症の人を「困った人」という視点で見ずに，私たちと同じ生活者としての視点で見るということですね。

天川SV：はい。私たちは，人として誰もが生活を営んでいます。それも各個人すべて

資料62　入江さんのひもときシート（ホームヘルパー編）

Ⓐ
**課題の整理Ⅰ
あなた（援助者）が感じている課題**

事例にあげた課題に対して，あなた自身が困っていること，負担に感じていることを具体的に書いてください。

訪問に行くと，仕事に入る前にいつもあれがない，これがないとか，どうしたらよいか分からないとか，質問攻めにされ，ある程度話を聴かなければならないので，家事援助業務になかなか入れないし，時間がなくなってしまう。

（1）病気の影響や，飲んでいる薬の副作用について考えてみましょう。

血圧が高いとは聞いているが，特に薬は出ていない様子。薬が出ていたとしても，自分で服薬できるのかどうか疑問。医療面のフォローが心配。

（4）音・光・味・におい・寒暖等の五感への刺激や，苦痛を与えていそうな環境について，考えてみましょう。

いつもカーテンを閉め切っている上に，蛍光灯も古くなっているせいか部屋が暗い。これでは天気が分からないどころか，昼夜の区別もつかないと思う。

Ⓑ
**課題の整理Ⅱ
あなた（援助者）が考える対応方法**

①あなたは本人にどんな「姿」や「状態」になってほしいですか。

とりあえず，静かに座っていてほしい。落ち着いていてくれればよいと思う。

②そのために，当面どのようなことに取り組んでいこうと考えていますか？あるいは，取り組んでいますか。

とりあえず，話しかけてくることにうなずいて，聴いているようにしながら部屋の清掃を行っている。誰か別に話を聴いてくれる人がいるのなら，そんな時間があればよいと思う。

（6）住まい・器具・物品等の物的環境により生じる居心地の悪さや影響について考えてみましょう。

以前は自分で調理されていたようだが，最近は電子レンジの使い方も分からなくなったのか，食べ物が電子レンジの中に放置されていることがある。しかし，コンビニには行っているようで，弁当の容器が散乱している。

STEP 1　評価的理解　援助者として感じている課題を，まずはあなたの視点で評価します。

STEP 2　分析的理解（思考展開エリア）

(2) 身体的痛み, 便秘・不眠・空腹などの不調による影響を考えてみましょう。

よく目の下にくまができていることがあり, 表情が険しい時が多いので, あまり眠れていないのではと思う。食事も満足に摂れているのか心配。
身体的な痛みを訴えることはない。便秘かどうかはよく分からない。

(3) 悲しみ・怒り・寂しさなどの精神的苦痛や性格等の心理的背景による影響を考えてみましょう。

ずっと一人で, ほとんど外に出ることもないので寂しいだろうし, 何もかも一人でやらなければならないことに不安を感じていて当然だと思う。強気な性格だったと聞いているが, 弱気な表情を見せることが多いと思う。物忘れも時々あり, 金銭的不安ともども生活の不安につながっているように思う。

D 課題の背景や原因を整理してみましょう

思考展開エリアに記入した内容を使って, この課題の背景や原因を本人の立場から考えてみましょう。

物忘れをはじめとして, 生活上のさまざまな不安が見て取れる。
生活リズムが崩れていると言える。
家族をはじめ, 地域の人など人とのつながりがあまりない状況で, 話し相手がいない。
金銭的な不安もかなり強く, 生活の不安につながっている。一人暮らしの怖さもある。
医療面のフォローも必要。

C 課題に関連しそうな本人の言葉や行動を書き出してみましょう

あなたが困っている場面（Aに記載した内容）で, 本人が口にしていた言葉, 表情やしぐさ, 行動等をありのままに書いてください。

あれがない, これがないとか, 「私はどうしたらよいのですか？」と引きつった表情でつきまとって訴えてくる。怖いとか, 不安だとかという言葉や, 生活を続けていけるだけのお金があるのかと聞かれる時もある。

(5) 家族や援助者など, 周囲の人の関わり方や態度による影響を考えてみましょう。

以前から息子との折り合いは悪かったよう。そのため, 来ている様子はあまりない。折り合いが悪くとも, 時々は会いに来てほしいと思っているのでは？
ホームヘルパーもろくに話を聴いてあげていないので, 私たちの態度にも問題があるかもしれない。

E 「A 課題の整理Ⅰ」に書いた課題を本人の立場から考えてみましょう

「D 課題の背景や原因の整理」を踏まえて, あなたが困っている場面で, 本人自身の「困り事」「悩み」「求めていること」は, どのようなことだと思いますか。

思い出せないことが増えたり, どうやったらよいか分からないことがあったりと, さまざまな不安があり, その不安のために夜も眠れない。
話し相手もおらず, ホームヘルパーが来てくれると, いっぱい話を聴いてほしいと思う。
一人だと, カーテンを開けていると誰かにのぞかれているようで怖い。

(7) 要望・障害程度・能力の発揮と, アクティビティ（活動）とのズレについて考えてみましょう。

元々町内会の女性部会に入っていたとのことなので, 活動そのものはできる人だと思うが, 今はできていない。

(8) 生活歴・習慣・なじみのある暮らし方と, 現状とのズレについて考えてみましょう。

夫が早く亡くなり, 息子とも疎遠のため, 一人暮らしに慣れていると本人も私たちも思っていたが, 慣れていたはずの一人暮らしが, 金銭的なことも含め, 精神的に厳しくなってきたことを感じているのではないか。

F 本人にとっての課題解決に向けてできそうなことをいくつでも書いてみましょう

このワークシートを通じて気づいた本人の気持ちにそって⑦今できそうなことや④試せそうなこと⑦再度の事実確認が必要なこと等をいくつでも書いてみましょう。

「樹木図」を使って, 具体的実践策について検討する（**資料65**：P.230）。

根本的な課題解決に向けて, 多面的な事実の確認や情報を整理します。

STEP 3 共感的理解

本人の視点から課題の解決を考えられるように, 援助者の思考展開を行います。

資料63 入江さんの生活上の課題をマンダラートに書き込もう

お金の心配をしている	睡眠が取れていない？	食事は摂れている？
家賃は払えている？	入江さんの生活上の課題	趣味を生かしたい
友人と疎遠になった	排泄の失敗がある	家族の来訪がない

異なった，その人なりの生活を営んでいます。当然，認知症になった人も同じです。認知症だからもう生活できないということは絶対あり得ません。私たちと同じ生活者であるということです。

桜さん：同じ生活者という視点…。認知症の人に対してあまり持っていなかった視点かもしれません。でも，その生活を支えるのがホームヘルパーの仕事ですからね。

天川SV：「マンダラート」に入江さんのことを思い浮かべて書き込んでみましょう。入江さんの生活上の課題について考えるため，そのテーマを中央に記入し，そのテーマに対して思い浮かぶことを周囲に書き込んでみてください。

桜さん：テーマを「入江さんの生活上の課題」と書き込んでみました。そして，そのテーマから連想したことを周囲に書き込んでみました（**資料63**）。

天川SV：その書き込まれた項目に入江さん本人が何らかの支障を感じていたら，その項目についての支援を考えます。つまり，「認知症の人」というより，「一人の生活者」として支障を生じている生活の項目について支援を行うということなりますね。

桜さん：なるほど。「認知症の人」ではなく，「生活者」としての生活上の困り事ですね。

天川SV：明確な解決策を見いだすために，周囲に書き込まれた項目の中から本人自身が一番課題と感じている項目を抜き出して，新しい「マンダラート」の用紙の中央に書き込み，その支援方法として思いつくことを周囲のマスに書き込んでみましょう（**資料64**）。

桜さん：「マンダラート」で常に中央に来るのは，利用者本人のことであって，私たちの困り事ではないということですね。そして，2枚目のマンダラートの周囲に書き込む内容は具体的ケアということになりますね。

天川SV：そのとおりです。利用者本人を中心に考えることを継続させるために，「マンダラート」を活用する時には，必ず「ひもときシート」を横に置き，思考展開エリアから得たさまざまな情報を振り返りながら行うことを忘れないでください。

資料64 マンダラートを活用して入江さんへのケアを具体化しよう

お金の心配をしている	睡眠が取れていない？	食事は摂れている？
家賃は払えている？	入江さんの生活上の課題	趣味を生かしたい
友人と疎遠になった	排泄の失敗がある	家族の来訪がない

部屋の温度を確認する	表情を毎回チェックし，睡眠状況を確認する	寝具が寝やすいか確認する
生活への不安が睡眠不足につながっている？ →5分は本人の話を聴く	**睡眠が取れてない？**	夕飯をちゃんと摂っているのか？
部屋がいつも暗い →昼間はカーテンを開ける，蛍光灯を替える	生活リズムが乱れている（昼夜逆転）ようなので，デイサービスの導入を考える	あまり外出していないので，他者とのつながりをつくれれば

> **ポイント**
>
> ● 認知症の人を「困った人」という視点で見ずに，私たちと同じ生活者としての視点で見ることが大切です。
> ● 在宅での支援の場合は，ケアマネジャーと共に具体的なケア内容を考えるとなおよいでしょう。
> ●「利用者の生活上の課題」を見いだすためにマンダラートを有効活用しましょう。

具体的な実践＝目標達成に向けて樹木図を活用する

天川SV：「ひもときシート」を通じて利用者本人の理解ができたら，その理解の上に立ったケア内容を考え，それを実践することが必要になります。当然，その実践は，援助者の視点から考えたケアを払拭するところから始まります。

桜さん：援助者の都合や問題を解決するという視点からケアを考えた場合は，すぐに壁にぶつかるという結果に陥りやすいということですよね。

天川SV：そうですね。ホームヘルパーが集まって行うカンファレンスでは，どうしてもBPSDに伴う「私たちの困ったことに対する解決策」について話し合うことが主体になっていませんか？

桜さん：やはり私たちの困り事を解決しないと，仕事が滞ってしまうということがあるので，そうなりがちかもしれませんね。

天川SV：そのような場合，場当たり的な方法，つまり「とりあえずこうしておきましょ

う」というような，私たちの都合で考えた結論で結んでしまうことになりかねませんよね。そのような閉塞的な結論に陥らないようにするために，「ひもときシート」をしっかりと使い，「援助者の視点」から「本人の視点」への転換を行うのです。しかしながら，実践方法を考え出していく段階（「ひもときシート」のF欄を検討する段階）になって，どうしても目の前にある問題が頭に浮かび，再び「援助者の視点」の問題解決から考えだしてしまうという落とし穴に落ちる可能性があるのですよ。

桜さん：え？ せっかく「本人の視点」への転換をしたのに？

天川SV：その落とし穴に落ちないようにするための方法として，問題を解決するという視点ではなく，「ひもときシート」で分析し理解した「本人の視点」に沿って目標達成に向けた方策を検討していかなければなりません。具体的なケアの実践に向けたアプローチ法のもう一つは，問題からではなく目標からスタートさせる「樹木図」（P.25参照）の活用です。

桜さん：トーナメント表のようですね。

天川SV：そうですね。高校野球などのトーナメントは下から上へ昇っていきますが，この樹木図は上から下へ降りていく図式になります。横向きにして展開しても構いません。樹木図では，最初に私たちの「理念」を基本とした利用者の目標を掲げたら，それを一番上に示します。そして，この目標に向けた具体策を考えていきます。問題の解決策ではなく，目標達成のための方法を検討するということです。この目標に向けてできることを順次具体的にしながら下ろしていきます。

　まずは「ひもときシート」全体を見直し，入江さんの望む暮らしや思いを考えます。これこそが，入江さんに対する援助者としての目標となるところです。まずはこの目標をしっかりと定めましょう。

桜さん：「問題をどう解決するか」というところからスタートすると，「『ホームヘルパーにまとわりついて仕事ができない』という問題をどう解決するか」といったことから始まってしまいます。

天川SV：私たちは，そのような部分的な解決ではなく，**利用者の望む暮らしや思いを尊重するという大前提の下で仕事をしているはず**です。ですから，議論をその大前提からスタートさせるのです。なぜそのことが必要なのかは，「ひもときシート」を振り返る中で十分に見いだせるのではないでしょうか？

桜さん：「ひもときシート」で抽出された「本人の視点での課題」（E欄）は，ケアの目標として常に念頭に置いておく必要がありますね。

天川SV：はい，とても大切です。同時に，その目標は，私たちの理念と合致しているものでなければなりません。そして，この目標に向かってケアを展開していくのです。いきなり具体策と言ってもまとまらないので，まずは大まかな発案から始めます。そ

のためには，「ひもときシート」の「本人の視点での課題」（E欄）だけでなく，先ほど説明した8つの思考展開エリアとD欄を再確認し，その上で必要と思われるケアを大まかに挙げます。

桜さん：入江さんの場合，生活リズムが乱れているところがあるので，それを整えることと，何かにかかわることによって自分自身の存在価値を感じてもらうこと，そして家族を含めた人間関係の調整ということが考えられます。

天川SV：この大項目は必ずしも複数出さなければならないというものではなく，1つでもよいです。ただし，あまり多く出してもまとまりにくいので，5項目くらいまでにしてください。

桜さん：分かりました。

天川SV：次に，その大項目をより具体的なものにしていきます。具体的な項目が1つしか出なくても構いません。ここでも私たちが主体にならないように気をつけましょう。この辺りからは，ホームヘルパーだけではなく，ケアマネジャーが大きくかかわる部分になります。また，他事業所にもかかわってもらわなければならない状況が見えてきます。これらを順次樹木図に書き込んでいきます。

桜さん：実際のケア内容にかかわるところですから，最初のきっかけこそ私たちであっても，ケアマネジャーに総合的に見てもらってまとめていくとよいでしょうね。

天川SV：さらに，これらの項目をより具体的にしていくために，「いつ，どこで，誰が，どのように」といったことを明確化していきます。どの項目も考えついたことをサクサクと記していけば，それほど時間を要するものではありません。これらの出された項目をケアマネジャーにまとめてもらい，他事業所も含めたチームで共有するとよいでしょう。樹木図の最下位では1つの目標に向かって多くの援助者がかかわっている姿になるはずです。

桜さん：ホームヘルパーだけが四苦八苦するのではなく，チームで連携しながら，援助者として行うべきことに取り組んでいかないとだめですね。

天川SV：「ひもときシート」を使って絡み合った糸をひも解いた作業の後は，ケア体制を再び編み込んでいくということですね。

> **ポイント**
>
> **ケアの見直しをする場合，援助者の視点にならないように，「ひもときシート」で分かってきた「本人の思い」や自分たちの仕事の理念を最初に掲げて，そこからケアを展開していくことが重要です。**

資料65 樹木図を使って入江さんの目標達成に向けケアを具体化しよう

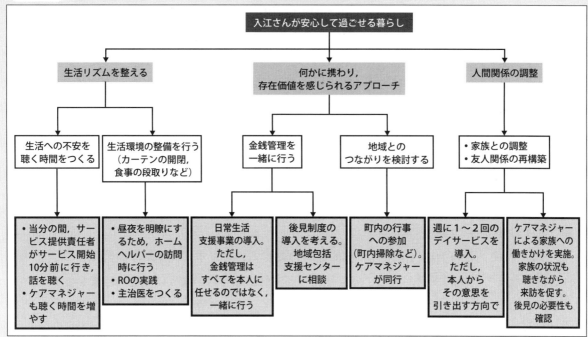

※RO：リアリティオリエンテーション

桜さん：実際に樹木図を作成してみました（**資料65**）。

天川SV：樹木図の作成を通じて，利用者のあるべき生活に向けた支援策を打ち出していきます。しかし，この樹木図の展開も，「ひもときシート」で本人の行動の根拠となる状況を見つめ直すことによってこそ実行できるのです。

この具体的な実践方法にたどりつくまでは，「ひもときシート」を含め，かなり長い道程になると思います。しかし，**目の前の問題に対処するだけの対応では，一時しのぎにはなっても，かえって事態が長引くことにもなりますし，何よりも「本人の視点」が忘れられたケアになってしまうでしょう**。ここは「急がば回れ」なのです。

元々「ひもときシート」は，教育的機能，支持的機能，管理的機能といったスーパービジョンに必要な機能を持ったシートです。ホームヘルパー一人ひとりの成長のためにも，「急がば回れ」でシートを活用し，何よりも皆さんのケア従事者としての理念を実現し，「本人の視点」に立つという私たちの仕事の真髄に触れる実践的ケアに結び付けていただければと思います。

10 「Total Win」のケアを目指して

施設でのケアカンファレンスにおいて援助者間で議論する際は，「誰のための，何を大切にしたケアを行うのか」という「イシュー（issue）」，つまり「考えるべき論点（取り組むべきテーマ）」をまず押さえておかなければなりません。援助者間の不満や対立も調整した上で，誰もが良い方向に進む結果（Total Win）を目指したいものです。

天川SV

登場人物

星野　光 くん
M特別養護老人ホーム
ケアマネジャー

池田　努 施設長
M特別養護老人ホーム

昼夜逆転状態にある利用者

　M特別養護老人ホームに入居して3年になる山口栄一さん（仮名）は，85歳で要介護3，脳血管性認知症を患っており，この1〜2カ月昼夜逆転傾向になっている。発語が不明瞭で，ケアスタッフが理解できないと怒鳴ったり，覚醒時は常に険しい表情で，ケアスタッフの誘導に従わず，手が出たりすることもある。睡眠導入剤（以下，眠剤）の投与以降，転倒予防のためという理由で車いすに拘束されるまでになっている。

看護師と介護職の対立の構図

天川SV：今回の利用者はどういった方ですか？

光くん：山口さんは長年町工場を経営されてきて，一人で工場を大きくした自負があります。現在は息子さんが後を継いでいます。妻には先立たれていて，他に娘さんがいます。現在は右麻痺が少しありますが，独歩は可能です。食事，排泄は何とか自力で行っていますが，入浴は一部介助が必要な状態です。

天川SV：なるほど。それで，悩みというのは何ですか？

光くん：はい。その山口さんへの対応で，私が看護師と介護職との間で板挟みになり，職種間で不協和音が起きてしまっているのです。

天川SV：もう少し詳しく話していただけますか？

光くん：はい。これまでの経緯を**資料66**にまとめてみました。ここに来て，カンファレンスと言っても，どう進めて結論を出せばよいのか，私には分からなくなってしまいました。

天川SV：山口さんの状況は急を要する状態かもしれませんね。まずは，チームケアをしっかりと確立させなければ，良い方向が見いだせない状況と言えますね。看護師と介護職の意見の対立は，山口さんのことが初めてなのでしょうか？

光くん：いえ，初めてではありません。看護師はやはり医療面からしっかりとした意見を述べます。その意見はなるほどと思うことが多いです。でも，生活状況がきっちりと管理されていなかったり，入居者が不安定になったりすると，「介護職の対応がなっていないからではないか」と介護職の対応をしかるので，介護職の中には反発もあるようです。逆に，介護職からは「看護師には生活の視点がない」と憤りの声が上がっています。

天川SV：少し根が深く，感情的なところがありそうですが，光くんは介護職側の課題としてはどのようなものがあると思いますか？

光くん：介護職は力量に差があると思います。前向きに考えられる人と，いつもネガティブに考えて対応する人といろいろです。今回の山口さんの件も，足並みがそろわ

資料66　山口さんのケースの経緯

	山口さんの状況	看護師からの情報	介護職からの情報	カンファレンス
3カ月前	昼夜逆転，夜間に大声を出したり，落ち着きなく動き回ったりする		特に夜間に動き回り，足元も不安定。夜勤者だけでは対応できない。事故の危険性あり	
	日中も落ち着かず，眠気があるのに険しい表情で歩き回る。意思が通じないと度々手を上げる	転倒・骨折の可能性大。事故が起きる前に対処が必要。そもそも昼夜逆転したのは，ケアが悪いからではないか	日中も険しい表情で，ケアスタッフがたたかれることもある。眠気からか日中も転倒の可能性大だが，ずっとついていられない	
2カ月前		ケアで対処できないのなら，医療面での対処しかない	昼夜ともにケアスタッフは大変なので，何とかならないか	カンファレンス実施　昼夜逆転を治し，不穏行動が落ち着くよう，受診し，眠剤や向精神薬などの投与を受ける
	眠剤投与後，昼夜とも傾眠状態になる。歩行が極めて不安定になり，車いすに座らされる			眠剤投与が始まる
1カ月前		車いすから立ち上がろうとして危険なので，事故回避のために抑制が必要ではないかと提案	夜間は早くベッドに寝てもらうことにしたが，ふらっと起き上がるので，夜間センサーを導入。昼間も車いすにセンサーを設置。立ち上がると危険なので，ケアスタッフの一部から抑制が提案される	カンファレンス実施　身体拘束について。やむを得ない状況にて，家族にも了解を得て，所定の手続きを経て車いすへの拘束を決定。1カ月間の限定とする
2週間前	車いすに拘束されてから，大声で「外せ！」と訴えるが，徐々に元気がなくなってくる	引き続き，身体状況を確認しながら，医師と薬の投与量について検討する	「お陰で仕事が楽になった」と言うケアスタッフと，「現状はおかしい。もう一度ケアを検討してみる必要がある」と言うケアスタッフに分かれる	
1週間前	車いす上で昼夜問わず寝ていることが多くなる	ケアが大変だからということで眠剤を投与したのに，元気がなくなったら薬のせいにされるのは納得できないと介護職への反発あり	元気がなくなってきた山口さんを見て，投与ならびに身体拘束の中止を訴えるケアスタッフが出てくる	
直近				ケアマネジャーが再度のカンファレンスの開催を提案するも，自分自身方向性が見えず，SVに相談することとなる

ない状況でのかかわりなので，介護主任はいつも四苦八苦しています。そんな中，私は看護師と介護職両者の主張の間で板挟みになっています。

天川SV：つらい立場ですね。とは言え，両者が何とか理解し合って山口さんの状況を良くしていかなければなりませんね。その方法について考えていきましょう。ただし，その前に，山口さんの現状はあまり良くないので，すぐに主治医と相談した上で，薬

を中止するなど身体状況に応じた対応をされた方がよいと思います。また，山口さんの置かれている状況は，援助者のみならず，組織としての取り組みがコントロールされていない状況から悪化したと言えます。組織としての基本的な考え方をしっかりと押さえるところから始めましょう。**検討を行う上での大切な視点として，「イシュー（issue）」，つまり「考えるべき論点（取り組むべきテーマ）」を確実に押さえたカンファレンスを行う**ために，池田施設長にもここに参加してもらい，一緒にこれからの進め方について話し合いましょう。

光くん：分かりました。

「イシュー（issue）」をしっかりと押さえる

天川SV：山口さんのことだけでなく，すべての入居者へのケアについて組織として協力し合って進めていかなければならないのは，私があえて言わなくとも理解していただいていることかと思います。しかし，さまざまな意見を持った人の集まりでもあるので，組織として動くことの難しさは施設長が一番強く感じておられるのではないでしょうか。

池田施設長：そうですね。それぞれの専門性を尊重しなければなりませんし，現場は人員に余裕があるわけではないので，あまりいろいろと指示をして仕事を増やしてしまうのもどうかと気を使ってしまいます。今回の山口さんの一時的な身体拘束の件も，現場が大変ならば仕方がないと思いました。

天川SV：すべての入居者とすべての援助者に対する責任を背負う立場として，いろいろとご苦労が絶えないところもあると思います。必ずしも適切な判断ができたわけではないところもあると思いますが，ここではその是非を問うよりも，これからどのような考えを持って，どうしていけばよいかということを重点に考えていきましょう。

光くん：私の判断も失敗ばかりだったと思います。でも，これからは軸をしっかりと持って考えていきたいと思います。

天川SV：光くんの言う軸こそが，これからお話しする「イシュー」と言えます。

池田施設長：その「イシュー」とはどういうものでしょうか？

天川SV：「イシュー」は主にビジネス業界で使われている言葉ですが，介護の仕事においてもとても大事なことです。なぜなら，論点や考えるべきテーマがどのようなことなのかを明確にすることからケアの見直しを始めることが大切だからです。

池田施設長：理念のことでしょうか？

天川SV：当然，その施設の理念は重要な土台になりますが，「イシュー」はもう少し具体的で実践的な論点です。

光くん：実際のケア場面での"考える視点"を押さえるということですね？

天川SV：例えば，看護師にせよ，介護職にせよ，山口さんの生活がどのようにあるために仕事をしているのでしょうか？

光くん：え〜っと，昼夜逆転がなく，不穏行動も落ち着いて，身体拘束がなくなるような状況…ですかね？

天川SV：確かにそうなのですが，そのような私たちが抱える課題を解決するという視点ではなく，言い方を変えれば，山口さんの何を願って，皆さんは仕事をされているのかということです。

光くん：それは，山口さんが安心して，落ち着いて暮らせることを願って，生活をサポートする…ということでしょうか。

天川SV：そうですよね。認知症の人を「困った存在」として管理することが私たちの仕事でしょうか？　施設長，いかがですか？

池田施設長：当然，入居者を管理監督するために私たちは仕事をしているのではありません。入居者のより良い生活を願ってサポートすることが私たちの使命だと思っています。

天川SV：はい，その点を施設長自らしっかりと押さえておいてほしいのです。それゆえに，「イシュー」，つまり「考えるべき論点」がぶれないようにしてほしいのです。光くんはケアマネジャーとして「イシュー」をしっかりとケアプランに反映させなければなりませんね。

光くん：山口さんを管理監督することがカンファレンスの論点になってはだめだということですね。そもそも私たちは，自分たちの仕事の在り方を見失いがちになってしまうので，「イシュー」をしっかりと押さえておくことは大切なことだと思いますし，ケアプランの方向性も間違えないようにする必要があります。

天川SV：そのとおりです。「イシュー」を間違えると，私たちの役割自体も間違った方向へ行ってしまいます。光くんが言ったように，山口さんをどのように管理監督したらよいかということが論点になると，さらに暗い深みにはまってしまいます。

では次に，不協和音の状態にある援助者たちに，どのようにしてこの「イシュー」を徹底させるかを考えてみましょう。

ポイント

「誰のために考え，話し合うのか」という「考えるべき論点（イシュー）」を間違ってはいけません。ここを間違えると，ケアの方向性が援助者主体の考え方になってしまいます。

援助者間で約束事を守る約束をする

天川SV：対立関係にある援助者同士がカンファレンスの席に着くと，結局，けんかや愚痴の言い合いになってしまうことがあります。それでは「イシュー」をせっかく決めても，意識の隅に追いやられてしまうことになるかもしれませんね。そうならないために，「約束事を守るための約束」をしておきましょう。何よりもこれからは，施設長のイニシアチブの発揮が必要になります。

池田施設長：私ですか？　私は，現場のことはできるだけ現場に任せたいと思っているのですが…。

天川SV：現場を信頼し，現場のやりたいことを尊重し，それに対して責任を持つというのはよいことだと思います。しかし，山口さんのケースに見られるようなネガティブなケアの状況も，現場が決めたこととして容認してしまうことにもつながりかねません。

池田施設長：ああ，確かにそうですよね。現在の介護現場が置かれている状況では，ネガティブなケアも甘んじて受け入れなければならない，その責任を取るのが私の役割ではないかと思っていましたが，間違っていたようです。

天川SV：どのように間違っていたと思われましたか？

池田施設長：責任の取り方を間違っていたと感じています。施設長は入居者がより良い生活を送れるようにするための最高責任者であり，そのために職員を動かしていかなければなりません。ネガティブなケアを容認したことの責任を取るのではなく，入居者のより良い生活を目指してその責任を発揮するということだと思いました。これまで現場の状況から逃げていたのかもしれません。

天川SV：責任を取る存在ではなく，責任を発揮する立場であるということ。約束事を守るための約束をする，そのための指導力を発揮していただければと思います。

池田施設長：よく分かりました。

天川SV：本来ならば，「決め事を守ってください」というような大上段に構えた形は必ずしも最良な手段とは言えませんが，現状のように**援助者同士の対立関係があるような場合は，しっかりとルールを決めた上で話し合わないと，結局「イシュー」があいまいになってしまいます**。そのためにも，ここは施設長の指導力を発揮してもらう必要があります。誰の幸せのために話し合うのかということですね。

光くん：具体的にはどのような約束事でしょうか？

天川SV：お互いを尊重し合い，入居者「本人の視点」を外さないように考えるということです。**資料67**を見てください。ここには議論にかかわる参加者が守らなければならないルールが書かれています。

池田施設長：建設的な意見を交わすための約束事ですね。

資料67　Total Winに向けたイシューチェック表

	イシュー							
	メンバー	ケアマネジャー	介護主任	担当介護職	看護主任	看護師	栄養士	施設長
確認項目	①イシューを確認したか							
	②メンバーを協力者として認め，メンバーの意見に敬意を示せるか							
	③当事者の課題解決を焦点に話し合えるか							
	④自らの職種の理念に合致した意見を出すことができるか							
	⑤当事者のより良い生活を目指した建設的議論が行えるか							

解決策に向けた各担当の建設的意見	
ケアマネジャー	
介護職	
看護師	
栄養士	
施設長	

天川SV：そうです。まずは「イシューをしっかりと確認すること」。その上で，当たり前のことなのですが，「参加メンバーを協力者として認め，それぞれのメンバーの意見に敬意を示すこと」としています。自分の考えや価値観，感情的な思いだけで判断せず，しっかりとメンバーの意見を聴き，考えて咀嚼するということです。

池田施設長：聴くだけでなく，その意見をしっかりと考えるということですね。他の人の意見に自分では気づかないことがあるかもしれないですからね。

天川SV：次に，「自分たちの困り事の解決」にならないように，「利用者本人が抱えている課題に焦点を当てて話し合う」ということが大切になります。

光くん：これはケアマネジャーとして，議論が違う方向に行ってしまわないように「イシュー」を振り返りながら，「本人の視点」で考えることを押さえていかなければならないと思います。

天川SV：はい，ケアマネジャーにとって外せない視点ですね。そういう意味では「自らの職種の理念に合致した意見を出す」は，それぞれの本来の専門性や倫理観を問うものになります。ケアマネジャーならば，利用者の自立と自律を目指したプランを立てていくという専門性を忘れないこと。介護職も看護師も栄養士も同じですね。何の

ための専門資格なのかを意識してほしい項目です。

光くん：それぞれの専門性を発揮し，それがつながっていけばよいのですが，それぞれの主張だけで終わってしまうのが今までのカンファレンスでした。ある意味もったいない時間でした。

天川SV：過ぎ去った時間は取り戻せません。それだけに，これからは建設的な議論に時間を使うことがとても重要になります。そのために，次の項目である**「利用者本人のより良い生活を目指した建設的議論を行う」で前向きな議論を行うことを約束**してくぎを刺します。

池田施設長：くどいくらいに申し合わせておかないと，「忙しい」という一言で，せっかく積み上げたものがすぐ崩れてしまいますからね。

天川SV：この5つの項目を必ず遵守するという意味で，各自表に○印を入れるようにします。○印を入れたからには，常に自らを振り返り，約束事を守っているか確認することが必要になります。本来なら，このような約束事をする必要はないのですが，対立関係がある時には，同じ方向を向いて考え，議論してもらわなければならないので，このような設定をすることが重要になります。

光くん：これくらいのことをしないと，なかなか前向きの議論にはならないと私も思います。

> **ポイント**
>
> ### 適切な認知症ケアに向けて正しい議論を行うために心がけるべき5つの約束
> ①「イシュー」を確認し，議論の方向を間違えないようにする。
> ②カンファレンスの参加メンバーを協力者として認め，メンバーの意見に敬意を示す。
> ③利用者本人の課題解決を焦点に話し合う。
> ④自らの職種の理念に合致した（専門職としての倫理に立った）意見を出す。
> ⑤利用者本人のより良い生活を目指した建設的な議論を行い，援助者の都合ばかりを優先したネガティブな議論を行わない。

池田施設長：早速，カンファレンスを開くことにします。

資料68 山口さんのケースにおけるTotal Winに向けたイシューチェック表

イシュー		山口さんが穏やかで安心した生活を送れることに向けて						
メンバー		ケアマネジャー	介護主任	担当介護職	看護主任	看護師	栄養士	施設長
確認項目	①イシューを確認したか	○	○	○	○	○	○	○
	②メンバーを協力者として認め，メンバーの意見に敬意を示せるか	○	○	○	○	○	○	○
	③当事者の課題解決を焦点に話し合えるか	○	○	○	○	○	○	○
	④自らの職種の理念に合致した意見を出すことができるか	○	○	○	○	○	○	○
	⑤当事者のより良い生活を目指した建設的議論が行えるか	○	○	○	○	○	○	○

解決策に向けた各担当の建設的意見	
ケアマネジャー	その時その時の状況に流されず，イシューをベースにした目標の組み立てを行う。各部署の専門性を生かし，本人の思いを明確にしたプランを組み立てる
介護職	生活の質を良くするという視点で考える。生活上のできないこととできることを明確にする。そのためにも，さまざまなアプローチにより本人の思いや望みに接近し，それらに即したケアを考えていく
看護師	薬の投与の継続は，本人のより良い生活からはどうしても離れた状況になる。ケアスタッフなどと話し合いながら，薬以外の対応策を検討。身体的変化が多いので，ケアスタッフと共に綿密な観察を行う。医師にも相談
栄養士	栄養士からは，食欲が落ちているので，カロリーが高い，食べよいソフト食を試すことを提案
施設長	転倒などのリスクを伴うが，家族ともしっかりと話をした上で，抑圧された生活からより人間らしい生活に向けて，責任を持って職員をまとめていくことにする

解決に向けた建設的意見でケアの基盤を固める

――施設長はすぐに主だった職員を招集し，緊急のカンファレンスを開いた。そして，その後も立て続けにカンファレンスを開き，山口さんの生活状況の改善へとつなげていった。その経緯と結果を天川SVへ報告することとなった（**資料68**）。

天川SV：少しは山口さんの生活改善につながったでしょうか？ 少々トップダウンのような形になったかもしれませんが，5つの約束はうまく守られましたか？

池田施設長：ありがとうございます。約束はどれも正論ですので，皆さん○をしてくれました。そして，カンファレンスの時には必ず手元に置くようにしました。議論する中で，つい感情的になって発言するということがやはりあるので。

光くん：これまでは自分たちの専門性が相手を攻撃する武器になっていました。しかし，論点，つまり「イシュー」をしっかりと押さえることで，専門性を認め合う方向

に変わったように思います。それだけに，最初の「イシュー」の決定が重要だと思いました。

天川SV：そうですね。ここはまさしく，**施設の理念をそのまま具体化させるという一番大事な部分を絶対外さない**ように，施設長をはじめリーダー的立場の人にたたき込んでおいてほしいところですね。

池田施設長：このように，論点が外れないように私たちのスタンスをしっかりと押さえておくと，前向きな意見交流に集中できますね。

天川SV：では，5つの約束の後の「解決に向けた各担当の建設的意見」はどうでしたか？

池田施設長：ここは具体的というよりも，どうしていけばよいかという目標的なものをまず出してもらうことにしました。全体的にありきたりな表現かもしれませんが，これまでの対立やネガティブな考えしか出なかったことを思うと，私たちにとっては前へ進むための大切な一歩だと言えます。

天川SV：今までの状況が一気に変わったようですが，光くんはどう思いましたか？

光くん：皆さん，専門職としてそれぞれにプライドがありますから，今まではそのプライドが違う方向に向いていたのかなと思います。「誰の幸せのための私たちなのか」ということを忘れていたように思います。

天川SV：本来の職業人意識に目覚めたというか，専門職としてのプライドがネガティブ思考を許さなくなったということでしょうね。光くん自身どうでしたか？

光くん：今回の状況を招いたのは，私に大いに原因があると思っています。私の優柔不断というか，何を信念にして考えていくかということが全くなくて，あっちにもこっちにも気を使い過ぎていました。ケアマネジメントを行う私がかなり揺れていましたから，援助者の皆さんも揺れてしまったのだと思います。

天川SV：なるほど。光くんは今回の山口さんの件で大きな学びと成長がありましたね。やはり，何を考えるにしても軸になるものが必要だということですね。

光くん：はい，それが私は「イシュー」だったと思います。そして，山口さんの行動にとらわれ過ぎて，山口さんの声をちっとも聴いていませんでした。

天川SV：そのことがこの**資料68**の文章に表れていると思います。介護職や看護師はどうでしたか？

池田施設長：今回は介護主任の矢野さんだけでなく，山口さんの担当フロアリーダーの緑さんと看護主任の瞳さん，看護副主任に参加してもらいました。複数のリーダーに理解してもらった方が話が進めやすいかなと思ったので。介護職，看護師とも前向きな姿勢を見せてくれましたが，介護職からは概念的，看護師からは目の前の課題に対して少し具体的な意見が出たという感じです。

天川SV：介護職の場合は人数も多いですし，ここから具体化させていくのが大変ですね。

池田施設長：実際，今回のカンファレンスでも，看護師は自分の専門性から割り切って考えていくことができていたようですが，介護職にどう働きかけて理解してもらうかということがやはり課題となっているようで，今一つ元気がなかったですね。

天川SV：そうですね。どうやって多くの援助者に理解してもらえればよいのか，そこが最大の課題ですね。だからこそ，介護職のリーダーだけが抱えるのではなく，施設長やケアマネジャー，看護師みんなで一緒に考えていくことが必要です。その方向で進むことはできましたか？

池田施設長：この時点では，建設的な方向に進むための決意表明みたいな感じで終わっています。そこで，もっと目標と実践内容を明確化していかなければならないということで，「イシュー」を具体化させるための話し合いを持つことにしました。

光くん：ただ，山口さんの状況は待ったなしなので，看護師が医師と相談して薬の量を徐々に減らし，過鎮静の状況の改善を始めてくれました。これにより，昼間もうとうとしていた山口さんが，少しずつ活動的になられてきました。今はソファに座って過ごされています。もちろん，車いす上での身体拘束は中止しました。ここからいよいよ介護職たちとの話し合いが本格化していきます。

天川SV：いよいよ重大局面に突入ですね。では，次のステップについて聴かせてください。

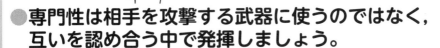

ポイント
- 専門性は相手を攻撃する武器に使うのではなく，互いを認め合う中で発揮しましょう。
- 施設長やリーダー的立場の人が論点を絶対外さないようにすれば，前向きな意見交流に集中できます。
- 「誰の幸せのための私たちなのか」ということを忘れなければ，専門職としてのプライドがネガティブ思考を許さなくなります。

◆勇気を持って正しいことを伝える

池田施設長：まず，緊急職員集会を開催しました。やはり，私の立場として，この施設の方向性を明確にしておかなければ，何も進まないと思ったからです。

天川SV：以前は逃げ腰な施設長でしたが，かなり変わりましたね。素晴らしいです。

池田施設長：いや，実は私だけでなく，このままではいけないと思っている職員が何人もいるということが見えてきて，前へ進む勇気がわいてきました。

天川SV：そうですね。一人じゃとても心細くて，元気もなくなっちゃいますが，変わ

らなくてはいけないと思う人が複数いるというのは強みになりますね。

池田施設長：看護師が提示してくれた「安全な生活も必要だが，健全な生活ができるよう工夫する」という目標も，私には役に立ちました。そして，ケアマネジャーの光くんや介護主任の矢野さんなども同じ思いを伝えてくれたことが強力なバックアップになりました。

天川SV：心配なのは，上司が一方的に語ることに対して，援助者の中に圧力的な取り決めだと思う人が出てこないかということです。

光くん：施設長の前では話しにくいですが，ケアスタッフから「施設長やリーダーは理想ばっかり言って，現場のしんどさを分かっていない」とか「人員が少ないのに，さらに無理をさせるのか」という意見を私は聞きました。

天川SV：なるほど。単に職員集会で理念を連呼するだけでなく，一人ひとりの職員の思いに耳を傾けるということも必要ですね。

池田施設長：私もそれは実感していました。本来ならば，一人ひとりと面談して話を聴いた上で，それでも私たちの理念を実践していくのでよろしく頼むというように持っていくべきでしょう。しかし，基本的なことでもありますし，施設の方針を貫き通すということで，全体で何度も伝えていこうかと思います。

天川SV：施設長，頑張りましたね。

光くん：施設長のその行動が，ある人の心を動かしたというか，潮目が変わる出来事があったのです。

天川SV：ほう，それはどのようなことですか？

光くん：大峰さんという60歳を回った年配の非常勤職員がいるのですが，個々の入居者にとても熱心に温かく接する人なのです。でも，他のケアスタッフの輪には入ろうとせず，カンファレンスの時も一言も話しません。非常勤なので遠慮もあると思いますが，他のケアスタッフが手を抜いていることもしっかりとされるので，ちょっと疎んじられている様子はありました。ただ，入居者へのかかわり方は上手なので，その点に関しては他の援助者からも一目置かれているように思います。私も大峰さんはすごいなと思って見ていましたが，職員とはあまり口を利かない人なので，私もほとんど話したことがなかったのです。

天川SV：そのようなケアスタッフがおられるのですね。その大峰さんがどうかされたのですか？

光くん：詰め所で私が書類整理をしていた時，休憩で3人の若いケアスタッフが入ってきました。その場に大峰さんもいたのですが，3人のケアスタッフは口々に「ああ疲れた。山口さんのことをしっかり見ろと言われたって，他の入居者も見なければならないのだから無理」とか「施設長は良いことしか言わないけど，私たちのしんどさを

ちっとも分かってない」とか「転倒するかもしれないんだから，山口さんを拘束したっていいじゃん。動かなければ骨折することもないし，私たちだって楽になるんだから」などと愚痴を言い出したんです。これは間違いなく私への当て付けというか，不満を爆発させたのだなと思いました。せっかくわいてきた前へ進む勇気がしぼんでしまうような言葉でした。

天川SV：そうですか。ケアスタッフたちの正直な思いなのでしょうけど，光くんとしては心に突き刺さるような痛い言葉ですね。

光くん：はい。そして，私が何も言えないでいると，大峰さんがお茶をすすり飲んでから3人に話しかけたのです。私はびっくりとし，その話を聴いていました。

天川SV：大峰さんが動いたのですね。何と話しかけたのですか？

光くん：本当に物事が変わる時って，こんな瞬間なんだろうなって思いました。大峰さんは3人に向かってこう話されました。

「そうだよね。しんどいよね。つらいよね。でも，縛られる人はもっとつらいのよ。縛ることであなたが楽になっても，縛ることを楽しいと思う？　楽と楽しいは同じ字を書くけど，全然違うものなのよ。もし人を縛るのが楽しく感じる自分がいるとしたら，その自分をどう思う？　誇りに思える？　自分がしんどいから，つい縛りたくなっちゃうんだよね。その方が自分が楽だからね。でも，そんな自分って嫌なやつだよね。自慢にはならないよね。だったら，入居者が楽になって楽しくなることを考えれば，あなたも楽になって楽しくなるんじゃない？」。そう優しく声をかけて，詰め所を出ていったのです。

天川SV：それはすごい出来事ですね。

光くん：3人は，愚痴を言い放った元気はどこへ行ったのか，無言で黙々とお茶を飲んでいました。大峰さんの突然のあの言葉は，強烈なパンチだったと思います。私は3人から顔を反らしてにんまりと笑い，心の中でガッツポーズしていましたけど。

天川SV：なるほど。疎んじられながらも，ケアはしっかりとされ，一目を置かれている大峰さんの言葉ですから，強烈だったでしょうね。

池田施設長：そんなことがあったのですか。知らなかった。

天川SV：入居者には正しいケアを行いながらも，寡黙に周囲には波風を立ててこなかった大峰さんを揺り動かしたのは，施設長が「入居者の幸福を願って仕事をしていきましょう！」と全職員に声をかけたからではないでしょうか？　施設長や光くんの勇気ある頑張りが大峰さんを動かしたのでしょう。その後の援助者の様子はどうでしたか？

光くん：愚痴や文句は不思議とすっかりとなくなりました。彼女たちも内心，自分たちの行動が決して良いとは思っていなかったのだと思います。ただ，人は少ないし，忙しいし，どうしたらよいかが分からない。それが愚痴や文句につながっていたのかもしれません。

天川SV：なるほど。では，ケアスタッフにはどのような視点で考えていけばよいかをリーダーは示していかなければなりませんね。続きを聴かせてください。

> **ポイント**
>
> ● ケアスタッフのどうしたらよいか分からないという状況が，愚痴や文句につながることもあります。
> リーダーは正しい方向性を
> しっかりとケアスタッフに伝えることが必要です。
> おのずと協調者はついてきます。
>
> ● リーダーは個々のケアスタッフの思いを
> じっくりと聴くことも大切です。
> その思いをしっかりと受け止めた上で自分の思いを伝えましょう。
> 相手の話を聴かずに行動すると，
> 反発しか返ってこない場合があります。

「イシュー」を具体的な実行に移す

池田施設長：目標を具体化するために，カンファレンスで出た内容を**資料69**のようにまとめました。これまでの対立関係から，一緒になって考える方向に変わってきました。

天川SV：ということは，職員間の不協和音はかなり改善されたということでしょうか？

施設長：少なくとも「イシュー」をしっかりと押さえ，目指す方向がどの職種であっても同じであるということを示したことで，いがみ合う状態はなくなったと思います。

天川SV：1つステップをクリアしたということですね。さらに，これからどのように課題の解決を図っていくか具体的に決めていくことが重要です。

光くん：大峰さんの話をどこかで聞いたのかどうかは分かりませんが，フロアリーダーの緑さんが「入居者の生活が良くなっていけば，結果として自分たちも楽になるし，仕事が楽しくなると思う。だから，みんなでどうしたら山口さんの生活が良くなるのかということを考えていこう」とカンファレンスで皆に声をかけました。ここまではよかったのですが，実際に考えていく方法として，私は「ひもときシート」を使ってみる，あるいは自由に思い付いたことを付箋に書き出してもらうなど，これまでは話し合いしかしなかったカンファレンスの席で発想展開法をやってみようと思ったのです。

天川SV：やってみてどうでしたか？

資料69　各職種におけるイシューを基にした目標と実践内容

職種	目標	実践内容	詳細
ケアマネジャー	本来のあるべき姿を全職員に伝達する	山口さんに対してのみならず，援助者としての役割を施設長と共に朝礼で繰り返し伝える	他の援助者と共に，一緒に検討する時間を調整し，自らも参加していく
	具体的ケアについて再度カンファレンスを開き，ケアプランを見直し，家族の同意を得る	家族や主治医をはじめ，ケアスタッフや看護師と共にカンファレンスを開き，本人の理解に向けた取り組みを行う	「ひもときシート」を実施する。自由な発想展開を行う
介護職	まずはケアスタッフの意思統一から始める。施設長やケアマネジャーの協力を得て，本来目指すべきケアを再確認する	・山口さんに対してのみならず，援助者としての役割を施設長と共に朝礼で繰り返し伝える ・施設内研修会を実施したり，施設外研修会に参加したりし，山口さんのことを契機にスキルアップを目指す	「ひもときシート」や「マンダラート」，「ポジティブシンキング」を基にしたケアを実施する
	身体拘束はあくまでも一時的なものなので，早急に次の対応を考える	本人のBPSDばかりに目を奪われず，より人間らしい生活をベースにして考え，薬で心身の機能を抑えて奪うのではなく，また抑制帯を使うのも非人間的であるという認識をはっきりと持つ。薬や抑制帯に頼らず，ケアスタッフのプライドにかけても人間らしい生活を目指す	・「できないこと」ではなく，「できること」「やってみようと思うこと」など，前向きなアイデアを出し合い，少しずつ良い方向に持っていく。まずは，山口さんのことをもっと知り，できることややれることを抜き出して支援する。身体能力を落とさないためのアプローチも行う ・山口さんの行動の原因，理由，背景を探る。私たちによる悪影響を検証し，好影響に変える
看護師	安全な生活も必要だが，健全な生活ができるよう，看護としても工夫する	主治医と相談しながら，できたら眠剤投与をやめ，歩行が安定するための生活訓練を取り入れる。座らせきりにしない	転倒，骨折しないように，ケアスタッフとの見守り体制の打ち合せ，足腰強化のリハビリテーション，昼夜のメリハリをつけるなどのアプローチを行うと共に，健康状態も詳しくチェックする
栄養士	少しでも食べやすいように創意工夫する。基本的に食事は口からということが，生命・生活の改善につながる	嚥下状態を確認しながら，ソフト食の導入などを実施していく	他のケアスタッフと相談しながら進め，食事状況が改善してくれば，普通食に戻す
施設長	当施設のケアの理念について，施設長の立場から明確に打ち出し，ケアの見直しに向けて基本的な部分を押さえていく	職員集会を開き，施設としての方針を全職員に伝える。また，毎朝のミーティングでも伝え，周知徹底を図る	・少ない人数の中で仕事を行っている毎日なので，いきなりいろいろ変えるのではなく，基本的なイシューを間違えないというところから徹底させる ・職員体制が希薄な時間帯を補うスポット的な非常勤職員の導入を検討する

光くん：みんな現実の状況が頭に浮かび，「無理」「できない」「どうしようもない」と思ってしまい，発想が出てきませんでした。でも，これまでと違って，否定的なのではなく，次への進み方が分からないのです。ですから，**資料69**でも介護職はなかなか書き込みが進みませんでした。

天川SV：やはり，実際の現場に毎日いると，どうしても目の前の大きな壁しか見えなくなってしまうのかもしれませんね。

光くん：まさしくそんな感じです。

天川SV：それでも介護職たちは何とか**資料69**に書き込んでくれていますね。

光くん：何とかフロアリーダーの緑さんがまとめてくれました。薬も抑制帯も使わないことは分かったのですが，実践内容は漠然としていて，具体的にどうしていくかというところがまだ見えません。実践に向けた詳細内容を話し合ったのですが，ここでやっと「何をするか」というアプローチ内容が見えてきたかなという感じです。

天川SV：それで自由な発想展開を行ったところ，そこでストップしてしまったわけですね。

光くん：そうです。今後も山口さんを見守っていかなければならないので，少しでも早く対応策を出したいのですが…。

天川SV：なるほど。光くんはケアマネジャーとしてどのように考えましたか？

光くん：ケアプランの変更は介護職と話し合った上で行っていきます。身体拘束を行わないケアをすることは家族の同意が取れました。具体的なケア内容については介護職と共同歩調を取ることになります。看護師からは山口さんの足腰の強化のためのリハビリテーションや，昼夜逆転を防ぐために昼間の活動に働きかけるなどの具体的な実行案が出てきたので，あとは介護職との連携が課題といったところです。

天川SV：施設長の「イシュー」の実行状況はどんな具合ですか？

池田施設長：施設としての理念を何度も伝えると共に，「イシュー」を間違えないことを徹底させるというのが私の役割だと思い，職員に働きかけました。ただ，いきなりあれもこれも変えろというのは無理なので，できるところからとは伝えました。それと，やはり職員体制の充実やストレスマネジメントについても考えていかなければならないと思っています。

天川SV：施設長が頑張っておられるので，今はまだ大変でしょうけど，きっと良い方向に向かっていきますね。

　では，具体的なケアの実践をどうしていくかということに焦点を絞って考えていきたいと思います。

◆壁を乗り越えようと挑戦することに意味がある

光くん：現状の日々のケア内容について，山口さんは日中ソファで座って過ごしていますが，時々立ち上がろうとされるので，山口さんから目を離さず，できるだけ声かけや話をするということになっています。でも，ここから先どうしたらよいのか，壁にぶち当たっているような感じですね。「ひもときシート」は始めたばかりです。

天川SV：目の前にある壁にぶち当たって，向こう側が見えないとなると，ケアの現場は今が一番しんどい時かもしれません。壁の向こう側には何があると思いますか？

光くん：壁の向こう側ですか？　えっと，それは大峰さんが言っていたような，「山口

さんが自分の生活を楽しく思えるようになれば，私たちも楽になるし楽しくなる」，そんな世界でしょうか？

天川SV：そうですね。その壁を乗り越えれば，山口さんのことをもっと理解することができるかもしれませんね。

光くん：どうしたらその壁を乗り越えることができるのでしょうか？

天川SV：まず，その**壁をより高くして山口さんの思いを見えなくしていたものが，これまでの皆さんの存在だった**ということです。

池田施設長：私たち自身が壁を高くしていた…。確かにそうですね。山口さんの行動ばかりに目を奪われ，山口さん自身のことを全く理解していなかったのは事実ですね。

天川SV：でも，今はその壁もかなり低くなりました。それでもまだすぐには乗り越えられない高さではあるので，ここははしごをかけてみましょうか。

光くん：はしごですか？　そんな便利なものがあるのですか？

天川SV：便利かどうかは皆さん次第です。ただ，楽して登ろうとしても登れません。発想力を働かせ，試行錯誤して苦労してこそ，登った意味があります。

池田施設長：乗り越えることよりも，乗り越えようといろいろと挑戦する行動そのものに意味があるということですね。

天川SV：はい，そのとおりです。「ひもときシート」もはしごの一つですが，簡単にはできません。焦ればはしごから転げ落ちてしまいます。ここは「急がば回れ」です。

光くん：現状を見ていると，つい焦ってしまいます。「急がば回れ」ですね。

天川SV：そうです。だからと言って，のんびり構えろというわけではありません。**急ぐ時だからこそ「急がば回れ」なのです。短絡的に考えるのではなく，しっかりと情報を集め，根拠を確かめた上で進んでいきましょう**。壁を頑張って乗り越えられるように，もう一つはしごを用意したいと思います。

光くん：お願いします。

ポイント

- ●援助者の前に立ち塞がる壁は自分たちが高くしていると言えます。
- ●壁は乗り越えることよりも，乗り越えようと挑戦する行動そのものに意味があります。
- ●焦って短絡的な答えを出してはいけません。集中的に濃い情報を集めて，しっかりとした答えを出すことが大切です。

家族の力を「探究心」で生かす

天川SV：山口さんの家族について詳しく教えていただけるでしょうか？

光くん：息子さんと娘さんの2人がおられます。息子さんは仕事が忙しいということで，実質的なキーパーソンは娘さんです。しかし，娘さんも施設にお任せと考えているのか，私たちに気を使っているのか，あまり主張はされず，身体拘束の時も「仕方ないですね」とすぐに同意されました。

天川SV：では，その家族に，もう一つのはしごになってもらいましょう。と言っても，はしごを上るのは家族ではなく，皆さんですけど。

光くん：娘さんは面会によく来てくれている方だと思うのですが，山口さんとどう接してよいのか分からず，戸惑っているといった感じです。そのため，あまり協力は望めないかもしれません。

天川SV：娘さんに動いてもらうのではなく，ケアスタッフの皆さんが山口さんを「一人の人」として理解できるようになるための協力をお願いするのです。

光くん：どのようなことをお願いするのでしょうか？

天川SV：ケアスタッフが山口さんを「一人の人」として見ることができるようになるために，まず，山口さんの若いころの写真や大切にしていたものなどを持ってきてもらいます。そして，娘さんに山口さんの思い出話をしてもらうのです。プライバシーにかかわることなので，娘さんにはしっかりと了解を取ってくださいね。

池田施設長：それは私がやります。

天川SV：できたらケアスタッフ数人と共に，娘さんと「父の思い出を語る」みたいなテーマで楽しく話ができればよいですね。

光くん：娘さんの話を聴く中で，私たちの中にこびりついている「認知症の大変な人」という山口さんの印象を払拭し，「一人の人」として山口さんのことを見ていくことに視点を置き換えた上でケアを考えていくということですね？

天川SV：そのとおりです。家族は認知症になってしまった親に対してどう接したらよいか分からず，ある意味，混乱していると言えます。それが娘さんの場合，消極的なかかわりになっていると言えるかもしれません。でも，思い出話を通じてケアが良い方向に行けば，それは"家族の力"でもあるわけです。

池田施設長：分かりました。事情を家族によく説明して，協力してもらいます。

天川SV：「ひもときシート」の項目にもつながることなのでお願いしてみてください。まずは山口さんを理解しようとすること，そこから始めれば，おのずとケアの方向性は決まってくると思います。

光くん：若いころの写真や大切にしていたものを囲んで思い出話ができれば，いきなり

発想力を働かせるよりも，山口さんのことを身近に感じることができると思います。

天川SV：その際に，「どうしてだろう？」「何が原因かな？」「分からないなら調べてみよう」「考えてみよう！」というような「探究心」を働かせましょう。どうして昼夜逆転になるのか？　どうして大声を出すのか？　どうして手を上げるのか？　「どうして？」を積極的に意識すると考え方が随分と変わります。皆さんはケアの従事者ですが，ケアの研究者でもあるのですよ。だから，家族の話は素晴らしい研究材料になると思います。研究結果が明確になれば，そこに皆さんの豊かな「感性」を加味することで，どのようなケアが良いのかも明らかになりますね。

ポイント

「探究心」を働かせれば，物事を前向きに，かつ深く見ることができます。単なるケアワーカーとしてだけでなく，研究者として利用者への理解を深めること。その際，ケアワーカーならではの豊かな感性も働かせられればなおよいでしょう。

◆家族の回想から「本人の思い」に接近する

——施設長やケアマネジャーの光くんが娘さんに事情を説明したところ，娘さんは「父の状況が少しでも良くなるためにお役に立つのならば」と，職員との語り合いへの参加を快諾してくれた。

施設側はケアマネジャーの光くん，介護主任の矢野さん，看護主任の瞳さん，そして担当フロアのケアスタッフ2人とで行うことになった。特にこの2人のケアスタッフは，施設長の方針提示や山口さんの身体拘束解除に不満を漏らしていたのだが，施設長の考えで，あえてメンバーに加わってもらうことにした。

娘さんも，施設長との話の中で，これまでの施設の対応には不満があったが言えずにいたことなどを正直に話された。施設長もその点については真摯に謝りながら，これからのことを一緒に相談しながら考えていきたい旨を伝えた。

娘さんはアルバムなどを持参し，笑顔と涙を交えながら山口さんの思い出を話された。次がその内容をまとめたもの。

娘さんと話して分かった山口さんのこと
〈仕事に関して〉

中学を卒業してすぐに鉄工所で働きながら腕を磨いた。その後，独立し，最初は

一人で小さな町工場を始めた。ベルトコンベアの部品を作り，需要が高まるにつれて工場を少しずつ大きくし，10人ほどの工員を雇うほどにまでなった。仕事一筋で，特に回転すしブームの時には需要が高まったが，過剰投資はしなかった。まだ働けそうではあったが，老後を楽しみたいとのことで，68歳で工場を息子に譲った。

〈家族との関係〉

息子，娘とも大学まで出してもらえた。妻は，あまり文句も言わず，陰ながら山口さんを支えていた。年に1回は山口さんの愛車で旅行に出かけた。家族が一緒に写っている写真は，ほとんど旅行の時の写真である。子どもたちを怒ることはあまりなかったが，息子が大学卒業後，ろくに働かなかった時は口げんかが絶えなかった。

息子は結婚して実家の近くで住むようになった。娘も結婚し実家を離れたが，隣の市に住み，老夫婦だけになった実家には時々様子を見に行っていた。

妻は心筋梗塞で突然亡くなった。山口さんに認知症症状が現れてからは戸惑いの連続だった。息子は仕事の忙しさを理由に山口さんとは距離を置いていた。

〈山口さんが仕事を辞した後〉

元々車が好きで，20年間同じ愛車に乗っていた。しかし，仕事を辞めたのを機に，自分へのご褒美と新車を購入し，毎日のように車を磨いていた。夫婦2人で車でよく出かけていたが，8年前に妻が突然亡くなってからは，あまり外出もせず，家で過ごすことが多くなり，テレビを観るか，車でどこかに出かけるかの日々が続いた。一度娘を乗せて山口さんが運転したところ，かなり危なかったので，息子ともども運転をやめるようにと伝えたが，「車だけが最後の楽しみやから」と，80歳になっても乗り続けた。81歳の時に，人身事故にこそならなかったが，ハンドル操作を誤り電柱に激突し，車が大破した。本人も軽傷を負った。その数カ月後に脳梗塞で倒れ，以降入退院を繰り返すうちに，認知症が進行し，在宅ケアを経て入所に至った。

天川SV：なかなか良い語り合いができたようですね。娘さんは職員と打ち解けることはできましたか？

光くん：最初はどちらもかなり緊張していたと思います。特に，娘さんは職員に囲まれるので大変だったと思います。施設への不満も持っていたようですし，職員から何か言われるのではないかと構えておられたようです。同じように，職員も娘さんに何か言われるのではないかと構えていたと思います。

天川SV：どうやって緊張をほぐしたのですか？

光くん：介護主任の矢野さんが，いきなり昔話を話してと言っても話しにくいだろうと，映画の『ALWAYS 三丁目の夕日』[*1]の話をしたのです。そうしたら，娘さんが「その映画，父と観に行きました」ということになり，そこから一気に緊張感がほぐれま

した。看護主任の瞳さんも観ていて，3人で話が盛り上がっていました。映画を観ていない若い2人のケアスタッフと私は取り残されていましたけど。

天川SV：なるほど。娘さんがその映画を観ておられてよかったですね。

光くん：娘さんは，山口さんの認知症が出る前に，この映画なら父も楽しめるかなと思って連れていったそうです。山口さんは主人公が町の小さな自動車工場で働いているところがすごく気に入ったようです。そして，そのころの目標はトヨタのCMのキャッチコピーにあるように「いつかはクラウン」*2 だったようです。最後には山口さんもそのクラウンを手に入れたのですが。実は，私もケアスタッフも山口さんと話をした時にクラウンの話をされたことがあったのですが，よく分からなかったので聞き流してしまっていました。

天川SV：車好きの山口さんにとっては，クラウンに乗ることが人生の目標みたいなところがあったのですね。

池田施設長：私は所用があり，最後の5分しか出席できなかったのですが，その時には娘さんと職員はすっかりと打ち解けて話をしていました。一概にこの語り合いがすべての家族に適しているとは思いませんが，こんな時間も必要なんだなと思いました。

光くん：何よりも良かったのは，これまで不平ばかり言っていた若いケアスタッフが，笑顔で山口さんのことを話し始めたことです。これまで認知症症状からしか山口さんのことを見ていなかったのに，山口さんを「一人の人」として見て話すようになった。これこそ"パーソン・センタード・ケア"ですね。

池田施設長：あれほど対立していた看護師と介護職ですが，まず看護師が介護職への文句ではなく，自分たちの職責と役割を見直して，その責務に集中したこと，その上で介護職と歩み寄ったことが不協和音解消の第一歩になりました。ですから，この家族との語り合いでは，介護主任と一緒に，看護主任も楽しく話ができたと思います。

天川SV：なるほど。施設長を先頭に皆さんが頑張った成果が一気に実ってきた感じですね。家族の様子はどうでしたか？

光くん：娘さん自身が一番良い刺激があったのではないかと思います。これまで山口さんの面会に来られても，あまり笑顔がなかったのですが，この日は笑顔で語りかけていました。回想はつらいことも思い出しますが，親と子のつながりも思い出させるので良かったのではないかと思います。息子さんにも来るように声をかけると言って帰っていかれました。

天川SV：そうですね。私たちだけでなく，家族も前へ進めるようになったわけですね。家族とのコミュニケーションはやはり必要ですね。では，皆さんも次の具体的な実践のステップへ進めますね。

光くん：はい，頑張ります。

＊1 ALWAYS 三丁目の夕日：同題の西岸良平の漫画を映画化したもの。全3作あり，1958（昭和33）～1964（昭和39）年ごろの東京の下町を描いた人情映画。この映画で主人公だった人たちは，現在ケアを受けている人たちと同世代である。そのため，利用者が若いころどのような生活をしていたかは，この映画を観ると知ることができる。

＊2 いつかはクラウン：1983年ごろ，トヨタ自動車が最高級車であるクラウンのCMで使ったキャッチコピー。

> **ポイント**
> ● 家族とケアスタッフがゆっくりと語り合う時間があれば，利用者本人のことをケアスタッフはより理解できるようになり，家族も改めて本人への思いを強めることができるでしょう。
> ● 相手に文句を言うのではなく，自分たちの職責と役割を見直して，その責務に集中すれば，職員間の不協和音の解消につながります。

「Total Win」のケアを目指す

天川SV：では，実際にどのようなケアへとつながっていきましたか？

光くん：この後，改めて援助者を集め，山口さんへのアプローチ法を出してもらいました。すると，山口さんの人となりがかなり浮き彫りになったこともあるのか，かなり前向きなアイデアが出てきました。ありきたりなものも多いと思いますが，前回のような全然意見が出てこなかった時とは明らかに違いました。それと，さまざまなことの原因・理由・背景を探っていけるよう「探究心を働かそう！」と声もかけたので，いろいろと調べてみようという思いもあったみたいです。まずは，**資料70**のように，とにかく出てきた意見を集約しました。次に，それらからケアの方向性を考えました。

天川SV：単に意見を出しただけでなく，そこからケアの方向性まで見いだしていったのですね。**資料69**（P.245）での介護職の思いは悲壮感さえ感じさせるほどでしたが，かなり肩の力が抜けた前向きな考え方になりましたね。

池田施設長：この後，さらに具体的ケアを決めましたが（**資料71**），人手が足りないのは事実ですし，その中でやっていかなければならないため，簡単には改善はできません。でも，考え方をちょっと変えるだけで，ケアの在り方も随分変わったように思います。

天川SV：本当に変わったと思いますよ。その後の山口さんの様子はどうですか？

光くん：日中はケアスタッフによる働きかけの回数が多くなり，アクティブなものも多くなったので，夜間はよく眠られるようになりました。無理なかかわりもしなくなったので，不穏状態はかなり落ち着きました。ただ，足腰はまだおぼつかなく，転倒の

資料70　意見やアイデアを具体的ケアにつなげていこう

出てきた意見，アイデア	ケアの方向性
山口さんのことを何も知らず，私たちが困る行動にばかり目を向けていた。一番困っているのは山口さん自身	私たちの視点で考えてしまうところがあるが，一呼吸置いて山口さんの立場になって考えてから行動する習慣をつける
昼夜逆転につながる要因を見直してみると，日中の声かけがなかったり，本人のアクティブなものもなかったりする	日中の声かけを徹底し，会話の時間を確保する。散歩などでアクティブ面にもアプローチする
眠たかったり，しんどかったりした時に声をかけられたら，大声も出したくなる	山口さんに限らず，本人の視点で考えてみる
歩けるのに，歩かないでほしいというのは，私たちの考え方が間違っている	人手が足りない中でも集中してかかわれる時間を見いだす
家族の面会をアシストし，山口さんとのつながりをより深める	娘だけでなく，息子にも声かけしてもらい，家族のきずなを深める
おやつタイムなどを利用して，会話の時間を持つ	必ずこの時間は話をするというように，意識して時間を確保する
懐かしい写真や車のこと，仕事のことなど，会話のための材料がたくさんある	教えてもらうくらいの姿勢で話を聴く
映画『ALWAYS 三丁目の夕日』を観てもらう	映画会を開催するのもよいかも
山口さんが伝えようとしていることが分からなくても，一生懸命聴くことを心がける	分からないからと，かかわらないようにするのではなく，分からないからこそ，かかわりを深める
リハビリテーションや積極的に一緒に歩く（散歩をする）などで体力や足腰の筋力の維持に努める	身体機能の維持・向上に努め，転倒予防につなげる
ドライブに出るのはどうだろう？もちろん，運転は職員で	山口さんだけでなく，みんなと行くともっと楽しくなる
転倒につながりそうな状況，場面がないかチェックする	転倒の危険性について気づいた点を書き出し，対応していく

危険性は残っているので，その点でまだケアスタッフがピリピリしているところはあります。

天川SV：課題はあるでしょうが，皆さんの頑張りで危機的状況からより良い方向へと変えることができましたね。施設長は何が良かったと思いますか？

池田施設長：何よりも，援助者がいがみ合っていたら，何も変えられないどころか，どんどん悪くなってしまい，エネルギーを失うだけということが今回よく分かりました。一方，協力し合うことほど強いものはないと思いました。

天川SV：援助者だけでなく，またリーダーだけでもなく，みんなが「勝者」じゃなければ本当の力は発揮できません。何よりも，入居者自身がより良い生活ができること，さらに家族も安心することができること，つまり，**みんなが良い方向に行く「Total Win」になることが必要**です。まず施設長が変わることができれば，必ず良い方向に向かうでしょう。

資料71　ケアの方向性から具体的ケア案を導き出そう

ケアの方向性	具体的ケア案
私たちの視点で考えてしまうところがあるが、一呼吸置いて山口さんの立場になって考えてから行動する習慣をつける	一人で考えない。みんなに意見を聴き、客観的な考えを持つ
日中の声かけを徹底し、会話の時間を確保する。散歩などでアクティブ面にもアプローチする	あらかじめ勤務スケジュールを作成し、担当者と共に散歩に行く
山口さんに限らず、本人の視点で考えてみる	全職員が常に本人の視点を持つことを意識する
人手が足りない中でも集中してかかわれる時間を見いだす	勤務表と業務スケジュールを見直す
娘だけでなく、息子にも声かけしてもらい、家族のきずなを深める	職員が家族との談話の時間を半年に1回は持つようにする。息子へも呼びかけを行う
必ずこの時間は話をするというように意識して時間を確保する	ルーティンワークに流されないよう、短時間でも入居者とかかわる時間を意識的に設ける（15時から30分）
教えてもらうくらいの姿勢で話を聴く	会話を楽しむ
映画会を開催するのもよいかも	他の入居者も一緒に参加する
分からないからと、かかわらないようにするのではなく、分からないからこそ、かかわりを深める	探究心でチャレンジ！
身体機能の維持・向上に努め、転倒予防につなげる	リハビリテーションによる歩行訓練のほか、散歩などで強化する
山口さんだけでなく、みんなと行くともっと楽しくなる	散歩もドライブも複数で行くと、それはそれで楽しくなるのではないか
転倒の危険性について気づいた点を書き出し、対応していく	チェックを毎日行う

　それと、今後は職場のスーパービジョン体制もつくる必要があると思います。今回はたまたま大峰さんのようないぶし銀の職員がいたので、ラッキーだったと言えます。実際には、もっと深刻な話を一人ひとりの援助者から聴いていかなければならないこともあると思います。簡単にはいかないので、施設長をはじめ、リーダークラスの人を支える存在をつくっておくことも必要でしょう。でも、皆さんの施設は、イシューを間違えさえしなければ、これからきっと良い援助者が育っていくと思います。

池田施設長：ありがとうございます。常に振り返ることを忘れないようにしていきます。
光くん：これから全利用者のケアプランを見直します。ありがとうございました。

誰かが犠牲になったり、我慢したりするのではなく、「Total Win」を目指しましょう。

カンファレンスルーム❽

「ルーティン」をより良いケアの実現のために活用しよう！

 星野　光くん
M特別養護老人ホーム
ケアマネジャー

 銀河　真くん
M特別養護老人ホーム
ケアワーカー

 吉川　幸さん
Aグループホーム
ケアワーカー

 大野　茜さん
Aグループホーム
ケアワーカー

天川SV：2015年にイングランドで開催されたラグビーワールドカップ。ラグビー日本代表が，ワールドカップで2度優勝し，世界ランキングのベスト3に入る南アフリカ代表を破った快挙は，多かれ少なかれ皆さんの記憶に残っているかと思います。大のラグビーファンである私にとっても，21年ぶりに見るワールドカップでの日本の勝利でした。

光くん：一生に一度見れるかどうかの勝利だったようですね。

天川SV：そして，この時に一躍有名になったのが，フルバックの五郎丸歩選手です。特に五郎丸選手がゴールキックをける時のポーズが，子どもたちの間で大人気となりました。このボールをキックするまでの一連の決められた動作が「ルーティン化」されたものであるということが数々のテレビ番組で紹介されました。この「ルーティン」という言葉，皆さんはどのような意味で理解していますか？

真くん：「決まった手順や動作」ということでしょうか？

天川SV：そうですね。五郎丸選手は，ける位置が難しい場合であっても，大観衆の声援に圧倒されそうな緊張が高まる状況であっても，精神的圧迫を避け，いつもと変わらない自分の精神状態でけることができるよう，動作をルーティン化させているのです。この「ルーティン」ですが，介護の世界では「ルーティンワーク」という言葉でよく聞きませんか？

幸さん：日課としてやらなければならない作業ということで，毎日がこのルーティンワークに追われて終わってしまうと感じているケアスタッフも多いと思います。

光くん：つまり，「ルーティン」は介護の世界ではあまり良いイメージではとらえられていないということですよね。決められた作業を黙々とこなすだけで，利用者との触れ合いの時間なんて取れるわけがない…そういったニュアンスが漂います。

茜さん：確かに，私たちには行わなければならない業務がたくさんあると思います。例えば，私たちが朝起きてから行う一連の行為である着替えや排泄，整容や食事など，ケアスタッフの場合，そのすべてを多くの利用者に行っていかなければなりません。そのようなルーティンワークが一日中続いているとも言えます。

天川SV：この「ルーティン」，介護の世界では，ただ忙しいだけの決められた「働く動作（行動）」で終わってしまうものなのでしょうか？　そうではなく，「ルーティン」

は介護の世界でも良い意味で活用できる行動になると思いますよ。個々のケアスタッフにとってプラスとなる2つの「ルーティン」を挙げてみます。一つは，**「より良いケアの実践に向けた姿勢になるためのルーティン化」**，もう一つは**「自分自身のストレスマネジメントのためのルーティン化」**です。

◆より良いケアの実践に向けた姿勢になるためのルーティン化

真くん：「より良いケアの実践に向けた姿勢になるためのルーティン化」とはどういう意味でしょうか？

天川SV：正確には「自分自身がより良いケアの実践に向けた姿勢になるための動作をルーティン化する」ということです。つまり，個々人がその人なりの「ルーティン」をつくり上げていくということです。特に始業前に自分なりの行動として，普段のルーティンワークとは全く別物の「ルーティン」を実施することになります。

幸さん：普段のルーティンワークとは全く別物の「ルーティン」…？

天川SV：始業前，これから忙しい一日が始まると思うと，少し元気がなく，あいさつの声も小さいということがあるかもしれません。そこで，その日一日，利用者に対して良いかかわりをし，自分自身も快活に仕事ができるように，仕事に入る前に自分なりに「ルーティン」を実践するのです。

光くん：例えば，どんなことでしょうか？

天川SV：仕事に入る前に，必ず洗面所で深呼吸をして心を落ち着け，鏡に向かって笑顔の練習をする。このような動作をルーティン化させます。さらに，トイレに入るたびに鏡に向かい笑顔を浮かべる動作をルーティン化すれば，一日に数回は気持ちをリセットできますし，慣れれば多忙の時にも笑顔を忘れないケアスタッフになることができます。

真くん：まさしく，五郎丸選手がプレッシャーを感じていても冷静なキックができるのと同じ状況を介護現場でもつくるということですね。忙しくても，利用者の前に行けば「冷静に笑顔を浮かべることができる」ようになる。

天川SV：冷静に笑顔を浮かべるというと理解しづらいかもしれませんが，利用者の前では忙しくても笑顔を忘れず，落ち着いた気持ちを持つということです。

茜さん：このルーティン化は，人それぞれで違っていてもよいのですよね。

天川SV：もちろん。例えば，始業前に耳を傾ける動作をすることで，利用者の話を聴く態勢をつくり出すことにつながるかもしれません。要は，利用者にとって必要なケアスタッフの姿をイメージしての動作であり，そのための段取りを習慣化させるということです。表現を変えれば，「望ましいケアを実践するために行う習慣や行動」ということになります。このように，より良いケアの実践に向けて「ルーティン」を生かすのです。

◆自分自身のストレスマネジメントのためのルーティン化

光くん：もう一つのルーティン化は何ですか？

天川SV：「自分自身のストレスマネジメントのためのルーティン化」は業務終了後に実践するものです。たとえ始業前にルーティンを行って気合いが入っていたとしても，業務終了時には心身共に疲労困憊していることでしょう。

幸さん：確かに，「やれやれ，やっと今日一日が終わった。しんどかった」…そう思って一日の勤務が終わります。それが毎日だと，疲労感はどんどん積み重なっていきます。そして，その重くなり過ぎた疲労感に，いつかは押しつぶされてしまうかもしれません。

天川SV：そのようなバーンアウト状態になることを防ぎ，ストレスを蓄積させないために，仕事の終わりにセルフケアとしてのルーティンを実践するのです。例えば，一日が終わり，「やっと終わった」という思いで仕事を終えるのではなく，「やっと終わった。でも，今日一日よく頑張ったね，私」と自分を褒めて終わるのです。

真くん：自分を褒めることをルーティン化させるわけですか。

天川SV：更衣室で上着をビシッと羽織った時にそう思うとか，特定の行為と共に自分を褒めることを習慣にしていくのです。この時に，あめ玉1個，チョコレート1粒，ほお張ってもよいでしょう。とにかく，疲れた思いのまま家路に就かないことです。恐らくは，皆さんも音楽を聴くなどリラックスするための行動を取って家路に就かれているのではないかと思いますが，いつも同僚や上司が褒めてくれるわけではないので，頑張った自分を自分でしっかりと褒めて，スイッチオフを行うこと。この「ルーティン」を行うことで疲労感を積み重ねていかないようにします。

光くん：疲れが積み重ならなければ，翌日も利用者に対してより良いパフォーマンスが実践できますね。自分だけでなく，利用者にとっても良い方向に向かうと思います。

天川SV：「ルーティン」の方法は人それぞれ，自分に合ったものを取り入れて実行してみてください。その際，再び自分は元気になるというイメージを抱いて行いましょう。このように，**「ルーティン」は，単にこなすべき決められた仕事という意味だけでなく，自分をより生かすためのものとして活用**していくことをお勧めします。うまくいけば，チームで「ルーティン」を活用できるかもしれません。しかし，不適切なケアをルーティン化しないようにすること。さまざまな活用法も使い方を間違えれば，ダークサイドにはまりこんでしまうことを忘れないでください。

むすびに代えて

◆良識ある感性 (EI) を育もう

　本書で紹介したいくつかの事例では，実際に現場で行うケア内容を「6W2H」（いつ・どこで・誰が・誰に・何を・なぜ・いくらで・どのように）で表しています。しかし，私たちケアを提供する者の到達点はここではありません。その実践の結果，利用者本人の生活が良好になり，同時にケアスタッフの人間的成長にもつながっていくことが大切です。

　また，具体的なケア内容を決めても，かかわるケアスタッフが知識はあいまい，技術も未熟，特にコミュニケーション技法や豊かな感性がないとなると，せっかく決めたケア内容は絵に描いた餅ということにもなりかねません。そのため，具体的なケア内容の策定と同時進行で，ケアスタッフによる知識と技術の学習は不可欠です。「分からない」ということは，理解する，知識を深める，技術を磨くための出発点でもあるのです。むしろ，これから分かっていく楽しみを味わえる位置にいると言えます。分からないまま放置せず，分かろうとする努力の中に楽しみを感じることができるでしょう。

　ただ，認知症の人とのかかわりでは，単にその人の思いを想像するだけでなく，実際に本人と共に過ごす時間の中で感じ，行動（ケア）につなげていかなければなりません。そのためには，**知識と技術の習得のみならず，感情で判断しない「良識ある感性（EI＝Emotional Intelligence）」を豊かにすることが大切**だと思います。

　「EI」はアメリカのダニエル・ゴールマンが提唱したもので，彼は著書『Emotional Intelligence』の中で次のように書いています。

　「私たちには二種類の脳，二種類の知性がある。考える知性と感じる知性と。IQと同じようにEQ（心の知能指数）も大切。『感じる知性』がなければ考える知性は十分に機能できない」「EQとは，知能テストで測定されるIQとは質の異なる頭の良さだ。自分の本当の気持ちを自覚して尊重して，心から納得できる決断を下す能力。衝動を自制し不安や怒りのようなストレスの元になる感情を制御する能力。目標の追及に挫折した時でも楽観を捨てず自分自身を励ます能力。他人の気持ちを感じ取る共感能力。集団の中で調和を保ち，協力し合う社会的能力のことをいう」

　本書においても，知識と技術だけでなく，その知識と技術を生かす「良き感性」を育むことを重要視しています。知識と技術は，悪しき感情によっていくらでも悪用できるからです。

　なお，日本では「IQ」に対抗して「EQ」という題名が付けられましたが，原著は「EQ」ではなく「EI（Emotional Intelligence）」です。また，一部にはEIを数値化しているところもありますが，基本的に「EI」は「IQ」のように数値化できないでしょう。

　日々，ケアの実践を通じて感性を豊かに育んでいける場所，人として成長できる場所，それが皆さんの職場です。ケア現場は，多くの利用者とのかかわりの中でさまざまなことを学ぶことができ，人として成長できる資源が豊富にある場所なのです。

　しかし実際は，その豊かな資源に気づかず，無駄にしていることが多いのではないで

しょうか。そのような状況にブレーキをかけ，認知症の人へのケアを通じて，人間的成長ができるよう，その豊かな資源の有効活用を目指していただければ幸いです。

◆ポイントとなる言葉

　本書には，さまざまなポイントとなる言葉が出てきます。特に目新しいキャッチフレーズになるような言葉ではありませんが，「パーソン・センタード・ケア」を進めていく上で大切なポイントとなる言葉です。

　まずは「**フラッグシップ**」。これはその施設や事業所が最上位に掲げる言葉，つまり「理念」や利用者本人の「望む暮らし」になります。

　次に「**イシュー**」。これはビジネス業界でよく使われる用語ですが，「論点」という意味で，ここを間違えると，結果が全く違う方向に行ってしまいます。そのため，「フラッグシップ」を確かなものにした上での「イシュー」でなければなりません。筆者は安宅和人の著書『イシューからはじめよ―知的生産の「シンプルな本質」』を参考にしました。この中で，イシューは「ふたつ以上の集団の間で決着のついていない問題」「根本に関わる，もしくは白黒がはっきりしない問題」の両方の条件を満たすものとされ，問題を見極め，間違わないようにすることとしています。

　そして，「**急がば回れ**」というポイントも出てきます。困った状況からの転換を図るためには，目の前のことにとらわれ過ぎて焦るのではなく，「急がば回れ」で考えましょう。緊急度が高い場合を除き，短絡的に考えて対応すると，一時的には良くなっても，すぐに以前より悪い状態になってしまいます。しばらくの間は大変な状況が続きますが，じっくりと考えてかかわることで，その結果，早く課題が解決します。利用者の課題もケアスタッフの課題も早く解決しようとするなら，「急がば回れ」なのです。

　最後に「**探究心**」。これも認知症ケアの改善を進める上において不可欠な要素になります。利用者との関係だけでなく，業務全体，あるいは自分のライフスタイルにおいても，常に分からないことを探究する意思を持つこと。できない，やれない，どうせ無理，どうせ施設長は分かってくれない，どうせ職場は変わりっこないなどのネガティブ思考からの転換を図ろうとしなければ，何も変わらないし，何も変えられません。この「探究心」があれば，ポジティブで前向きな思考が維持できると言えます。

　最後に，今日に至る基礎を学ばせていただいた社会福祉法人聖徳会と，有限会社シニアケアの横尾英子先生，貴重な学びを頂いた社会福祉法人キリスト教ミード社会館の皆様，恩師山口信治先生，そして多くの人生の諸先輩方に謝意を表します。また，本書を完成するまでに支えと励ましをいただいた社会福祉法人由寿会理事長の由井直子氏，日総研出版の西本茂樹氏に心から感謝を申し上げます。

2016年4月

石川　進

巻末言

 社会福祉法人由寿会（以下，当法人）は，「さまざまな高齢・介護福祉にまつわる悩みの『地域の灯台』になりたい」という願いの下，1997年12月，大阪府東大阪市に設立認可を受け，現在，施設部門として特別養護老人ホーム4カ所，介護老人保健施設1カ所，グループホーム1カ所，在宅部門として居宅介護支援事業所3カ所，在宅介護相談センター1カ所，訪問介護事業所1カ所，通所介護事業所3カ所，認知症対応型通所介護2カ所，通所リハビリテーション1カ所，地域包括支援センター3カ所，さらに保育部門として保育所を1カ所を運営しています。

 「きめ細かなサービス」「一人ひとりをしっかり見つめた個別ケアの実践」などを心がけ，利用者の皆様，地域の皆様に「安心」を届けられるような法人を目指して，職員一同一丸となって努めています。

 そして当法人では，変容する超高齢社会の潮目と，認知症の方への支援が今後ますます大きな社会問題となる現状を直視し，自主事業および社会貢献の一環として，2015年4月，「認知症相談支援・研修センター『結』」（以下，「結」）を発足させました。

 「結」の主な働きの一つは，地域における「かかりつけ相談所」として，認知症に特化した日常生活の相談支援の役割を担うことです（相談支援については基本的に無料）。また，地域住民や介護専門職への研修と認知症の啓発啓蒙活動を行うなど，相談支援を通じて多方面の方との連携や結び付き，介護保険制度の中のすき間を埋める役割も担っています。

 地域の人々に「安心」を届けると同時に，利用者やその家族に寄り添い，その大切さを伝える…「結」はそんな機能を持った機関であってもらいたいと願っています。

 そのセンター長を務め，大阪府認知症介護指導者でもある石川進氏には，その中でいかんなく役割を発揮していただくことを期待しています。そういった意味において，石川氏によって著された本書は私の願いも込められたものとなっており，当法人の代表としてとても喜ばしく思います。

 団塊の世代が後期高齢者となる2025年へのカウントダウンが進む中，我が国の社会保障は岐路に立っています。そのような中で，厚生労働省が2016年2月に報告した「平成26年度高齢者虐待の防止，高齢者の養護者に対する支援等に関する法律に基づく対応状況等に関する調査結果」では，特に認知症の人への虐待率が高く（77.3％），ケア従事者による虐待の発生要因の62.6％が教育・知識・介護技術に関する問題であり，20.4％がケア従事者のストレス等によるものであることが示されました（複数回答，294件の集計結果による）。合わせて83％にもなるこれらの要因を未然に防ぐためにも，本書は認知症への理解とケアの見直しやケアスタッフのストレスマネジメントにきっと役立つことでしょう。我が国における未来の介護福祉を担う専門職としての皆様に，ぜひ手元に置いて活用いただければと思います。

 2016年4月

社会福祉法人 由寿会
理事長　由井直子

引用・参考文献

1）水野裕：実践パーソン・センタード・ケア―認知症をもつ人たちの支援のために，ワールドプランニング，2008.
2）茂木健一郎：挑戦する脳，集英社，2012.
3）ダニエル・ゴールマン著，土屋京子訳：EQ こころの知能指数，講談社，1998.
4）安宅和人：イシューからはじめよ―知的生産の「シンプルな本質」，英治出版，2010.
5）今泉浩晃：成功を呼び込む9つのマス，全日出版，2004.
6）ランディ・パウシュ，ジェフリー・ザスロー著，矢羽野薫訳：最後の授業―ぼくの命があるうちに，SBクリエイティブ，2013.
7）堀公俊：問題解決フレームワーク大全，日本経済新聞出版社，2015.
8）永田豊志：プレゼンがうまい人の「図解思考」の技術，中経出版，2015.
9）永田豊志：カラー改訂版 頭がよくなる「図解思考」の技術，中経出版，2014.
10）ジャレド・ダイアモンド他，吉成真由美編：知の逆転，NHK出版，2012.
11）山﨑康司：入門 考える技術・書く技術―日本人のロジカルシンキング実践法，ダイヤモンド社，2011.
12）トム・キットウッド著，高橋誠一訳：認知症のパーソンセンタードケア―新しいケアの文化へ，筒井書房，2005.
13）ブラッドフォード大学編：DCM（認知症ケアマッピング）第8版マニュアル

著者略歴

石川　進
社会福祉法人 由寿会 認知症相談支援・研修センター 結
センター長／大阪府認知症介護指導者

グループホームの管理者，特別養護老人ホームの施設長，地域包括支援センター長を務めた後，2015年4月より現職。大阪府認知症介護指導者，認知症介護実践リーダー研修講師，認知症介護研究・研修大府センター講師，「認知症ケア高度化推進事業ワーキングチーム」委員としても活動するなど，豊富な現場経験に基づき実践的な研修講師を多数務める。

見直し！　認知症ケア　パーソン・センタード・ケアの実践

2016年5月2日発行　　第1版第1刷

| 著者：石川　進 ©（いしかわ　すすむ） | 企　画：日総研グループ
代　表：岸田良平
発行所：日総研出版 |

本部　〒451-0051 名古屋市西区則武新町3-7-15(日総研ビル)　☎(052)569-5628　FAX (052)561-1218

日総研お客様センター　電話 0120-057671　FAX 0120-052690
名古屋市中村区則武本通1-38 日総研グループ縁ビル 〒453-0017

札幌	☎(011)272-1821　FAX (011)272-1822 〒060-0001 札幌市中央区北1条西3-2(井門札幌ビル)
仙台	☎(022)261-7660　FAX (022)261-7661 〒984-0816 仙台市若林区河原町1-5-15-1502
東京	☎(03)5281-3721　FAX (03)5281-3675 〒101-0062 東京都千代田区神田駿河台2-1-47(廣瀬お茶の水ビル)
名古屋	☎(052)569-5628　FAX (052)561-1218 〒451-0051 名古屋市西区則武新町3-7-15(日総研ビル)
大阪	☎(06)6262-3215　FAX (06)6262-3218 〒541-8580 大阪市中央区安土町3-3-9(田村駒ビル)
広島	☎(082)227-5668　FAX (082)227-1691 〒730-0013 広島市中区八丁堀1-23-215
福岡	☎(092)414-9311　FAX (092)414-9313 〒812-0011 福岡市博多区博多駅前2-20-15(第7岡部ビル)
編集	☎(052)569-5665　FAX (052)569-5686 〒451-0051 名古屋市西区則武新町3-7-15(日総研ビル)
流通	☎(052)443-7368　FAX (052)443-7621 〒490-1112 愛知県あま市上萱津大門100

この本に関するご意見は，ホームページまたはEメールでお寄せください。E-mail cs@nissoken.com

・乱丁・落丁はお取り替えいたします。本書の無断複写複製（コピー）やデータベース化は著作権・出版権の侵害となります。
・この本に関する訂正等はホームページをご覧ください。www.nissoken.com/sgh

研修会・出版の最新情報は

www.nissoken.com

スマホ・PCから　日総研　で検索！

質の高い新人研修ができる！
プロの講師が使う教材一式を！

話す内容、強調するところ、
場のもりあげ方がわかる！

教え方・伝え方 上手になる！

榊原宏昌
天晴れ介護サービス
総合教育研究所 代表

主な内容
介護職の基本姿勢／食事のケア
排泄のケア／入浴のケア
姿勢・移動のケア／生活行為のケア
病気・医療／リハビリテーション
コミュニケーション／見守り介助
制度／記録／身体拘束・虐待　ほか

B5判
192頁+CD-ROM
定価 8,149円+税
（商品番号 601754）

利用者の「怖い」「痛い」「不快」を解消！

［監修］中山幸代
移動・移乗技術研究会 代表
元・田園調布学園大学 教授

主な内容
・ペヤ・ハルヴォール・ルンデの
　技術の思想と理論
・ベッド上での上方移動の介助
・ベッド上での横移動の介助
・仰臥位から側臥位（寝返り）の介助
・仰臥位から端座位の介助
・褥瘡のある利用者への移動介助
・ベッドから車いすへの移乗介助
・ベッドからストレッチャーへの
　移乗介助
・リフトを使用した移乗介助

DVD教材 約70分
定価 6,482円+税
（商品番号 601747）

変化する相談員・ケアマネ業務を手順で！

［監修・執筆］
水野敬生
社会福祉法人 一誠会 常務理事
特別養護老人ホーム 偕楽園ホーム
施設長

主な内容
・看取り介護における
　相談員・ケアマネジャーの役割
・入所から看取りまでの業務
・看取り介護における
　連携・調整業務
・死亡〜退所支援の業務
・事例で学ぶ！ 看取り介護実践業務
・看取り教育　・看取り実践Q&A

B5判 232頁
+CD-ROM
定価 3,500円+税
（商品番号 601733）

介護・福祉現場で悩むリーダーのための「業務改善」と「意識改革」の教科書

介護・福祉人材育成の
スペシャリスト
久田則夫
日本女子大学 人間社会学部 教授

主な内容
・マンネリ職場の特徴から
　業務レベルアップのヒントを学ぶ
・どんなに素晴らしい
　新任職員育成プログラムも
　安易な気持ちで導入すれば失敗する
・職員のモチベーションを
　高めるためには
　どうすればいいか　ほか

増刷出来
A5判 232頁
定価 2,381円+税
（商品番号 601680）

裁判にならない・負けない
リスクマネジメント教材

日常の身近な危機意識を高める！

菅原好秀　東北福祉大学
総合マネジメント学部
准教授／社会福祉学博士

主な内容
・利用者の自発的行動に対して
　どこまで責任を負う？
・専門職として期待される
　「見守り」のレベルとは？
・利用者間のトラブルや
　拒絶に伴う事故の責任は？
　どこまで負うか？
・誤嚥事故の責任　ほか

［DVD］約90分
［書籍］B5判 100頁
定価 6,000円+税
（商品番号 601669）

34の事例を増強！ 講義形式の
解説でスラスラ入る！

現場でよくある＆対応に悩むBPSDへのアプローチがわかる！

きのこグループ 編
監修 佐々木健
きのこエスポアール病院 院長
執筆・漫画 西谷達也
高齢者福祉施設ジロール麹町 施設長
高齢者福祉施設
ジロール神田佐久間町 施設長

主な内容
・認知症ケアとは
・認知症高齢者の「心の世界」
・BPSD別認知症ケアガイド　ほか

B5判 144頁
定価 2,857円+税
（商品番号 601569）

 日総研

詳しくはスマホ・PCから　日総研 601569（商品番号）で検索！

電話 0120-054977
FAX 0120-052690（無料）

現場でよくある事例で 認知症・超高齢者の看取りケア実践

伊東美緒 島田千穂 共著

介護スタッフ教育に最適！

看取りケアを実践する介護職を適切にサポート！

職員・職種間の考えの違いが解消できる！

東京都健康長寿医療センター研究所
福祉と生活ケア研究チーム研究員

伊東美緒 島田千穂

主な内容
・終末期の認知症・超高齢者の特徴
・現場でよくある事例で学ぶ！認知症・超高齢者の看取りケア実践と教育
・より良い認知症・超高齢者の看取りケアを実践するために必要な考え方

5月刊行
B5判 120頁予定
予価 2,778円＋税
（商品番号 601796）

認知症の人の「食べられない」「食べたくない」解決できるケア

誤嚥性肺炎を予防する安心安全な食事介助のコツ

アセスメントと食支援アプローチの具体策がわかる！

枝広あや子 歯科医師
東京都健康長寿医療センター研究所
自立促進と介護予防研究チーム 研究員

主な内容
・認知症の人の食支援を行うための基礎知識
・認知症の神経心理学的症状から読み解く"食べてくれない"
 "食べられない"場合のアプローチ方法
 "食べたくない"場合のアプローチ方法
 認知症の人への摂食嚥下を改善するアプローチ ほか

6月刊行
B5判 一部カラー
160頁予定
予価 2,778円＋税
（商品番号 601795）

悪いケア→良いケア BPSDを改善 パーソンセンタードケア 事例集

下山久之

認知症ケア教育に使えるワークショップ教材

善意だと信じているそのケアがBPSDの原因かも？

本人の"言葉にならない声"を察するアセスメント力をつける！

下山久之
同朋大学 社会福祉学部 准教授
認知症ケアマッピングアドバンスマッパー

主な内容
・認知症ケアにかかわる人々の声を聞いてみよう！
・パーソン・センタード・ケアの考え方
・こじれた関係を紡ぎ直すパーソン・センタード・ケア事例集
・より良いケアを行うための＋α
・効果的な研修・教育を行うために

B5判 168頁
定価 2,593円＋税
（商品番号 601761）

ドキュメント映像で学ぶ DVD教材 気づき力を育てる 認知症の生活障害 かかわりかた

BPSDのケアに見学者が絶えない認知症専門老健の実践に学ぶ

利用者のうまくできないことに気づき、支援するための「かかわりかた」が身につく！

介護老人保健施設なのはな苑 編
［指導解説書執筆］
松浦美知代
元・介護老人保健施設なのはな苑 看護部長

主な内容
・基礎知識 編（約12分）
・食事支援 編（約20分）
・整容支援 編（約18分）
・排泄支援 編（約15分）

［DVD］約65分＋
［冊子］B5判 32頁
定価 5,500円＋税
（商品番号 601721）

ステップアップ式 認知症ケア実践テキスト

認知症介護研究・研修大府センター
山口喜樹
加知輝彦

CDブック
全体研修がすぐできる
スライド 指導時の要点解説付

BPSDの対応に失敗しないチームケアを実現！

初心者も、ベテランも習熟段階に応じた目標・指導のポイントがわかる！

認知症介護研究・研修大府センター
研修部・DCM推進室 研修指導主幹
山口喜樹 執筆
副センター長・研修部長／医学博士
加知輝彦 医学監修

B5判 120頁
＋CD-ROM
定価 3,000円＋税
（商品番号 601681）

研修にすぐ使える本書の要点をまとめたスライドデータ。初めての指導者のためにスライド解説集も添付

尿失禁・認知症ケア マンガでリアルに対処法

内田陽子 原作
江原美幸 漫画

「こころ」と「からだ」が笑顔に！

利用者の安心・安楽な生活を妨げる様々な問題を実務に即して解決！

マンガ教材で教え上手が分かりやすく！

［原作］**内田陽子**
群馬大学大学院保健学研究科
教授・看護学博士

［漫画］**江原美幸** 看護師

主な内容
・排尿の仕組みと尿失禁の種類
・排尿日誌の活用
 ―排尿のアセスメント法―
・尿失禁の種類に合わせたケアのポイントとケア
・認知症の薬の使い方
・認知症利用者の真のニーズを探求する

A5判 176頁
定価 2,381円＋税
（商品番号 601576）

日総研　詳しくはスマホ・PCから　商品番号 日総研 601576 で検索！

電話 0120-054977
FAX 0120-052690（無料）